铁路信号联锁试验作业指导书

《铁路信号联锁试验作业指导书》编委会◎编

中国铁道出版社有限公司

2025年·北京

内 容 简 介

本书结合铁路信号联锁试验现场实际，明确了信号联锁试验项目、内容、方法、注意事项及标准用语，以及联锁管理各环节工作流程、工作标准、质量记录及职责分工。

本书供铁路局集团公司各级联锁管理、联锁试验人员参考使用。

图书在版编目(CIP)数据

铁路信号联锁试验作业指导书 /《铁路信号联锁试验作业指导书》编委会编. -- 北京 ：中国铁道出版社有限公司，2025. 3. -- ISBN 978-7-113-31635-8

Ⅰ. U284.3

中国国家版本馆 CIP 数据核字第 2024KL4408 号

书　　名：铁路信号联锁试验作业指导书
作　　者：《铁路信号联锁试验作业指导书》编委会

责任编辑：徐　清　　　　**编辑部电话：**(010)51873147
编辑助理：李嘉圆
封面设计：刘　莎
责任校对：刘　畅
责任印制：樊启鹏

出版发行：中国铁道出版社有限公司(100054，北京市西城区右安门西街 8 号)
网　　址：https://www.tdpress.com
印　　刷：北京联兴盛业印刷股份有限公司
版　　次：2025 年 3 月第 1 版　2025 年 3 月第 1 次印刷
开　　本：880 mm×1 230 mm 1/32　**印张：**9　**字数：**266 千
书　　号：ISBN 978-7-113-31635-8
定　　价：78.00 元

编委会

前　　言

为进一步加强联锁管理，规范联锁管理各环节工作流程、工作标准，中国铁路郑州局集团有限公司组织电务专业技术人员结合现场实际编写《铁路信号联锁试验作业指导书》。

本书共分正文和附件两部分，正文为联锁试验作业指导书的主要内容，结合"附件一　信号联锁关系试验检查表"分别对车站基本联锁关系、单项设备、车站电码化设备、区间闭塞设备、区间逻辑检查设备、驼峰设备的联锁试验项目、内容、方法、注意事项等予以介绍。"附件二　联锁管理各环节工作流程、工作标准"分别对联锁试验、施工图审核、竣工图审核、图实核对、图纸修改、配线修改、联锁试验方案审批、软件变更、硬件变更等工作流程、工作标准予以介绍，同时明确了相关质量记录及职责分工，为现场联锁管理工作提供指导。附件三对常用联锁试验标准用语予以举例说明。

本书由中国铁路郑州局集团有限公司电务部组织编审。郑州局集团公司工电检测所联锁数据室、郑州电务段、洛阳电务段、新乡电务段、郑州高铁基础设施段、郑州东高铁基础设施段、安阳综合段、安李支线公司相关人员参与了编审工作，在此一并表示感谢。

由于编写时间仓促，加上编者水平有限，书中难免存在不足及疏漏之处，恳请读者批评指正。

编　　者

2024 年 11 月

目　　录

第一章　车站基本联锁关系检查试验

第一节　普速铁路联锁进路

信号联锁关系试验的基本依据是信号联锁技术规范、技术条件和信号联锁图表等，具体每条进路中检查的联锁功能应符合这些规范、条件及联锁图表的要求。试验过程中应对各项要求进行逐项试验，核对其正确性，试验项目见“信号联锁关系试验检查表（进路-普铁）”（郑信联表 1-1）。

一、进路号码

（一）填写方法

根据联锁表中给定的进路号码进行填写。

（二）试验方法

排列该条进路，核对进路号与所排进路的一致性。

（三）注意事项

1. 在进路表中，对通过进路等组合进路以接车进路号加发车进路号组合填写，不单独计入进路总数中。组合进路填写时按联锁表中给定的进路号填写和核对。

2. 核对联锁表未列的列车进路不应排出。

3. 非新建站仿真试验应核对进路与既有进路的一致性。

二、进路始端

根据联锁表中排列进路按下按钮栏中进路始端按钮的名称进行填写。

三、进路变通

（一）填写方法

根据联锁表中排列进路按下按钮栏中的变通按钮的名称进行填写。

（二）注意事项

1. 变通进路核对时要重点核对与既有变通进路是否一致，是否存在“小八字”变通的情况，不允许排出“小八字”进路。

2. 核对联锁表未列出的变通进路应不能排出。

3. 如果在试验中发现存在多条变通进路的情况，若确有需要，应对进路表进行补充完善，需设计单位签认变通进路，并对每条变通进路进行试验。

4. 当始终端按钮之间存在两条及以上进路时，需核对确定运行方向、道岔栏道岔是否决定了进路的方向，即区分基本进路和变通进路的道岔。

四、进路终端

根据联锁表中排列进路按下按钮栏中进路终端按钮的名称进行填写。

五、正常开放信号

顺序按压（或点击）进路始终端按钮后，确认进路能够锁闭，信号可以正常开放，开放的信号机名称、显示与联锁表信号机栏的名称、显示一致。核对进路光带应与联锁表道岔栏内道岔位置一致，并无其他异常显示。

六、道岔位置不对不能开放信号

（一）试验方法

将所办进路上的所有道岔（含防护道岔）逐组置于不符要求的位置并单锁，试排该条进路，该进路不能办理，信号应不能开放。单解该道岔后，进路将道岔选至规定位置。将所办进路上的所有道岔逐组断表示，试排该条进路，该进路不能办理，信号应不能开放。

继电联锁年度试验，以道岔为单位试验，进路为单位填写。

（二）注意事项

1. 试验时该条进路经过的所有道岔必须单组逐一进行试验，不得两组及以上道岔同时进行试验。

2. 核对试验的道岔名称、数量与联锁表道岔栏内道岔名称、数量一致（带动道岔除外）。

七、道岔无表示关闭信号

（一）试验方法

办理进路并开放信号后，将与进路有关的所有道岔（包括与进路上的某组道岔组成的多动道岔)表示逐组断开(可采用断开室内道岔表示电路断路器的方法),每次应能关闭信号。

继电联锁年度试验,以道岔为单位试验,进路为单位填写。

(二)注意事项

对于多动或多机牵引道岔,断开每一动道岔或每个牵引点转辙机的道岔表示,该进路已开放的信号均应自动关闭。本试验可纳入道岔单项设备试验。

八、区段占用不能开放信号

(一)试验方法

1. 先模拟区段占用后办理进路,此时进路应不能锁闭(引导进路和调车进路的无岔区段除外)。

2. 模拟占用列车进路内的任一轨道区段,列车信号机均应立即关闭,需逐区段试验;占用调车进路内的任一道岔区段时(有白灯保留电路的调车信号机内方第一轨道区段除外),调车信号机均应立即关闭。

(二)注意事项

1. 试验时,必须按上述两种方法对进路内各区段逐个进行试验。继电联锁年度试验,以轨道区段为单位试验,进路为单位填写。

2. 需核对试验的区段与联锁表轨道区段栏的区段名称、数量一致。

九、超限绝缘条件

(一)定义

超限绝缘(又称侵限绝缘)指在道岔区段(除双动道岔渡线的绝缘外)设于警冲标内方小于 3.5 m 处的钢轨绝缘,在有动车组运行的线路上,钢轨绝缘安装位置距警冲标不得小于 5 m。

继电联锁年度试验,以轨道区段为单位试验,进路为单位填写。

(二)侵限绝缘类型及试验

侵限绝缘的情况比较复杂,分为无条件侵限绝缘和条件侵限绝缘,要根据站场平面进行仔细分析。

1. 无条件侵限绝缘就是当办理经由侵限绝缘一边的某一道岔区段的进路时,必须无条件检查相邻轨道区段是否空闲。

试验时，一是在相邻轨道区段占用的条件下，该进路不能够办理，信号不能开放；二是待进路办理且信号开放后，占用相邻轨道区段，已开放的信号应立即关闭。

如图 1-1 所示，经由 1 号道岔反位的进路，必须检查 3DG 区段的空闲条件。试验 D_1 至 D_3 进路时，一是在 3DG 占用的条件下，办理 D_1 至 D_3 的调车进路，D_1 信号不能开放；二是办理 D_1 至 D_3 的调车进路，D_1 信号开放后，占用 3DG，D_1 信号应立即关闭。

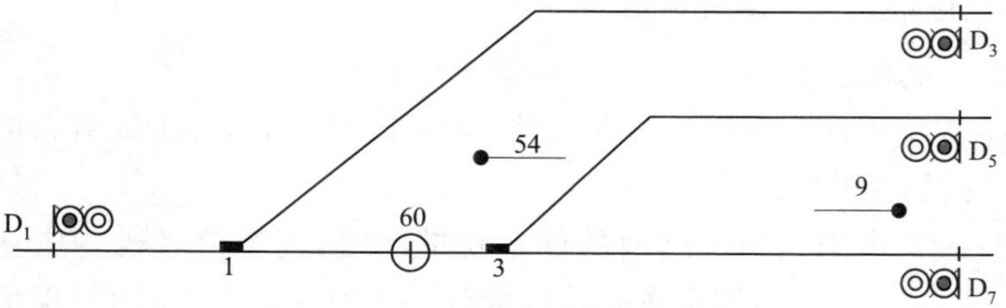

图 1-1　无条件侵限绝缘

2. 条件侵限是侵限区段与被侵限区段可以通过道岔位置区分，道岔开通侵限位置或失去表示时，被侵区段办理进路要检查侵限区段占用状态，道岔开通非侵限位置时，不检查被侵区段占用。

如图 1-2 所示，7DG、1DG 互为侵限区段，但是可以通过道岔位置进行区分，1/3 号道岔定位或无表示时，1DG 有车占用侵入 7DG 区段，1/3 号道岔反位时，1DG 有车占用不侵入 7DG 区段；同理，5/7 号道岔定位或无表示时，7DG 有车占用侵入 1DG 区段，5/7 号道岔反位时，7DG 有车占用不侵入 1DG 区段。

(1)道岔开通侵限位置或失去表示

模拟占用侵限区段，办理经过被侵限区段的进路(引导进路除外)，进路不能锁闭，信号不能开放；信号开放后，占用侵限区段，信号应自动关闭。

(2)道岔开通非侵限位置检查核对

模拟占用侵限区段，办理经过被侵限区段的进路，进路锁闭，信号开放；信号开放后，模拟占用侵限区段，信号不关闭。

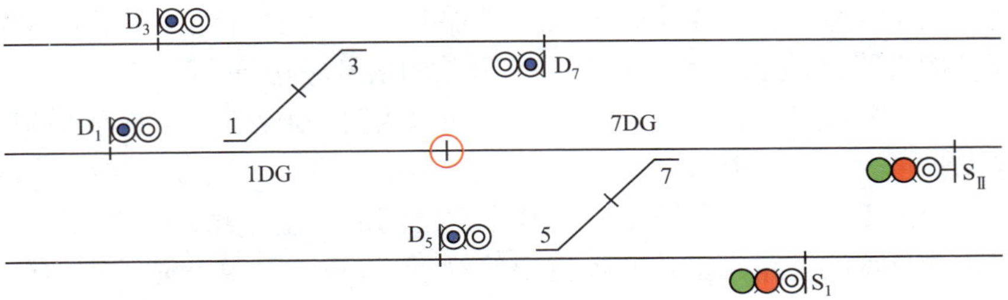

图 1-2　条件侵限绝缘

(3)引导信号不检查侵限区段空闲

引导信号不检查侵限区段是否占用，试验时，无论道岔是否在侵限位置或失去表示，占用侵限区段，信号均能开放；信号开放后，模拟占用侵限区段，信号不应关闭。

3. 特殊处所的侵限绝缘。

(1)交叉渡线中间两道岔定位的岔心位置设置的绝缘，一般为侵限绝缘，如图 1-3 所示。当该侵限绝缘处设有单置调车信号机 D_5时，经 3 号道岔定位排列向该调车信号机为终端的调车信号时，与经交叉渡线 5/7 号道岔反位的进路按敌对进路处理，此时不再单独检查侵限绝缘条件；而经另一渡线道岔 5/7 号反位的进路时，此侵限绝缘为无条件侵限绝缘。

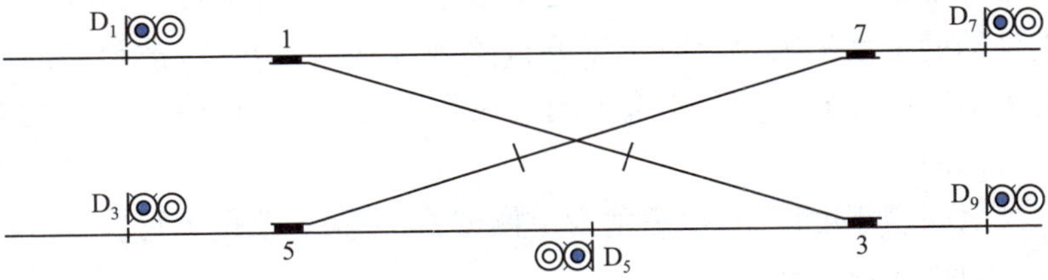

图 1-3　特殊侵限绝缘

试验经由 5/7 号道岔反位的进路时，一是信号开放后，以 D_5 为终端的所有调车进路均不能办理；二是在 3DG 空闲的条件下，办理经由 5/7 号道岔反位的进路，信号能够开放；三是办理经由 5/7 号道岔反位的进路，信号开放后，占用 3DG，开放的信号应立即关闭。

试验经由 1/3 号道岔反位的进路时，一是在 5DG 空闲的条件下，办理经由 1/3 号道岔反位的进路，信号能够开放；二是办理经由 1/3 号道岔反位的进路，信号开放后，占用 5DG，开放的信号应立即关闭。

(2)当侵限绝缘一边的轨道区段的道岔为防护道岔时，在办理进路时若防护道岔带动并锁闭在防护位置，则该侵限绝缘可以视为假侵限。

如图 1-4 所示，1 号道岔与 5 号道岔之间的侵限绝缘，办理经由 1/3 号道岔反位的进路时不检查该侵限绝缘，但检查 5 号道岔防护在定位。试验方法同“防护道岔”。

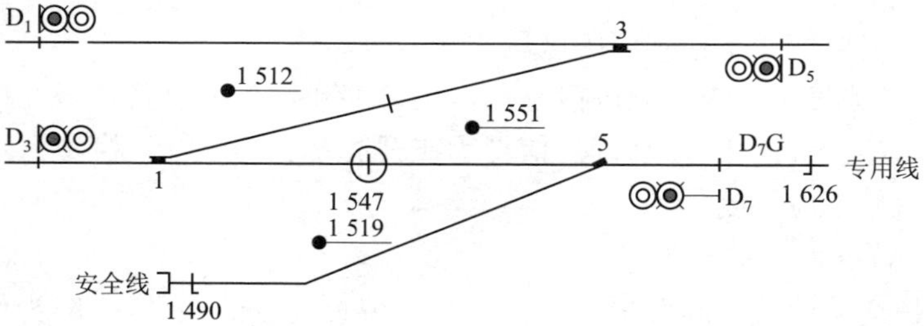

图 1-4　假侵限绝缘

十、带动道岔

(一)设置目的

设置带动道岔的目的是提高运输效率，带动道岔未带动到规定位置或被带动的道岔失去表示时不影响进路办理和信号开放，被带动的道岔失去表示时已开放的信号不会关闭。在联锁表道岔栏中带动道岔用大括号{　}标注。

继电联锁年度试验，以道岔为单位试验，进路为单位填写。

(二)平面图审核

在平面图中带动道岔所在的区段一般包含两组及以上道岔，带动道岔一般为双动或多动道岔。审核时在平面图中查找同一区段内包含两组及以上道岔的区段，审核是否存在经由该区段而不经由区段中某组道岔的进路，且该未经由道岔的另一动能够同时办理另一条进路。

如图 1-5 所示，3-7DG 包含两组双动道岔中的 3 号和 7 号，存在经由 3-7DG 区段而不经由区段中 3 号道岔的调车进路 D_3 至 D_7，且该未经由的

3 号道岔的另一动 1 号道岔能够同时办理 D_1 至 D_5 的进路。经由 5/7 号道岔的进路需将 1/3 号带动至定位。综上所述，需对平面图按此方法进行审核，核对需按带动进行设置的道岔。

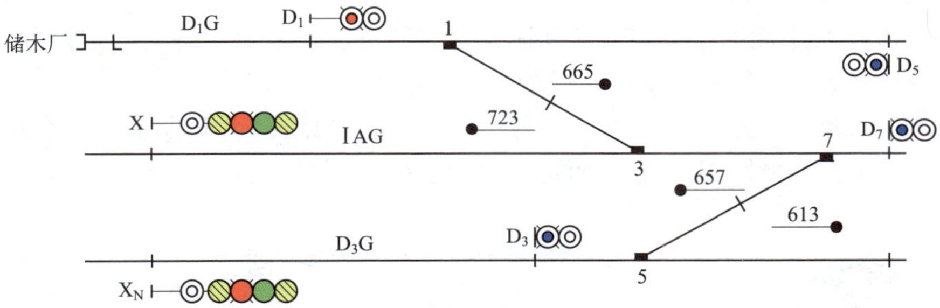

图 1-5　带动道岔

（三）试验方法

1. 将带动道岔单锁在需要带动的相反位置，然后办理进路，进路能够办理，信号能够开放。信号开放后，单解带动道岔，道岔不会被带动，仍在原位置。如图 1-5 所示，试验 D_3 至 D_7 的进路时，将 1/3 号道岔单锁在反位，然后办理 D_3 至 D_7 的进路，进路能够办理，D_3 信号能够开放。D_3 信号开放后，单解 1/3 号道岔，1/3 号道岔不会被带动，仍在反位。

2. 将带动道岔放置在需要带动的相反位置，然后办理进路，进路能够办理，信号能够开放，此时，该道岔被带动到规定位置。如图 1-5 所示，试验 D_3 至 D_7 的进路时，将 1/3 号道岔放置在反位，然后办理 D_3 至 D_7 的进路，进路能够办理，D_3 信号能够开放，此时，1/3 号道岔被带动到定位，不影响经由 1 号道岔定位的进路。

3. 信号开放后，若该带动道岔不在进路中的轨道区段内，单独操纵带动道岔，该道岔应可以操纵，断开带动道岔表示，已开放的信号不关闭。此情况较少。

十一、防护道岔

（一）设置目的

设置防护道岔的目的是确保进路安全，防护道岔因故不能被带到防护位置或无表示，将直接影响防护进路的办理、信号的开放及关闭信号。在进路表中防护道岔用中括号[ ]标注。

继电联锁年度试验，以道岔为单位试验，进路为单位填写。

（二）平面图审核

1. 在平面图中首先审核开通安全线的道岔是否应设置为防护道岔，一般开通安全线的单动道岔或脱轨器应设置为防护道岔。

如图 1-6 所示，经由 24/26 号道岔反位的进路，32 号道岔应防护在定位。防止接触网工区线车辆溜逸与经由 24/26 号道岔反位的列车冲撞。

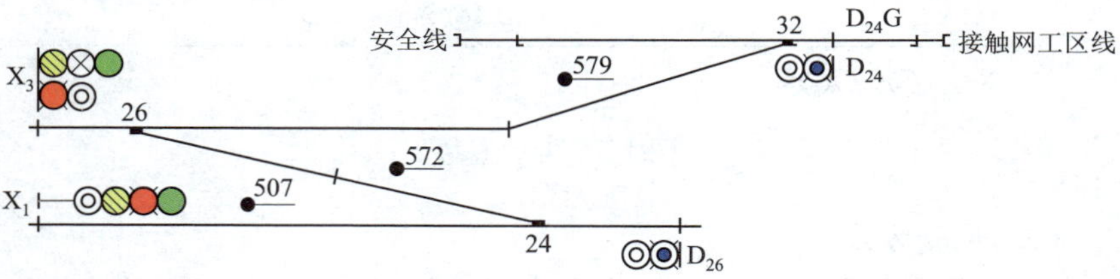

图 1-6　防护道岔 1

2. 为了隔开，特殊情况下开通安全线的双动道岔有时也设置为防护道岔。

如图 1-7 所示，经由 19 号道岔定位的进路，23/25 号道岔应防护在定位。防止 6G 车辆溜逸与经由 19 号道岔定位的列车冲撞。

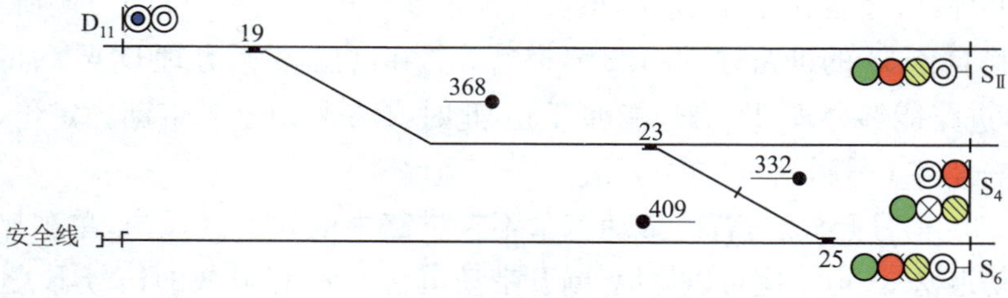

图 1-7　防护道岔 2

3. 交叉渡线的双动道岔互为防护道岔。

如图 1-8 所示，经由 1/3 号道岔反位的进路，5/7 号道岔应防护在定位。经由 5/7 号道岔反位的进路 1/3 号道岔应防护在定位。

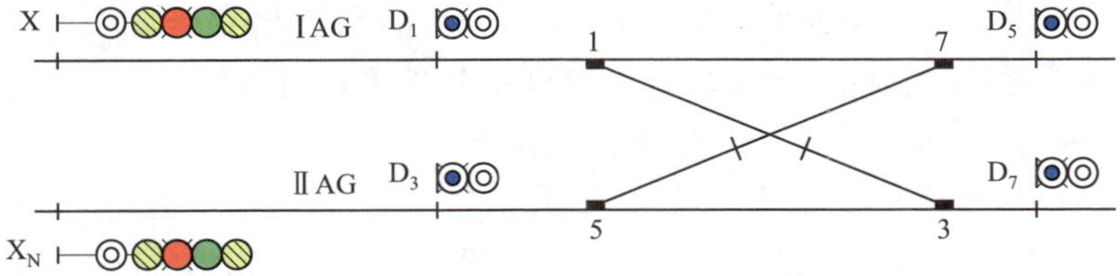

图 1-8　防护道岔 3

4. 特殊情况下,将侵限绝缘处相关的道岔设置为防护道岔,避免侵限区段占用时影响已开放的信号,同时防止发生侧面冲突。

如图 1-9 所示,12DG 与 16DG 处的绝缘为双边侵限,经由 14/16 号道岔反位的进路,检查 12DG 空闲或 12 号道岔在定位。为防止冒进或车辆溜逸时与经由 14/16 号道岔反位的列车冲突,同时避免 12 号道岔在反位时 12DG 红光带影响经由 14/16 号道岔反位的已开放进路,设置 12 号道岔为防护道岔,经由 14/16 号道岔反位的进路 12 号道岔应防护在定位。

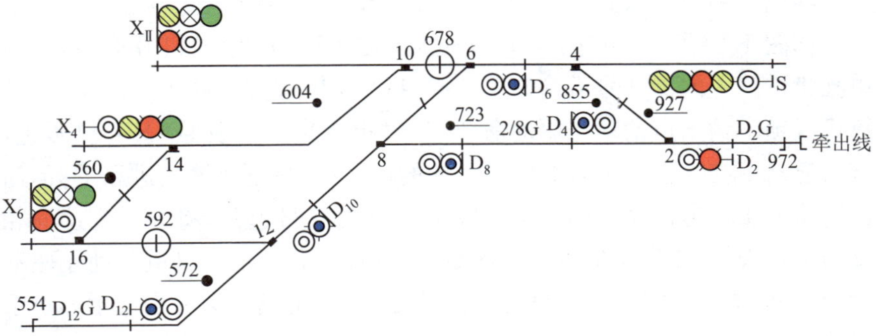

图 1-9　防护道岔 4

(三)试验方法

1. 将防护道岔单锁在非防护位置后,办理进路,进路不能够办理,信号不能开放。如图 1-9 所示,试验经由 14/16 号道岔反位 S 至 6G 的列车进路时,将 12 号道岔单锁在反位,办理该进路,进路不能排出,S 进站信号机不能开放。

2. 断开防护道岔表示后,办理进路,进路不能够办理,信号不能开放。如图 1-9 所示,试验经由 14/16 号道岔反位 S 至 6G 的列车进路时,将

12 号道岔断开表示，办理该进路，进路不能锁闭，S 进站信号机不能开放。

3. 进路锁闭且信号开放后，单独操纵防护道岔，该道岔不能扳动。如图 1-9 所示，试验经由 14/16 号道岔反位 S 至 6G 的列车进路时，办理该进路，S 进站信号机开放后，单独操纵 12 号道岔至反位，道岔不能启动，计算机联锁不能输出道岔动作命令，6502 电气集中联锁道岔启动继电器不能动作。

4. 信号开放后，断开防护道岔的表示，已开放的信号将自动关闭。如图 1-9 所示，试验经由 14/16 号道岔反位 S 至 6G 的列车进路时，办理该进路，S 进站信号机开放后，断开 12 号道岔表示，S 进站信号机自动关闭。

十二、信号开放后锁闭道岔

办理某条进路且信号开放后，一是逐组单独操纵进路上的所有道岔，这些道岔均应处于锁闭状态，联锁不输出道岔操纵命令；二是不在进路上但与该进路上某组道岔属同一个区段的其他道岔，这些道岔均应处于锁闭状态，联锁不输出道岔操纵命令。

继电联锁年度试验，以道岔为单位试验，进路为单位填写。

如图 1-10 所示，办理 D_3 至 D_7 的调车进路且 D_3 信号机开放后，一是单独将进路上的 1/3 号道岔向反位操纵，1/3 号道岔应处于锁闭状态，计算机联锁不输出道岔动作驱动命令，6502 电气集中联锁 1DQJ 不会吸起，该组道岔不会失去表示影响已经开放的信号；二是不在该条进路上，但与该进路上 1 号道岔属于同一个区段 1-5DG 的 5 号道岔，将 5 号道岔向相反的位置操纵，该道岔应处于锁闭状态，计算机联锁不输出道岔动作驱动命令，6502 电气集中联锁 1DQJ 不会吸起，该组道岔不会失去表示影响已经开放的信号。

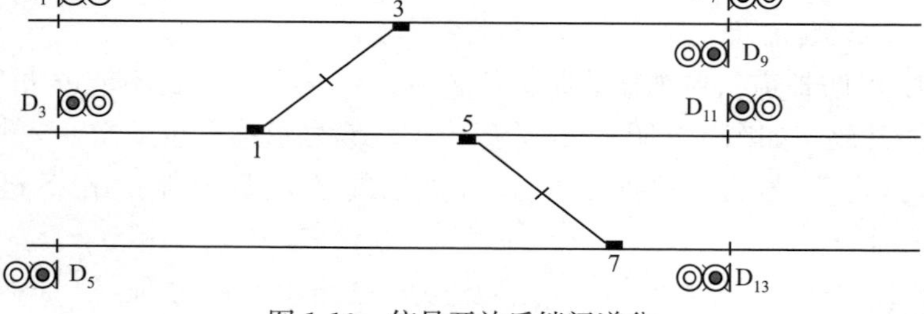

图 1-10　信号开放后锁闭道岔

十三、敌对信号

（一）敌对进路定义

用道岔位置不能间接控制的两条不允许同时建立的进路，叫作敌对进路。将有敌对关系的全部进路以信号机名称全部填写在联锁表的敌对信号栏内。

（二）敌对进路的类型

1. 同一到发线上对向的列车进路与列车进路。

如图 1-11 所示，X 进站信号机向ⅠG 的接车进路与 S_N 进站信号机向ⅠG 的接车进路互为敌对进路。

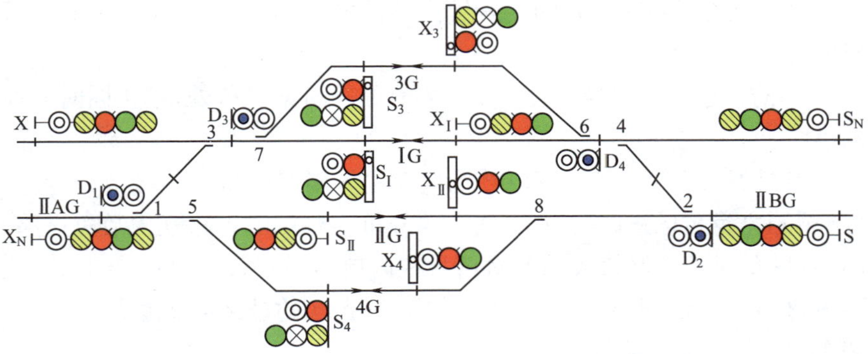

图 1-11　敌对信号 1

2. 同一到发线上对向的列车进路与调车进路。

如图 1-11 所示，X 进站信号机向ⅠG 的接车进路与 D_2 调车信号机向ⅠG 的调车进路互为敌对进路。

3. 同一咽喉区内对向重叠的列车进路。

如图 1-11 所示，X 进站信号机向ⅠG 的接车进路与 S_{I} 出站兼调车信号机向 X 接车口的发车进路互为敌对进路。

4. 同一咽喉区内对向重叠的调车进路。

如图 1-11 所示，D_3 调车信号机向ⅠG 的调车进路与 S_{I} 出站兼调车信号机向 X 接车口的调车进路互为敌对进路。

5. 同一咽喉区内对向重叠或顺向重叠的列车进路与调车进路。

如图 1-11 所示，D_3 调车信号机向 ⅠG 的调车进路与 $S_Ⅰ$ 出站兼调车信号机向 X 接车口的发车进路互为敌对进路，为同一咽喉区内对向重叠的列车进路与调车进路；D_3 调车信号机向 ⅠG 的调车进路与 X 进站信号机向 ⅠG 的接车进路互为敌对进路，为同一咽喉区内顺向重叠的列车进路与调车进路。

6. 进站信号机外方，列车制动距离内接车方向为超过 6‰的下坡道，而在该下坡道方向的接车线末端未设线路隔开设备时，该下坡道方向的接车进路与对方咽喉经过延续进路排列的接车进路、非同一到发线上顺向的发车进路及调车进路。

对于该类型敌对进路的一般做法是设置延续进路，所以出现此类敌对的情况比较少。

7. 防护进路的信号机设在侵入限界的轨道绝缘节处，禁止同时开通的进路。

如图 1-12 所示，D_6 调车信号机设在侵入限界的轨道绝缘节处，经由 4/6 号道岔反位的进路与以 D_6 调车信号机为终端的进路互为敌对进路。D_{12} 至 D_4 的进路在联锁表的敌对信号栏内应填写＜(2)＞D_2，表示 D_{12} 至 D_4 的进路建立后，经由 2 号道岔反位的 D_2 至 D_6 的进路不能建立，此时 D_2 调车信号机为敌对信号。

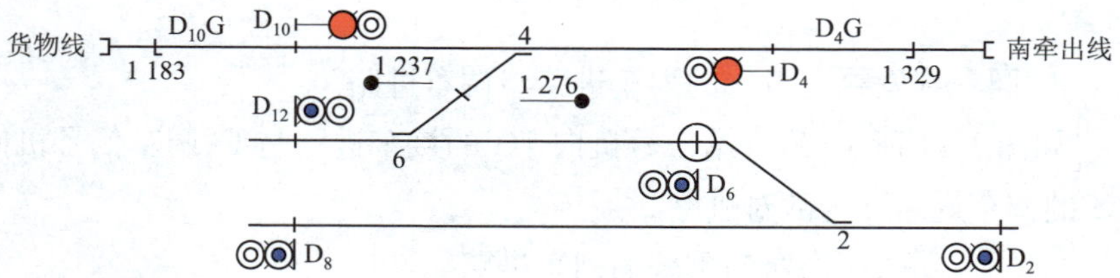

图 1-12　敌对信号 2

8. 向驼峰推送车列占用的股道与另一端向该股道的接车进路或调车进路。

9. 咽喉区内无岔区段上对向的调车进路(到发线上无岔区段应根据具体情况及运营要求另作规定)。

如图 1-13 所示，D_{10} 调车信号机向无岔区段 2/4G 的进路与 D_2 调车信号机向无岔区段 2/4G 的进路互为敌对进路。

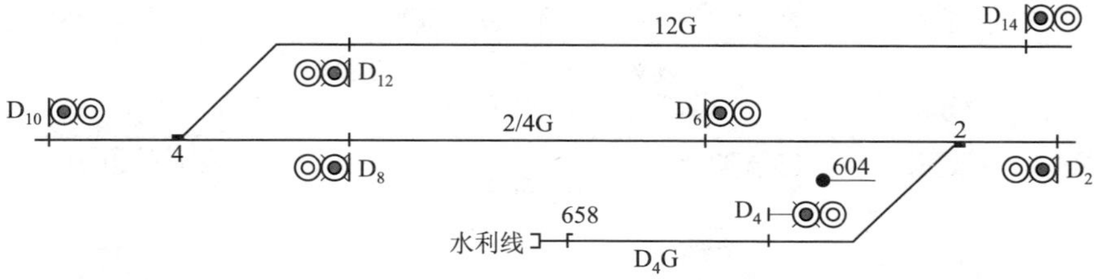

图 1-13　敌对信号 3

（三）试验方法

先办理某条进路信号开放后，根据联锁表中敌对信号栏的信号机办理所有与其有关的敌对进路，所有敌对信号机均应不能开放。

（四）注意事项

1. 注意核对联锁表中敌对信号栏的敌对信号机是否齐全，根据站场平面图及上述敌对进路的类型进行核对，确保敌对信号试验齐全。

2. 试验有条件的敌对信号时，必须确认办理的敌对进路与条件相符。

十四、敌对照查

（一）列车进路

试验向股道接车的某条列车进路时，办理另一咽喉向该股道的列车进路，信号开放后再办理该列车进路，进路不应锁闭；办理另一咽喉向某一股道的调车进路，信号开放后再办理该列车进路，进路不应锁闭。在联锁表的迎面进路栏的列车、调车分栏内体现列车和调车敌对照查。

如图 1-14 所示，试验 X 进站信号机至 ⅠG 接车进路时，先办理 S_N 或 S 进站信号机至 ⅠG 的接车进路，信号开放后再办理 X 进站信号机至 ⅠG 的接车进路，进路不应锁闭；取消 S_N 或 S 进站信号机至 ⅠG 的接车进路，办理 D_4 调车信号机至 ⅠG 的调车进路，信号开放后再办理 X 进站信号机至 ⅠG 的接车进路，进路不应锁闭。

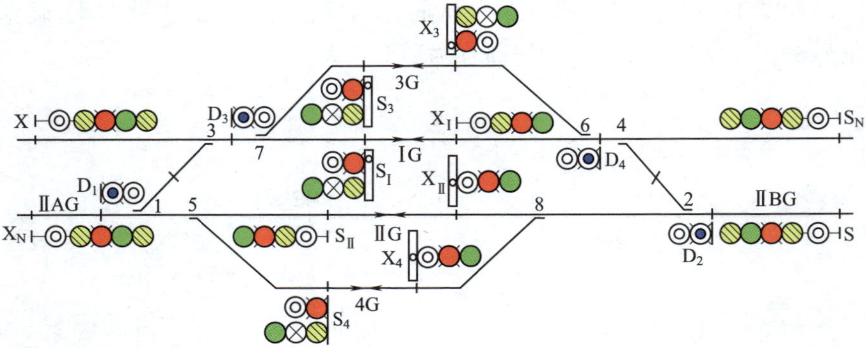

图 1-14　敌对照查

(二)调车进路

试验向股道接车的某条调车进路时,办理另一咽喉向某一股道的列车进路,信号开放后再办理该调车进路,进路不应锁闭。在联锁表的迎面进路栏的列车分栏内体现列车敌对照查。

如图 1-14 所示,试验 D_3 调车信号机至ⅠG 调车进路时,先办理 S_N 或 S 进站信号机至ⅠG 的接车进路,信号开放后再办理 D_3 调车信号机至ⅠG 的调车进路,进路不应锁闭。

继电联锁年度试验,以股道为单位试验,进路为单位填写。

十五、随时关闭信号

(一)试验目的

在任何情况下,已开放的信号应能进行人工关闭。

(二)试验方法

分别通过总取消、总人工解锁(又称总人解)、区段故障解锁(又称区故解)方式办理进路解锁,已开放的信号应能及时关闭。

(三)注意事项

采用紧急关闭信号的方法关闭信号后,应确认接近区段无车,或有车但已与司机联系确认车已停妥,且进路空闲后,进行解锁进路。当未接近锁闭时可按总取消解锁进路;当接近锁闭时可按人工解锁方法解锁进路;当出现进路内方异常造成的非正常关闭信号需要解锁进路时,可按先办理进路总取消再按区段故障解锁方法进行操作。

继电联锁年度试验，以始端按钮为单位试验，进路为单位填写。

十六、取消进路解锁

（一）试验方法

办理某条进路并锁闭，信号未开放或信号已开放但未构成接近锁闭时，采取按压总取消按钮和进路始端按钮的方式（交大①计算机联锁设备为先按压总取消按钮，再按压进路始端按钮）办理取消进路手续，进路应能立即解锁。

（二）注意事项

计算机联锁办理取消进路的方式以联锁厂家提供的使用说明书为准。

十七、接近锁闭及区段核对

（一）试验目的

接近锁闭的意义是当列车接近时由于某种原因造成信号关闭，为防止列车冒进（冒出）时进路已解锁带来的危险而采用的防护措施。

继电联锁年度试验，以信号机为单位试验，进路为单位填写。

（二）接近锁闭区段长度核对

1. 列车进路和调车进路均应设置接近锁闭。

2. 列车进路。

（1）CTCS-3 级区段，接近锁闭区段长度不小于列控车载设备与 RBC 最大允许通信中断时间内列车按设计速度运行的距离与列车最大常用制动距离之和。

（2）CTCS-2 级区段，接近锁闭区段长度不小于列车按设计速度运行时的最大常用制动距离。

（3）其他区段，不小于列车按设计速度运行时的紧急制动距离。侧线出站信号受过岔速度限制，一般以股道作为接近锁闭区段。

3. 调车进路的接近锁闭区段宜为调车信号机外方的轨道区段；必要时，可按第 2 条（列车进路）的原则确定接近锁闭区段的长度，或于调车信

①指北京交大微联科技有限公司。

号开放后立即构成接近锁闭。

4. 进路的防护信号机无接近区段或接近区段长度不符合接近锁闭要求时，应在信号开放后立即构成接近锁闭。

（三）试验方法

试验时先办理某条进路且信号开放后，按上述要求在其接近区段任一处进行人工模拟占用该区段构成接近锁闭，此时采用取消进路的方式，信号能够自动关闭，但进路不能解锁。

（四）注意事项

1. 对于有多个接近区段的进路来讲，每一个接近区段都要试验一次。

2. 对于未设接近区段的调车进路，在信号开放后采用取消进路的方式，信号能够自动关闭，但进路不能解锁。

3. 重点核对接近区段设计长度是否符合要求。

十八、区段人工解锁

（一）设置意义

列车或车列经过进路、办理总取消或总人工解锁手续后，如整条进路或部分区段未能解锁时，在区段空闲条件下，应能办理故障解锁。

（二）试验方法

试验时，应分别试验区段空闲和占用两种情况，按压“区段故障解锁”和区段按钮，空闲时应能解锁（列车或车列占用进路时，运行前方区段虽然空闲，但不论采用何种操作方法均应不得解锁），占用时应不能解锁。

1. 未构成接近锁闭的进路。

如图 1-15 所示，信号开放后，办理进路内区段故障解锁，第一次办理，按压“区段故障解锁”按钮及进路内任意区段按钮时，关闭信号，区段不解锁；第二次办理，相应区段立即解锁。

注意：卡斯柯①、铁科②生产的联锁设备不能通过区段故障解锁的方式解锁，只能通过总人工解锁及总取消的方式进行解锁。

①指卡斯柯信号有限公司。

②指中国铁道科学研究院集团有限公司。

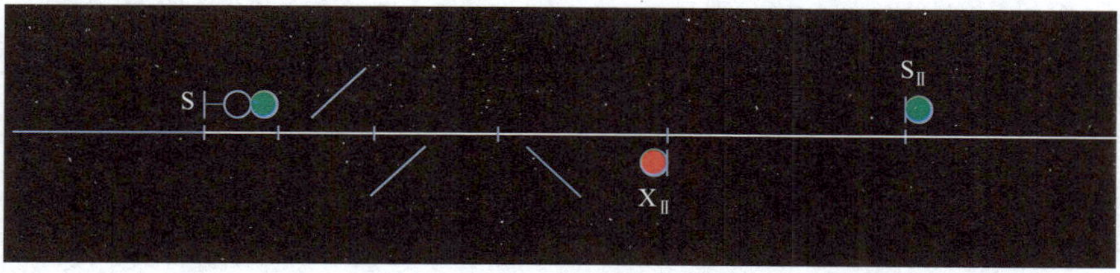

图 1-15　未构成接近锁闭的进路

2. 构成接近锁闭的进路。

如图 1-16 所示，信号开放后，模拟占用接近区段，构成接近锁闭，办理进路内区段故障解锁，第一次办理关闭信号，区段不解锁；第二次办理出现故障解锁倒计时提示，倒计时结束后，区段解锁，再次办理其他区段故障解锁，区段立即解锁。

注意：铁科、卡斯柯生产的联锁设备不能通过区段故障解锁的方式解锁，只能通过总人工解锁的方式进行解锁；第二次办理出现故障解锁倒计时提示，倒计时结束后，第三次办理，相应区段立即解锁，再次办理其他区段故障解锁，区段立即解锁。

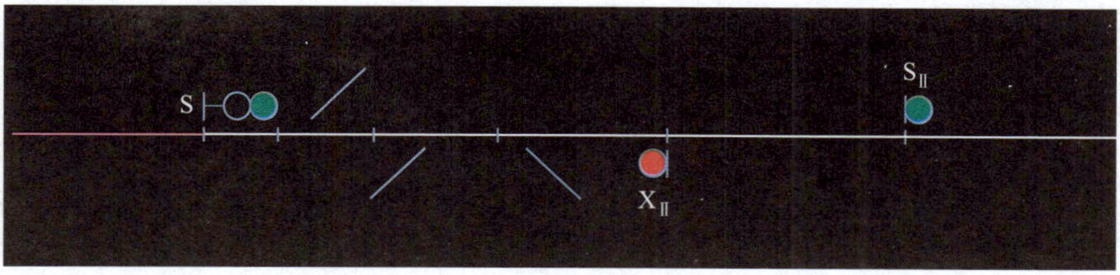

图 1-16　构成接近锁闭的进路

3. 列车或车列运行前方区段不能解锁。

如图 1-17 所示，信号开放后，模拟列车或车列运行，进入进路内方后，分别对列车或车列运行前方任意区段办理区段故障解锁，区段均不能解锁。

4. 区段占用不能办理区段故障解锁。

办理进路信号开放后，分别占用进路内各区段，并对其进行区段故障解锁，出清后该区段保持锁闭状态。

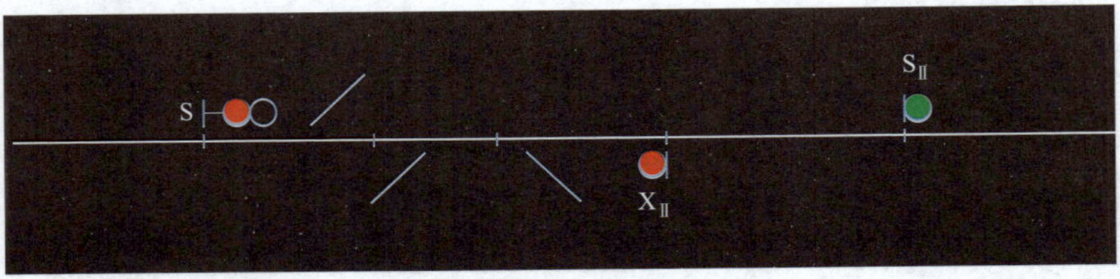

图 1-17　列车或车列运行前方区段不能解锁

(三)注意事项

1. 计算机联锁办理区段人工解锁的方式以联锁厂家提供的使用说明书为准。

2. 对于 6502 电气集中联锁，当进站信号机内方设有无岔区段并在开放进站信号后，如该无岔区段故障使信号关闭后，将不能采取任何人工方式解锁进路，必须办理一次引导接车进路，待列车接入后才能进行区段故障解锁。

十九、防止自动重复开放信号

(一)试验目的

一是防止自动重复开放信号，即指列车通过进路后，如不再次办理选路手续，不准信号自动重复开放(办理自动通过除外)；二是信号开放，在列车或车列尚未进入其防护的进路时，信号因故关闭后，在造成信号关闭的因素消除之后，经人工操纵，信号机应能重复开放。

(二)试验方法

如试验某条进路，办理进路信号开放后，先占用进路中某一区段关闭信号后出清，整条进路未解锁，信号未自动开放，再按压“进路始端”按钮，信号开放。

二十、进路正常解锁

(一)试验方法

模拟列车或车列走行条件，顺序占用、出清进路的接近区段及进路的每一个区段，各区段在实现三点检查(曾占用并出清前一区段、占用并出清本区段、占用后一区段，进站内方第一区段除外)后，进路自始端起，各区段在出清后延时 3 s,依次向终端解锁。

(二)注意事项

1. 进路必须在信号关闭后解锁。

2. 进路宜按分段解锁方式设计,凡有条件的轨道区段均应符合三点检查的解锁要求;进路亦可按一次解锁方式设计。

3. 信号非正常关闭后,已锁闭的进路不得自动解锁。

4. 除延续进路外,列车或车列进入已锁闭的进路后,进路内列车或车列运行前方各轨道区段不得解锁。

5. 列车或车列占用进路后,列车或车列后方未解锁的空闲轨道区段宜设计为能经人工操作解锁。

二十一、改变运行方向

本处重点介绍计算机联锁仿真试验内容,以交大计算机联锁四线制方向电路为例进行说明,其他厂家计算机联锁设备可能因制式不同而有所区别。结合实际设备试验方法在方向电路试验表中进行详细介绍。

继电联锁年度试验,以方向口为单位试验,进路为单位填写。

(一)正常改方

1. 未按允许改方按钮反向发车不能改方。

正方向为接车的发车口,当需要改变运行方向时,需破封按下"允许改方"按钮(条件自复式)。按下时,按钮闪烁;再次按压(相当于按钮松开)按钮停止闪烁。按钮按下方可办理改方电路。试验时,一是不按压"允许改方"按钮,直接试排发车进路,计算机联锁应不驱动该发车口的发车按钮继电器,发车进路锁闭但反向出站信号不能开放;二是按压"允许改方"按钮,直接试排发车进路,计算机联锁应驱动该发车口的发车按钮继电器,发车进路锁闭但反向出站信号不能开放。同时核对发车锁闭继电器 FSJ 状态(平时驱动吸起),当排列了发车进路后落下,进路最后区段(包含无岔轨)解锁后再次吸起。排列向相应口的发车进路,在仿真机上搭接控制出发继电器 KFJ 条件,当 KFJ 吸起出站信号开放,当 KFJ 落下出站信号关闭。

2. 核对状态表示灯,每个发车口均需进行试验。

仿真机模拟采集到方向继电器 FJ 落下条件,则发车表示灯为绿色向站外方向箭头；采集到方向继电器 FJ 吸起条件，则接车表示灯为黄色向站内方向箭头。

(二)辅助改方

1. 按压相应的按钮，核对对应的屏幕显示。

(1)总辅助按钮 ZFZA，非自复式，带口令。按下时，按钮闪烁；再次按压，按钮停止闪烁。当 JFZA 或 FFZA 由按下状态恢复为正常状态时，ZFZA 不会自动复原。

(2)发车辅助按钮 FFZA，条件自复式，带口令。按下时，按钮闪烁；再次按压或 FJ 落下时，按钮停止闪烁。

(3)接车辅助按钮 JFZA，条件自复式，带口令。按下时，按钮闪烁；再次按压或短路继电器 DJ 吸起时，按钮停止闪烁。

2. 核对计算机联锁输出驱动信息。

(1)发车辅助办理按钮继电器 FFAJ(平时落下)：ZFZA 按下、FFZA 按下，驱动 FFAJ 吸起，FFZA 闪红；当 FJ 落下或再次按压 FFZA(此时 FFZA 停止闪烁)，并且 ZFZA 复原后 FFAJ 落下。

(2)辅助办理表示灯 FZD，平时灭灯，当 DJ↑时点白灯。

(3)进路开通继电器 JKJ，平时吸起，列车出发驶入向该发车口的列车进路内方第一区段或者车列驶入向该发车口的调车进路内方第一区段时落下，进路解锁后吸起。

(4)接车辅助办理按钮继电器 JFAJ，平时落下，ZFZA 按下、JFZA 按下，JFAJ 吸起，JZFA 闪红；当 DJ 吸起或再次按压 JFZA(此时 JFZA 停止闪烁)，并且 ZFZA 复原后 JFAJ 落下。

3. 核对区间占用表示灯，每个发车口均需进行试验。

监督区间占用表示灯 JQD，平时灭灯，表示区间空闲；核对以下几种情况时监督区间占用表示灯显示：

(1)发车辅助继电器 FFJ 落下、接车辅助继电器 JFJ 落下、监督区间继电器 JQJ 落下，监督区间占用表示灯红灯。

(2)发车锁闭继电器 FSJ 吸起、接车辅助继电器 JFJ 吸起、监督区间继电器 JQJ 落下，监督区间占用表示灯红灯。

(3)发车锁闭继电器 FSJ 吸起、发车辅助继电器 FFJ 吸起、监督区间继电器 JQJ 落下，监督区间占用表示灯红灯。

(4)发车锁闭继电器 FSJ 落下、接车辅助继电器 JFJ 吸起、监督区间继电器 JQJ 落下，监督区间占用表示灯红闪。

(5)发车锁闭继电器 FSJ 落下、发车辅助继电器 FFJ 吸起、监督区间继电器 JQJ 落下，监督区间占用表示灯红闪。

二十二、进路表示器

(一)设置目的

进路表示器在其主体信号机开放时点亮，用于区别进路开通方向或双线区段反方向发车，不能独立构成信号显示。

继电联锁年度试验，随信号机单项试验，进路为单位同步填写。

(二)联锁关系

1. 如每个方向均设有表示器，主体信号开放可不检查表示器灯丝继电器的前接点。

2. 对于双线双向自动闭塞区段仅在开通反方向设有表示器时，如果反方向进路表示器灭灯时主体信号显示不变就会造成显示方向错误，因此开放反方向的主体信号必须检查该方向表示器灯丝继电器的前接点。

(三)试验方法

1. 主体信号开放不检查进路表示器灯丝继电器的前接点时，核对进路表示器显示方式符合要求。

2. 主体信号检查该方向进路表示器灯丝继电器的前接点时，除核对显示方式外还需试验两个方面：一是进路表示器不能点亮时(断开进路表示器电源断路器或拔灯泡)，主体信号不得开放；二是主体信号开放后，进路表示器如熄灭，主体信号应关闭。

3. 计算机联锁仿真试验时，核对驱动相应的方向继电器是否与显示标准相符，各方向进路表示器显示方式的设计是否符合规范。

二十三、排列长调车进路

(一)试验目的

验证选路合理性。

(二)试验方法

1. 按压始终端按钮，逐条试验长调车进路，分析进路的合理性，以不影响正线进路、平行进路为原则进行判断。

2. 不得一次性办理跨场、跨咽喉进路，即跨场、跨咽喉进路需分段办理。试验时，需明确上、下行咽喉或场间分界，并认真研究设备分场合理性。

二十四、调车中途返回解锁

(一)定义

中途返回解锁是指原牵出进路的部分或全部未解锁，当车列经折返信号返回并出清原牵出进路(有些情况下需出清接近区段)，牵出进路的各区段应延时 3 s 后解锁；所有可作折返调车信号的信号点均应具有调车中途返回解锁功能。

(二)试验方法

试验时，模拟车列运行，根据每个可作为折返信号的信号点，分两种情况试验。

1. 整条牵出进路未解锁时。

(1)车列根据折返信号全部退出牵出进路时，整条牵出进路应能自动解锁。

(2)原牵出进路存车，车列退出接近区段时，原牵出进路不应解锁。试验时可人工模拟调车占用接近区段和牵出进路后，去掉接近区段的占用条件，核对进路解锁情况。

(3)原牵出进路无折返信号时，车列退出牵出进路，接近区段仍占用，牵出进路不应解锁。试验时可人工模拟调车占用接近区段和牵出进路后，去掉牵出进路占用条件，核对进路解锁情况。

(4)出站兼调车信号机防护的进路不得按中途返回方式解锁，即车列占用牵出进路并未出清接近区段(股道)时，牵出进路出现分路不良，即牵出进路上第一个区段红光带出现后又消失，随后车列全部进入牵出进路(牵出进路无红光带)，此时整条牵出进路不应解锁。试验时，可人工模拟调车占用接近区段和牵出进路内方的第一区段且其余区段未占用时，先去掉牵出进路第一区段占用条件，后去掉接近区段占用条件，牵出进路不应解锁。

2. 部分牵出进路未解锁时。

(1)当车列驶入调车进路后，全部出清作为折返点的信号机内方各区段，此时原牵出进路以折返信号机为界分为两段，折返信号机防护内方的牵出进路已解锁，折返信号机防护外方的原牵出进路未解锁，开放折返信号后模拟车列依次占用折返信号机内方区段并逐个退出原牵出进路未解锁的各区段的条件，检查车列确已根据开放的折返信号机驶入该信号机内方，且出清全部未解锁的区段后，该部分区段应自动解锁。

(2)牵出进路部分未解锁的区段存车，车列退出该区段时不应解锁。试验时，可人工模拟调车占用折返信号机外方的区段，并办理折返进路，模拟车列进入折返进路，同时保留原牵出进路区段的占用条件，再按折返进路运行方向顺序去掉各轨道区段的占用条件，核对进路解锁情况。

(3)折返进路未占用，即使原牵出进路区段失去分路，该区段应不能解锁。试验时，可人工模拟调车占用至牵出进路的区段后，未办理折返进路或办理折返进路但未占用时，模拟原牵出进路逐个退出各区段的占用条件，核对进路解锁情况。

(三)注意事项

1. 原牵出进路出现“走过”现象时，折返后原未解锁进路仍不允许解锁。“走过”是指原牵出进路以折返信号机为界，若车列在原牵出进路走行时已出清了折返信号防护外方的某一个(或多个)道岔区段，使得该区段已经解锁，则再排列折返信号时，原牵出进路未解锁区段与折返信号机之间存在着已经解锁的轨道区段，在车列折返过程中将经过这些解锁的区段，这在调车作业中是十分危险的，因此调车作业时应严格禁止“走过”现象。当出现“走过”现象时，即使车列按折返顺序出清原牵出进路，原牵出进路上未解锁的区段也不能按中途折返方式解锁。

2. 原牵出进路的中途折返信号机外方有多个轨道区段的站场进行折返试验时，均需试验外方每个轨道区段为折返起始点的解锁情况。

二十五、信号非正常关闭报警

设有跳信号(信号非正常关闭)报警电路的信号机，当信号机非正常关闭时，应给出报警。不重复开放或不取消进路时，报警不止。但当接近区段和信号机内方第一区段同时占用时的信号非正常关闭不报警。

二十六、人工延时解锁

(一)试验方法

开放信号后占用接近区段，采取按压总人工解锁按钮和进路始端按钮的方式取消进路,此时信号应立即关闭,进路按规定延时后解锁。

(二)注意事项

1. 接近区段由多个区段组成时应分别占用。

2. 自按压进路始端按钮和总人工解锁按钮起至进路上第一个区段解锁止所用的时间,应符合各种进路解锁的延时要求(普速车站接车进路及正线发车进路的延迟解锁时间为3 min,侧线发车及调车进路的延迟解锁时间为30 s;高速车站进路的延迟解锁时间根据列车运行速度及规定分别适当增加)。

3. 在接近区段出现瞬间红光带时,6502电气集中联锁电路在红光带消失后可按取消进路方式解锁进路;对于计算机联锁来说,当列车进路的接近区段出现瞬间红光带时,考虑接近区段分路不良的影响,对接近锁闭的解锁方式采取了防护处理,即接近区段闪过红光带后,即使红光带消失也应按人工延时解锁方式解锁进路。

4. 某些计算机联锁设备(如交大计算机联锁)在确认系轨道电路瞬间故障造成进路错误接近锁闭时,可通过二次办理的方式来解锁进路,即先按压总取消和进路始端按钮来取消进路,此时信号自动关闭,但进路仍不能解锁;重复开放信号后再办理第二次取消方可将进路解锁,这种方法是为提高作业效率设置的保留措施。

二十七、自动闭塞离去区段占用或区间空闲检查

(一)设置目的

自动闭塞区段的出站信号能否开放或开放时显示什么灯光,应检查离去区段的条件。

(二)试验方法

1. 一离去区段占用时,有关出站信号应不能开放;出站信号开放后,一旦一离去区段出现红光带,出站信号应立即关闭(一离去区段单独作为一个闭塞分区的特殊情况除外)。

2. 显示关系核对:三显示自动闭塞一离去区段空闲时出站信号显示黄灯,一、二离去区段空闲时出站信号显示绿灯;四显示自动闭塞区段一离去区段空闲时出站信号显示黄灯,一、二离去区段空闲时显示绿黄灯,一、二、三离去区段空闲时显示绿灯。有特殊运营要求或两站场间距离较

近时，离去条件由邻站的站联条件提供。

（三）注意事项

1. 当两站间仅有一个区段，该区段作为一离去区段空闲条件时，邻站的进站信号开放正线接车信号作为二离去区段空闲条件，邻站的下一列车（进路或出站）信号机开放正线信号作为三离去区段空闲条件。

2. 当两站间有一架通过信号机时，该通过信号机外方区段作为一离去区段空闲条件，通过信号机防护内方闭塞分区作为二离去区段空闲条件，邻站进站信号开放正线接车信号作为三离去区段空闲条件。试验时按相关设计文件进行。

3. 与三显示自动闭塞结合：当列车占用一接近区段或二接近区段时，控制台应有音响提示及表示。列车占用二接近区段时，站内接车进路应实行接近锁闭。

4. 与四显示自动闭塞结合：当列车占用一接近区段、二接近区段或三接近区段时，控制台应有音响提示及表示。

5. 列车速度大于 120 km/h 的自动闭塞区段，站内接车进路接近锁闭区段根据具体情况确定。当列车占用接近区段时，站内接车进路应实行接近锁闭。

二十八、半自动闭塞（自动站间闭塞）

（一）半自动闭塞

本处重点介绍计算机联锁仿真试验内容，以交大计算机联锁结合半自动闭塞电路为例进行说明，其他厂家计算机联锁设备可能因制式不同而有所区别。结合实际设备试验方法在半自动闭塞电路试验表中进行详细介绍。

1. 核对继电器驱动情况

（1）驱动复原按钮继电器 FUAJ 核对：常态不输出驱动，复原按钮按下后输出驱动，4 s 后停止驱动。

（2）驱动事故按钮继电器 SGAJ 核对：常态不输出驱动，事故按钮按下后输出驱动，4 s 后停止驱动。

（3）驱动闭塞按钮继电器 BSAJ 核对：常态不输出驱动，闭塞按钮按下后输出驱动，4 s 后停止驱动。

(4)驱动发车锁闭继电器 FSBJ 核对:常态输出驱动,排列向该口的列车发车进路并锁闭后停止驱动,发车进路最后一个区段解锁后重新输出驱动。

(5)驱动接车锁闭继电器 JSBJ 核对:常态不输出驱动,排列该口的接车进路,当进站信号机外方接近区段占用、引导信号开放采集到引导信号继电器 YXJ 吸起或进站开放列车信号采集到列车信号继电器 LXJ 吸起时输出驱动,该接车进路第一个道岔区段(非无岔区段)解锁后复原落下。

2. 试验闭塞条件、核对显示及语音报警

(1)发车检查闭塞条件试验

一是试验开通继电器 KTJ 采集到前接点且选择继电器 XZJ 采集到后接点时,能够开放发车信号;二是试验开通继电器 KTJ 采集到前接点且选择继电器 XZJ 采集到前接点或前后接点均采集到或均未采集到时,不能够开放发车信号;三是试验开通继电器 XZJ 采集到后接点且选择继电器 KTJ 采集到后接点或前后接点均采集到或均未采集到时,不能够开放发车信号。

(2)发车表示灯(箭头形式)核对试验

发车表示灯为向站外方向的箭头。一是试验通知出发继电器 TCJ 采集到前接点且回执到达继电器 HDJ 采集到前接点时,显示红色箭头;二是试验通知出发继电器 TCJ、同意接车继电器 TJJ、闭塞继电器 BSJ 均未采集到前接点时,显示红色箭头;三是试验通知出发继电器 TCJ、同意接车继电器 TJJ 均未采集到前接点且闭塞继电器 BSJ、开通继电器 KTJ 均采集到前接点时,显示绿色箭头;四是试验通知出发继电器 TCJ、同意接车继电器 TJJ、开通继电器 KTJ 均未采集到前接点且闭塞继电器 BSJ、轨道继电器 GDJ 均采集到前接点时,显示黄色箭头;五是针对前四种情况均需试验条件缺一不可,否则显示为无色箭头。

(3)接车表示灯(箭头形式)核对试验

接车表示灯为向站内方向的箭头。一是试验通知出发继电器 TCJ 采集到前接点时,显示红色箭头;二是试验通知出发继电器 TCJ、回执到达继电器 HDJ、负电继电器 FDJ 均未采集到前接点且闭塞继电器 BSJ、同意接车继电器 TJJ 均采集到前接点时,显示黄色箭头;三是试验通知出发继电器 TCJ、闭塞继电器 BSJ 均未采集到前接点且同意接车继电器 TJJ 采集到前接点时，显示绿色箭头；四是针对前三种情况均需试验条件缺一不可，否则显示为无色箭头。

(4)语音信息核对

①核对进站信号机外方接近区段占用(采集到接近区段轨道继电器占用)且采集到通知出发继电器 TCJ 吸起时发出“列车接近”语音。试验时先利用仿真机使联锁机收到通知出发继电器 TCJ 吸起信息，再占用进站信号机外方接近区段应发出“列车接近”语音。

②核对采集到负线路继电器 FXJ 吸起时应发出特殊声响，6502 电气集中联锁为闭塞电铃鸣响 1.5～2 s。

③核对未采集到负线路继电器 FXJ 吸起且采集到正线路继电器 ZXJ 吸起时应发出闭塞声响，6502 电气集中联锁为闭塞电铃鸣响 1.5～2 s。

④核对通知出发继电器 TCJ、回执到达继电器 HDJ、负电继电器 FDJ 均未采集到前接点且闭塞继电器 BSJ、同意接车继电器 TJJ 均采集到前接点时，显示黄色箭头且发出“请求闭塞”语音。

⑤核对通知出发继电器 TCJ、同意接车继电器 TJJ 均未采集到前接点且闭塞继电器 BSJ、开通继电器 KTJ 均采集到前接点时，显示绿色箭头且发出“同意闭塞”语音。

(二)自动站间闭塞

试验内容包括自动站间闭塞和与车站联锁结合电路的所有技术条件。以计轴方式为例进行说明，其他方式的自动站间闭塞参照设计说明进行。

1. 自动站间闭塞首次办理。

两站值班员确认区间空闲，同时(先后时差可在 13 s 内)按下计轴复零按钮，此时车站控制台上计轴复原按钮表示灯 JFLD 亮白灯，区间表示灯亮红灯。两站间按半自动闭塞方式发第一趟车后，区间占用表示灯灭灯，区间空闲表示灯点亮，两站分别拉出闭塞切换按钮(计轴设备在正常使用过程中，闭塞切换按钮应在加铅封状态)，进入站间闭塞方式，此时车站控制台上人工闭塞“U”灯灭，自动站间闭塞“L”灯亮，区间按自动站间闭塞方式行车。

2. 自动站间闭塞正常办理。

(1)发车站办理发车:值班员办理发车进路,发车站表示灯亮黄灯,此时接车站接车表示灯亮黄灯。

(2)同意发车:接车站自动同意接车,接车表示灯改亮绿灯,自动完成同意接车手续;发车站发车表示灯改亮绿灯,出站信号开放,自动完成请求闭塞办理。

(3)列车出发:发车站列车出发压入道岔区段,出站信号关闭,压入半自动轨道区段,发车表示灯改亮红灯,区间闭塞;同时接车站接车表示灯改亮红灯,区间闭塞。

(4)列车在区间运行:发车站列车驶入区间,电铃短时鸣响,区间占用灯亮红灯,出清区间空闲灯亮白灯;接车站列车驶入区间,电铃短时鸣响,区间占用灯亮红灯,出清区间空闲灯亮白灯,列车驶入接近轨道区段,接近通知电铃短时鸣响。

(5)列车到达接车站:列车凭开放的进站信号,进入接车站进站信号机内方,进站信号机关闭,接车、发车表示灯亮红灯。列车尾部驶入进站信号机内方,区间空闲灯亮白灯,接车、发车表示灯红灯熄灭,闭塞自动复原,同时发车站区间空闲灯亮白灯,发车表示灯红灯熄灭,闭塞自动复原。

3. 自动站间闭塞取消复原。

发车站出站信号开放后,列车未发车前,发车站若需要取消闭塞,办理取消发车进路,待发车进路解锁后,站间闭塞随之自动复原。

4. 由自动站间闭塞转为半自动闭塞。

相邻两站共同确认,未办理闭塞,未排列发车进路,两站同时破封按下闭塞切换按钮,此时两站人工闭塞表示灯亮黄灯,由自动站间闭塞转为半自动闭塞,按半自动闭塞试验方法进行试验。

5. 故障复原。

(1)车站出站信号开放后一度停电恢复。发车站发车表示灯亮红灯,出站信号自动关闭,发车站办理取消发车进路,接车站在听到电铃短时鸣响后按压事故按钮复原,发车站待闭塞电铃鸣响后,两站闭塞复原。

(2)区间空闲,一站或两站同时一度停电恢复。发车表示灯亮红灯,经确认区间空闲,未排列发车进路,由接车站破铅封按压事故按钮 SGA,

两站闭塞复原。

(3)区间计轴设备故障后修复，需由半自动闭塞制恢复为站间闭塞制运行。计轴设备修复后，区间正常通过一列车后，区间轨道继电器 QGJ 吸起，此时，两站对应区间占用灯灭，区间空闲灯点亮，轴数显示器显示“0000”，两站值班员同时拔出闭塞切换按钮，控制台上站间闭塞灯亮绿灯、人工闭塞灯黄灯灭灯，恢复站间闭塞行车。

6. 区间计轴设备故障转为半自动闭塞。

电铃短时鸣响，确认区间空闲后，双方破铅封按下计轴复零按钮(时差可在 13 s)使计轴设备复零。再由两站值班员同时破铅封按压闭塞切换按钮，此时自动闭塞表示灯灭灯，由任意站按电话闭塞法使用路票开行一趟列车。发车站必须开放调车信号机，列车出发后进路自动解锁，列车完全到达接车站后，由接车站按压复原按钮 FUA，人工闭塞表示灯亮黄灯，闭塞复原；发车站闭塞电铃鸣响后，人工闭塞表示灯亮黄灯，此时两站闭塞复原，区间按半自动闭塞运行。

7. 计轴区间占用，接车、发车站均不能办理闭塞开放信号。

区间占用表示灯亮红灯时，接车、发车站均不能办理闭塞、出站信号不能开放。

8. 发车站开放出站信号，接车站不能向同一区间开放出站信号。

当发车站办理了发车进路且出站信号开放后，接车站再排列发车进路，出站信号应不能开放。

9. 未办妥闭塞，办理发车进路时，发车进路能锁闭但信号不能开放。

发车站排列发车进路后，发车站未收到同意发车信号时，发车进路能锁闭但出站信号不能开放。

10. 发车站闭塞区段轨道电路故障，闭塞不能办理。

当闭塞区段轨道电路故障时，闭塞应不能办理。

11. 发车站列车出发后，接车站闭塞轨道电路故障，闭塞不能自动复原，需由接车站办理事故复原。

在发车站列车出发后，接车站闭塞轨道电路故障时，在列车完全到达接车站，站间闭塞应不能自动复原，需由接车站办理事故复原才能复原。

12. 接车站引导接车时，需由接车站采用事故复原办法办理复原。

接车站引导接车时，在列车完全到达接车站，站间闭塞应不能自动复原，需由接车站采用事故复原方式才能复原。

二十九、机务段同意

（一）技术要求

在办理机车入库作业时，应满足如下的技术要求：

1. 集中联锁区向机务段排列调车进路时，必须取得机务段的同意，才能开放调车信号。

2. 机务段一旦办理了同意入库手续后，除了机车驶入机务段自动取消同意外，机务段无权取消。必要时，可由信号楼值班员办理取消。

3. 机务段办理一次同意入库手续后，只能允许一次机车入库。如另有机车入库，则需再次取得机务段的同意。

4. 机务段办理同意入库手续后，信号楼和机务段的闸楼内都要亮白色同意表示灯。

（二）试验方法

1. 机务段未按压同意按钮，检查进入机务段的有关调车信号应不能开放。

2. 开通机务段的调车信号开放且机车未进入时，控制台和机务段的闸楼内"机务段同意按钮盘"的白色同意表示灯均点亮，试验机务段应不能取消同意，信号楼可以办理取消。

3. 开通机务段的调车信号开放且机车进入后，再次办理进入机务段的有关调车信号应不能开放。

三十、非进路调车

非进路调车作业是为了满足推送线向调车区固定进路反复取送车辆而设计的调车作业方式。

试验方法：其试验按照本章第九节试验方法执行。

三十一、到发线中间出岔

到发线中间出岔电路又称中岔电路，在股道中间的道岔称为中岔。中岔的技术条件既要满足调车作业的方便，同时又要保证接、发列车的安全。

试验方法：其试验按照本章第十节试验方法执行。

三十二、局部控制

（一）定义

把集中控制的联锁道岔改为调车员现场操纵称为局部控制道岔。

（二）技术要求

1. 改由局部控制时，信号楼值班员必须先检查未办理涉及该局部控制区域的进路，确认该区域内各道岔区段空闲。信号楼值班员同意（操作方式为按下局部控制按钮 JA）后，应将局部控制道岔转换到规定位置上。道岔锁好后，各有关的调车信号均应开放，与局部控制道岔位置有关的调车信号要根据道岔位置开放或关闭。改成局部控制后，值班员就失去对该道岔的控制权。

2. 将道岔交回集中控制时必须经现场调车员的同意（操作方式为拉出接受局部控制按钮 JSA），要求调车员先将局部控制道岔恢复定位，检查有关道岔区段空闲后拉出接受局部控制按钮 JSA，值班员确认调车员同意后，拉出局部控制按钮 JA，解除对有关道岔和敌对进路的锁闭，收回道岔控制权。

（三）试验方法

1. 改由局部控制时，有关道岔能自动转到定位并锁在规定位置上，改成局部控制后，由信号楼操纵局部控制道岔，道岔应不得转换；有关的调车信号均应开放，敌对信号不能开放，与局部控制道岔位置有关的调车信号的开放与否应由有关道岔的开通位置决定。

2. 收回道岔控制权时，局部控制道岔必须在定位，有关道岔区段必须空闲，有关道岔区段故障时，通过局部控制故障恢复能够收回道岔控制权；收回道岔控制权后，由现场操纵局部控制道岔，道岔应不得转换。

（四）试验举例

如图 1-18 所示，局部控制道岔平面图中 10 号道岔为局部控制道岔。

1. 该区域内各道岔区段（2-4DG、10DG、14DG）空闲且未处于锁闭（本咽喉未办理涉及该局部控制区域的进路）状态、另一咽喉未办理向 4 道的接车进路时，控制台按下局部控制按钮 JA，方能转为局部控制，试验每一条件不满足时均不能转为局部控制；试验按下局部控制按钮 JA 后能够将 2 号、4/6 号和 12/14 号道岔自动转到定位，转为局部控制后 2 号、

4/6 号和 12/14 号道岔单操扳向反位时道岔不能动作、表示不能失去；转为局部控制后 D_2、D_6、D_8 信号机均应开放，室外局部控制盘操纵 10 号道岔，定位时 X_4 开放调车信号、D_{10} 信号机关闭，反位时 D_{10} 信号机开放、D_6 信号机关闭，另一咽喉办理向 4 道的接车进路，进路不能锁闭。

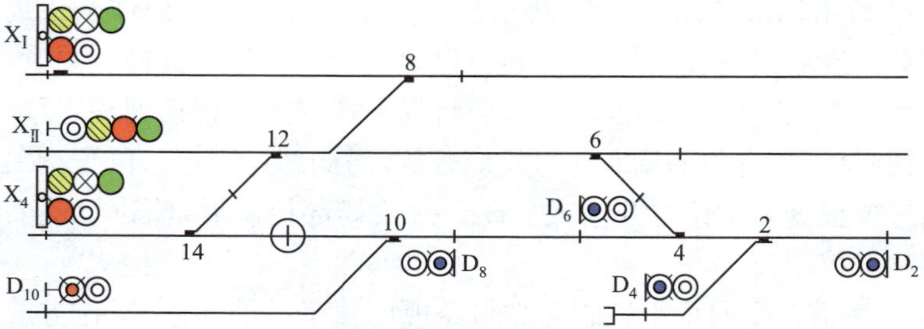

图 1-18　局部控制道岔

2. 在局部控制道岔时，试验局部控制道岔——10 号道岔在反位时不能收回道岔控制权；分别试验 10DG、14DG 占用时不能收回道岔控制权，通过局部控制故障恢复能够收回道岔控制权。收回道岔控制权后，由现场操纵局部控制道岔——10 号道岔，道岔不能转换。

三十三、道口通知及遮断

1. 车站通知条件试验。主要检查与站内联锁相关联的条件。

一般来说，站内道口及邻近车站的区间道口的通知条件包括：按速度计算列车或调车接近相应的区段时，向道口发出接近通知条件；列车越过道口占用相应的区段给出道口复原条件。具体情况应按设计提供的技术说明进行。

2. 道口通知报警距离核对。

道口通知报警距离必须满足道口有关技术条件规定。

试验时，核对设计距离及现场实际测量距离均符合按线路允许最高速度和道口有关技术条件的计算结果。

3. 道口声光报警设备定位显示允许道路方向车辆通过信号。

无列车接近时，设于道口道路方向的信号机显示月白灯，音响器不发声。

4. 列车接近时自动点亮道路方向道口信号机红灯。

当列车接近道口、到达接近报警点时，自动向道路方向显示禁止车辆通行的信号，即道口信号机两个红灯交替闪光，红色闪光信号的闪光频率为 50～70 次/min，亮灭比为 1∶1。

5. 列车接近时道口音响器自动报警。

当列车到达接近报警点时，设于道口两侧道路方向的音响器自动报警，音响频率为 1.5～2.0 Hz，间歇比为 1∶1。

6. 当列车通过道口并出清到达点后停止报警。

列车出清到达点后，道口信号机红色闪光灯光自动熄灭，转为点亮月白色灯光，音响器停止报警。

7. 人工短路轨面防护该闭塞分区的通过信号机显示禁止灯光。

为确保列车运行安全，在自动闭塞区段有些道口设有人工短路轨面的短路装置，其目的是当道口因故无法关闭或停留在道口上的车辆故障时，可通过人工操作短路装置来短路轨道电路，使列车在运行前方信号机前停车，避免发生事故。

8. 遮断信号显示试验。

遮断信号机控制按钮在正常位时遮断信号机灭灯；遮断信号机控制按钮在遮断位时，遮断信号机红灯点亮。

三十四、引导信号

(一)引导方式

开放引导信号有引导进路锁闭和引导总锁闭两种方式。

1. 引导进路锁闭方式主要适用于进路内轨道区段故障(故障区段上的道岔无须转换时)或部分信号开放条件不满足的情况(如需要显示的灯泡断丝、延续进路不能建立等)。按引导进路锁闭方式开放信号时，先将进路上所有道岔操纵到规定位置，再按压引导信号按钮，开放引导信号(计算机联锁车站操作方式以联锁厂家提供的使用说明书为准)，控制台或显示器上的信号复示器显示一个红色灯光和一个白色灯光。

2. 引导总锁闭方式主要用于进路中道岔无表示或其他条件不满足时开放引导信号。试验时，按下引导总锁闭按钮，使本咽喉所有道岔处于锁闭状态后，再按压引导信号按钮，应可开放引导信号。

(二)试验方法

1. 引导进路锁闭方式试验。

(1)逐组断开接车进路上的道岔(包括中岔)的表示,进路锁闭方式引导信号应不能开放。

(2)当进路中某轨道区段故障而进路引导方式开放引导信号后,如轨道电路故障恢复,应立即使该区段由区段锁闭转为进路锁闭状态,试验时单操该区段的道岔应不能转换。

(3)进站(接车进路)信号机红灯灭灯时,引导信号应不能开放。

(4)列车压上进站(接车进路)内方第一轨道区段时,引导信号应自动关闭。进站(接车进路)内方第一轨道区段故障,开放引导信号时,应长时间按压引导信号按钮至列车占用该轨道区段时止。计算机联锁车站进站内方第一个区段故障时,鼠标点击生效后显示 15 s 的倒计时,在此时间内重复点击可保证引导信号不被关闭。

2. 引导总锁闭方式试验。

(1)按下引导总锁闭按钮,使本咽喉所有道岔处于锁闭状态后,试验本咽喉所有道岔不能扳动。再按压引导信号按钮,应可开放引导信号。

(2)列车压上进站(接车进路)内方第一轨道区段时,引导信号应自动关闭。

(三)注意事项

1. 办理引导解锁需同时按压进路始端按钮和总人工解锁按钮。

2. 取消引导总锁闭可人工拉出引导总锁闭按钮来解锁全咽喉的道岔(计算机联锁车站操作方式以联锁厂家提供的使用说明书为准)。

3. 当进站(接车进路)信号正常开放后,进路内方出现红光带时,均可直接按压引导按钮开放引导信号,使进路锁闭转为引导进路锁闭。6502 电气集中联锁采用按压总人工解锁和进路始端按钮的方式一次解锁。有些计算机联锁把上述进路作为两条进路储存起来,解锁时需办理两次解锁操作,操作方式以联锁厂家提供的使用说明书为准。

三十五、调车信号白灯保留

1. 调车信号开放后,顺序占用接近区段和调车信号机内方第一区段,调车信号机的白灯必须保持开放状态(机走线和机务段出口处以及机待线上的调车信号机除外）。

2. 接近区段空闲后白灯关闭；或接近区段仍占用，占用调车信号机内方第二个轨道区段、出清调车信号机内方第一个轨道区段后白灯关闭；或接近区段仍占用，调车信号机内方第一个轨道区段空闲后白灯关闭。三种关闭时机均需进行试验。

三十六、6‰下坡道（延续进路）

进站信号机外方制动距离内有大于6‰的下坡道时，所有能办理接车的股道必须设有延续进路。

试验方法：其试验要求按照本章第五节试验方法执行。

三十七、防止迎面解锁

（一）定义

在列车运行前方的道岔区段提前错误解锁，称为列车迎面错误解锁。

（二）试验方法

试验时模拟列车或车列按正常方式运行，从压入信号机内方第一个区段起，对前方未占用区段进行故障解锁，这些区段应不能解锁。

第二节　高速铁路联锁进路

信号联锁关系试验的基本依据是信号联锁技术规范、技术条件和信号联锁图表等，具体试验过程中应根据联锁图表进行逐项试验，核对其正确性，试验项目见“信号联锁关系试验检查表（进路-高铁）”（郑信联表1-2）。

一、进路号码

与“进路-普铁”一相同。

二、进路始端

与“进路-普铁”二相同。

三、进路变通

与“进路-普铁”三相同。

四、进路终端

与“进路-普铁”四相同。

五、正常开放信号

与“进路-普铁”五相同。

六、道岔位置不对不能开放信号

与“进路-普铁”六相同。

七、道岔无表示关闭信号

与“进路-普铁”七相同。

八、区段占用不能开放信号

与“进路-普铁”八相同。

九、超限绝缘条件

与“进路-普铁”九相同。

十、带动道岔

与“进路-普铁”十相同。

十一、防护道岔

与“进路-普铁”十一相同。

十二、信号开放后锁闭道岔

与“进路-普铁”十二相同。

十三、敌对信号

与“进路-普铁”十三相同。

十四、敌对照查

与“进路-普铁”十四相同。

十五、随时关闭信号

与“进路-普铁”十五相同。

十六、取消进路解锁

与“进路-普铁”十六相同。

十七、接近锁闭及区段核对

与“进路-普铁”十七相同。

十八、区段人工解锁

与“进路-普铁”十八相同。

十九、防止自动重复开放信号

与“进路-普铁”十九相同。

二十、进路正常解锁

与“进路-普铁”二十相同。

二十一、改变运行方向

与“进路-普铁”二十一相同。

二十二、进路表示器

与“进路-普铁”二十二相同。

二十三、排列长调车进路

与“进路-普铁”二十三相同。

二十四、调车中途返回解锁

与“进路-普铁”二十四相同。

二十五、信号非正常关闭报警

与“进路-普铁”二十五相同。

二十六、人工延时解锁

与“进路-普铁”二十六相同。

二十七、自动闭塞离去区段占用或区间空闲检查

与“进路-普铁”二十七相同。

二十八、引导信号

试验方法：区间不设通过信号机并按 CTCS-2 或 CTCS-3 级线路的正线车站所涉及的引导具有下列特殊试验要求。

1. 应具有办理车站发车引导进路的功能。线路所设置的通过信号机应具有引导功能。

2. 引导总锁闭仅具备道岔总锁闭功能。引导总锁闭后不应再以任何方式开放本咽喉的引导信号。

其他试验方法与“进路-普铁”三十四相同。

二十九、调车信号白灯保留

与“进路-普铁”三十五相同。

三十、全站轨道停电恢复

(一)试验目的

防止进路中轨道继电器的上电励磁顺序与列车出清顺序相一致而造成提前错误解锁。

(二)试验方法

将能排列的所有调车或列车进路办好,模拟全站轨道电路供电电源停电再恢复,此时进路不应解锁。

三十一、列车股道 40 s 停稳试验

(一)试验目的

办理了 CTCS-3 级线路的接车进路(含引导进路),当列车完全进入股道后 40 s 内,不应向该股道再次排列进路。

(二)试验方法

如图 1-19 所示,模拟列车完全进入股道后(接车进路已解锁),联锁开始 40 s 停稳倒计时。

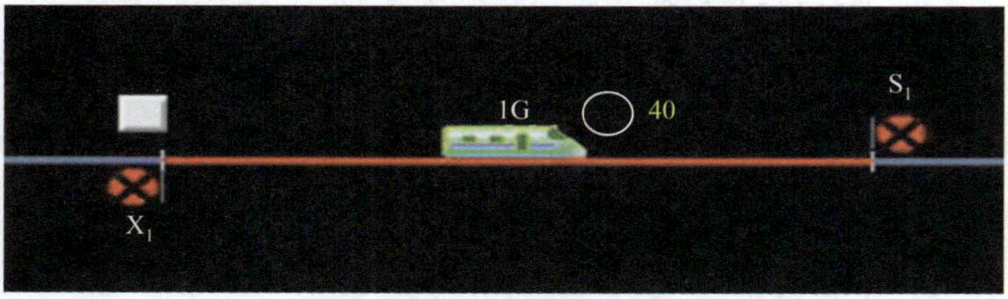

图 1-19　股道停稳计时联锁终端显示

1. 办理接车进路开放允许信号后,模拟列车完全进入股道的 40 s 之内(接车进路已解锁),不能办理至该股道顺向或对向的引导进路或调车进路。40 s 之后股道停稳,能办理至该股道顺向或对向的引导进路或调车进路。

2. 办理引导进路开放引导信号后，模拟列车完全进入股道 40 s 之内，人工解锁引导进路后，不能办理至该股道顺向或对向的引导进路或调车进路。40 s 之后股道停稳，能办理至该股道顺向或对向的进路或调车进路。

三十二、点灯(含引导)及反方向灭灯发车区间空闲检查

(一)试验目的

出站信号机(含引导)点灯或反向运行时应检查站间区间所有轨道区段空闲后才能开放信号。

(二)试验方法

1. 出站信号机灭灯状态发车

(1)出站信号机灭灯状态正向发车。

①出站信号机灭灯状态正向发车检查一离去区段空闲。

一离去区段占用，办理出站信号灭灯状态的正向发车进路，进路锁闭信号不能开放，出清一离去区段后出站信号自动开放；出站信号灭灯状态正向发车信号开放后，一离去区段占用，出站信号关闭。

②出站信号机灭灯状态正向发车不检查区间非一离去区段空闲。

区间非一离去区段占用，办理出站信号灭灯状态的正向发车进路，进路锁闭信号开放；出站信号灭灯状态的正向发车信号开放后，区间非一离去区段占用，出站信号保持开放状态。

(2)出站信号机灭灯状态反向发车检查站间区间空闲。

区间任一闭塞分区(含一离去区段)占用，办理出站信号灭灯状态的反向发车进路，进路锁闭信号不能开放，区段出清后出站信号自动开放；出站信号灭灯状态的反向发车信号开放后，区间任一闭塞分区(含一离去区段)占用，出站信号关闭。

(3)出站信号机灭灯状态正向引导发车不检查区间空闲。

区间任一闭塞分区(含一离去区段)占用，办理出站信号灭灯状态的正向引导发车进路，进路锁闭引导信号开放；出站信号灭灯状态的正向引导发车信号开放后，区间任一闭塞分区(含一离去区段)占用，引导信号保持开放状态。

(4)出站信号机灭灯状态反向引导发车检查区间空闲。

区间任一闭塞分区(含一离去区段)占用，办理出站信号灭灯状态的反向引导发车进路，进路锁闭引导信号不能开放；出站信号灭灯状态的反向引导发车信号开放后，区间任一闭塞分区（含一离去区段）占用，引导信号关闭。

2. 出站信号机点灯状态发车

(1)出站信号机点灯状态正向发车（含引导发车）检查区间空闲。

区间任一闭塞分区（含一离去区段）占用，办理出站信号点灯状态的正向发车进路（含引导进路），进路锁闭信号不能开放；出站信号点灯状态的正向发车（含引导发车）信号开放后，区间任一闭塞分区（含一离去区段）占用，出站信号关闭。

(2)出站信号机点灯状态反向发车（含引导发车）检查区间空闲。

区间任一闭塞分区（含一离去区段）占用，办理出站信号点灯状态的反向发车进路（含引导进路），进路锁闭信号不能开放；出站信号点灯状态的反向发车（含引导发车）信号开放后，区间任一闭塞分区（含一离去区段）占用，出站信号关闭。

三十三、点灯或灭灯条件检查

（一）试验目的

核对设有自复式“点灯”和“灭灯”按钮车站联锁设备，当信号机内方第一区段处于解锁状态时，顺序按压“点灯”按钮和信号机列车按钮或顺序按压“灭灯”按钮和信号机列车按钮，可点亮或熄灭信号机的红色灯光。

（二）试验方法

如图 1-20(a)所示，顺序按压点灯按钮和 X_1 信号机列车按钮，点亮信号机的红色灯光，X_1 信号机为点灯状态；如图 1-20(b)所示，顺序按压灭灯按钮和 X_1 信号机列车按钮，熄灭信号机的红色灯光，X_1 信号机为灭灯状态。

(a)　(b)

图 1-20　信号机点灯、灭灯状态

1. 信号机内方第一区段未处于进路锁闭时，能人工办理信号机点灯、灭灯操作（具体操作方法依据厂家操作说明执行）。

（1）信号机灭灯状态且信号内方第一区段未处于进路状态时，人工办理该信号机的点灯操作，该信号机点亮红色灯光。

（2）信号机点灯状态且信号内方第一区段处于解锁状态时，人工办理该信号机的灭灯操作，该信号机红灯熄灭。

2. 信号机内方第一区段处于进路锁闭状态时，不能人工点亮或熄灭信号机的红色灯光。

（1）信号机点灯状态办理进路并锁闭后，人工办理该信号机的灭灯操作，操作无效，该信号机仍亮红色灯光。

（2）信号机灭灯状态办理进路并锁闭后，人工办理该信号机的点灯操作，操作无效，该信号机仍处于灭灯状态。

三十四、点灯状态进路内方第一区段解锁时灭灯

（一）试验目的

核对列车头部越过点亮允许灯光的信号机后，该信号机应显示红色灯光；当列车驶过进路，第一区段解锁后（对于发车进路还应检查股道空闲），该信号机灯光应自动熄灭。

（二）试验方法

1. 常态灭灯的进站信号机处于点灯状态时，办理接车进路并模拟列车运行，列车驶入进路内方第一区段时，进站信号机改点红灯，第一区段正常解锁后，进站信号红灯自动熄灭（转为灭灯状态）。

2. 常态灭灯的出站信号机处于点灯状态时，办理发车进路并模拟列车运行，列车驶入进路内方第一区段时，出站信号机改点红灯。股道不留车时，当股道出清且第一区段正常解锁后，出站信号红灯自动熄灭（转为灭灯状态）；股道留车时，当第一区段正常解锁后，出站信号红灯保持点亮。

3. 常态灭灯的出站兼调车信号机处于点灯状态时，调车进路建立后应自动点亮白色灯光。股道不留车时，调车车列全部越过信号机后自动改点红色灯光，调车进路内方第一区段解锁后红灯自动熄灭（转为灭灯状态）；股道留车时，调车进路内方第一区段出清后自动改点红色灯光并保持。

三十五、点灯状态向股道接车或调车出站自动点亮红灯

(一)试验目的

核对进站信号机点亮并办理了接车进路(含引导进路)或向股道进行调车作业时,对应进路股道上起阻挡作用的信号机应自动点亮红色灯光。列车完全进入股道后 40 s 内,不准许人工将该同向出站信号机红色灯光熄灭;若同向出站信号机不能点亮时,进站信号机(不含引导)不应开放。

(二)试验方法

1. 至股道的接车进路

(1)股道同向出站信号机处于灭灯状态,办理进站信号机点灯状态至该股道的接车进路,接车进路锁闭后该股道同向出站信号机自动点亮红色灯光,且分别测试以下内容:

①列车完全进入股道 40 s 之内,该出站信号机的红灯不能人工熄灭。

②取消接车进路后,该出站信号机的红灯自动熄灭(具体以设计为准)。

③如果该出站信号机不能点亮时,则进站信号机不得开放允许信号。

(2)股道同向出站信号灭灯状态的发车进路(含引导进路)已建立后,不能办理进站信号机点灯状态至该股道的接车进路。

2. 至股道的引导接车进路

(1)股道同向出站信号机处于灭灯状态,办理进站信号机点灯状态至该股道的引导接车进路,引导接车进路锁闭后该股道同向出站信号机自动点亮红色灯光,且分别测试以下内容:

①列车完全进入股道 40 s 之内,该出站信号机的红灯不能人工熄灭。

②人工解锁引导接车进路后,该出站信号机的红灯自动熄灭(具体以设计为准)。

③如果该出站信号机不能点亮,不影响进站信号机引导信号的开放。

(2)股道同向出站信号灭灯状态的发车进路(含引导进路)已建立后,不能办理进站信号机点灯状态至该股道的引导进路。

3. 至股道的调车进路

(1)股道同向出站信号机处于灭灯状态,办理至该股道的调车进路,调车进路锁闭后该股道同向出站信号机自动点亮红色灯光,且分别测试以下内容:

①调车车列完全进入股道 40 s 之内，该出站信号机的红灯不能人工熄灭。

②取消调车进路后，该出站信号机的红灯自动熄灭(具体以设计为准)。

③如果该股道同向出站信号机不能点亮时，不影响调车信号的开放。

(2)股道同向出站信号灭灯状态的发车进路(含引导进路)已建立后，至该股道的调车进路能办理及开放调车信号。

三十六、允许灯光灯丝断丝转点红灯检查

(一)试验目的

核对进站、进路或出站信号机，当开放的信号灯断丝，应自动转变为红灯显示。

(二)试验方法

在点灯状态下，开放进站、进路或出站信号，模拟信号机灯丝断丝或拔掉室外信号机该灯位灯泡，此时应自动转变为红灯显示。

三十七、点灯进站时出站红灯断丝进站关闭

(一)试验目的

核对点灯状态下，进站信号机开放应检查股道相应出站信号机的灯丝处于完好状态。

(二)试验方法

进站信号机在点灯状态下，开放进站接车信号，相应的出站信号机红灯被点亮，拔掉室外出站信号机红灯灯泡或断开红灯回路，此时进站信号机应改点红灯。

三十八、点灯下立折发车或调车进路解锁且股道出清后出站灯光灭灯

(一)试验目的

核对折返作业的发车或调车进路内方第一区段解锁且股道出清后，原接车或调车时点亮的起阻挡作用的出站信号机红色灯光应自动熄灭。

(二)试验方法

1. 向股道办理进站信号机点灯状态的接车进路(或调车进路)后，该股道同向出站信号机自动点亮红色灯光，列车(或调车车列)完全进入股道 40 s之内，办理以该股道另一侧出站信号机为始端的立折发车进路。

股道不留车时，当股道出清且发车进路第一区段正常解锁后，该股道同向出站信号机的红灯自动熄灭；股道留车时，当发车进路第一区段正常解锁后，该股道同向出站信号机保持点亮红灯。

2. 向股道办理进站信号机点灯状态的接车进路（或调车进路）后，该股道同向出站信号机自动点亮红色灯光，列车（或调车车列）完全进入股道 40 s 之内，办理以该股道另一侧出站信号机为始端的调车进路。股道不留车时，当股道出清且调车进路第一区段正常解锁后，该股道同向出站信号机的红灯自动熄灭；股道留车时，当调车进路第一区段正常解锁后，该股道同向出站信号机保持点亮红灯。

三十九、临时限速降级信号显示

（一）试验目的

核对进站信号机应根据列控中心的命令予以降级显示，当检测到与之相连的列控中心失去通信联系时，应将相关每个进站口的信号机均予以降级显示。

（二）试验方法

如图 1-21 所示，ST 进站信号机根据列控中心的降级命令，在联锁控显界面 ST 信号机旁显示“红色三角形”的降级标志。

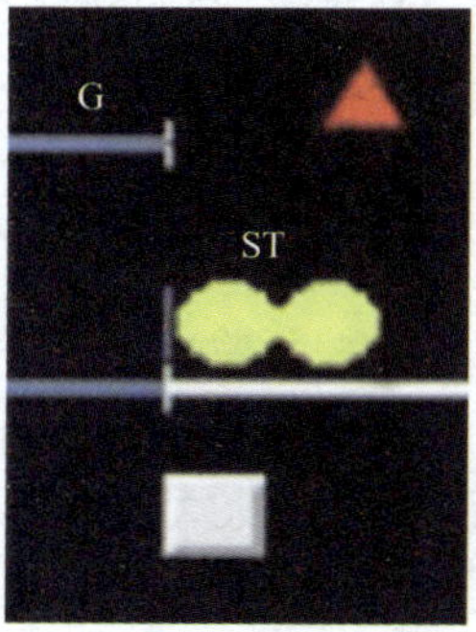

图 1-21　信号机降级显示

1. 办理经由 18 号及以上道岔侧向位置的接车进路，进站信号机显示黄闪黄，接近轨发送 UUS 码。在接车进路上设置低于 80 km/h 的临时限速，列控中心向联锁发送降级命令，进站信号机降级显示双黄，进站接近轨改发 UU 码。

2. 在接车进路范围设置低于 80 km/h 的临时限速，办理经由 18 号及以上道岔侧向位置的接车进路，列控中心向联锁发送降级命令，进站信号机显示双黄，进站接近轨发送 UU 码。

四十、落物试验

（一）试验目的

核对当发生异物侵限时，相应的轨道区段应显示红光带。

(二)试验方法

进行落物试验时,模拟断开异物继电器吸起接点,相应的轨道区段应显示红光带。CTCS-3级线路计算机联锁应向无线闭塞中心传送异物侵限灾害信息。

1. 异物侵限点在站内,办理经由该异物侵限点所在轨道区段的进路,进路锁闭信号开放。将该异物侵限继电器打落,模拟站内发生异物侵限,则该异物侵限对应区段的轨道继电器落下,该区段改发H码,信号自动关闭。

2. 异物侵限点在发车口一离去区段,办理至该发车口的发车进路,进路锁闭出站信号开放。将该异物侵限继电器打落,模拟区间发生异物侵限,则该一离去区段的轨道继电器落下,一离去区段改发H码,出站信号自动关闭。

3. 异物侵限点在区间(非一离去区段),将该异物侵限继电器打落,模拟区间发生异物侵限,则该异物侵限对应闭塞分区所有的轨道继电器均落下,该闭塞分区改发H码,防护该闭塞分区的通过信号机改点红灯,该通过信号机外方的其他闭塞分区追踪发码。

四十一、6‰下坡道(延续进路)

试验方法:如高速铁路设置延续进路,其试验方法与“进路-普铁”三十六相同。

依据《铁路信号设计规范》(TB 10007—2017)第6.2.12条规定“除仅运行动车组列车线路外的集中联锁车站,当进站信号机外方进站方向列车制动距离范围内为下坡道且加算坡度的绝对值超过6‰时,应设置进站接车进路的延续进路。”如果仅运行动车组的线路,可不设置延续进路,具体以设计为准。

四十二、防止迎面解锁

与“进路-普铁”三十七相同。

第三节　计算机联锁功能按钮及显示

在计算机联锁系统中,操作表示机接收值班员的操作,系统在运行时，系统操作主画面除显示当前车站信号、道岔、轨道等状态信息外，还新增了通过计算机操作手段代替既有6502电气集中控制台上的一些人工操作，报警信息实现语音及汉字提示等特殊功能。试验过程中应对这些特殊功能逐项进行试验，试验项目见“信号联锁关系试验检查表(计算机联锁功能按钮及显示)”(郑信联表1-3)。

一、试验设备名称

填写计算机联锁盘面上显示的道岔、信号机、轨道区段名称，如1/3、X、1-3DG等。双机切换时对应试验设备名称按“操表机”“联锁机”填写，报警及延时信息对应试验设备名称按“报警及延时”填写，设备文字显示正确对应试验设备名称按“盘面显示”填写。

二、单锁、单解道岔是否有效

(一)试验方法

逐组道岔进行单锁试验，单锁后单独操作道岔不能扳动，道岔所处位置满足进路要求时可以开放信号，道岔所处位置不满足进路要求时排列进路道岔不能转换，信号不能开放。逐组对已单锁的道岔进行单解试验，单解后单独操作、进路操作道岔，道岔转换良好表示正常。

(二)注意事项

单锁、单解成对操作，单锁、单解按钮被按压后必须按下道岔按钮，按压其他按钮无效。

三、单封、解封道岔是否有效

(一)试验方法

逐组道岔进行单封试验，单封操作后道岔单操可以正常扳动，表示正常。但无论道岔位置是否满足进路要求，排列经由该道岔的进路(包括防护道岔)，进路不能选排。逐组对已单封的道岔进行解封试验，解封操作后单操道岔，进路操作道岔，道岔转换良好，表示正常。

(二)注意事项

单封、解封为成对操作，单封、解封按钮被按压后必须按下道岔按钮，按压其他按钮无效。

四、引导总锁闭不能扳动道岔

(一)试验方法

按下某一咽喉的引导总锁闭按钮，不论引导信号是否开放，单独操纵本咽喉内的所有道岔均应不能正常转换。

(二)注意事项

本咽喉按下引导总锁闭按钮后，除本咽喉所有道岔锁闭外，对方咽喉的中间出岔也不能正常转换。

五、上电锁闭试验

1. 系统上电锁闭核对。系统上电启动后，应采取安全锁闭处理措施，全站道岔处于锁闭状态，所有开关量输出接口不存在有安全风险的输出，如发车锁闭继电器 FSJ、照查继电器 ZCJ 等均处于落下状态，安全通信接口与 TCC、RBC、邻站 CBI 等不存在有安全风险的输出。

注意：生产厂家不同，处理方式略有差异。交大、卡斯柯、铁科：对部分有驱动，经过逻辑判断无风险的驱动；通号①、和利时②：各种输出均不能驱动。

2. 操作试验。具有上电解锁功能的车站，系统上电启动后，道岔区段、无岔区段(铁科)均处于上电锁闭状态。

交大、卡斯柯：道岔区段显示白色线段；铁科：道岔区段、无岔区段显示白色线段；和利时：道岔区段、无岔区段显示白色线段，道岔显示红色圆圈；通号道岔显示红色圆圈。

试验时，逐个道岔单独操纵、排列进路道岔扳动试验，道岔均不能操纵。

3. 上电解锁。“上电解锁”按钮为加封按钮，在计算机联锁上电或重启后，按压“上电解锁”按钮，输入口令并确认后，处于上电锁闭的道岔一次性解锁。

---

①指中国铁路通信信号股份有限公司。

②指北京和利时系统工程股份有限公司。

六、站场图形显示核对

计算机联锁盘面上显示的道岔名称、开通位置、分表示，信号机名称、安装位置、高柱（矮型）、显示方向、灯光颜色，轨道区段名称、绝缘节（侵限绝缘）位置等与平面图进行一致性核对。

七、钮封、钮解

（一）试验方法

逐架信号机的列车、调车按钮进行钮封试验，钮封后按压该列车、调车按钮操作无效。对已钮封的信号机列车、调车按钮进行钮解试验，钮解后按压该列车、调车按钮可正常操作。

（二）注意事项

钮封、钮解成对操作，钮封、钮解按钮被按压后必须按下列车、调车按钮，按压其他按钮无效。

八、区段前后接点校核正确

计算机联锁车站采集轨道区段的前、后接点，根据区段轨道继电器的状态核对电务维修机采集状态栏内码位一致，并核对盘面显示正确。采集到区段前接点时轨道区段显示空闲，采集到后接点（或后接点未采集到）时轨道区段显示红光带。

九、分路不良设置

具备分路不良设置功能的计算机联锁车站，轨道区段均可设置为分路不良区段，设置后盘面有相应的表示，不影响正常排列信号，给使用维护人员以提示。

十、无网区段核对

（一）试验方法

若站场存在无网区段，根据车务部门申请，供电部门提供技术资料，可在计算机联锁盘面设置无网区段标识。

（二）注意事项

基本进路应尽量避免经过无网区段，根据站场作业情况，有特殊要求时以设计为准。

十一、报警及延时信息

设备发生故障后的报警信息能准确显示在计算机联锁盘面内，列车接近语音提示、延时倒数计时时间显示正确。

(一)报警信息核对

计算机联锁系统应具备以下报警信息：

1. 联锁设备报警。

(1)道岔挤岔，报警含道岔名称。

(2)信号非正常关闭，报警含信号机名称。

2. 通信接口报警。

(1)与 TCC 通信中断。

(2)与 CTC 通信中断。

(3)与 RBC 通信中断。

(4)与 CBI 通信中断。

(5)与编组站综合自动化(CIPS 或 SAM)通信中断。

3. 其他报警信息。

(1)轨道停电。

(2)安全线道岔不在定位，报警含道岔名称。

(3)中岔不在定位，报警含道岔名称。

(二)设备状态信息核对

联锁机、操作表示机、维修机工作状态信息。文字为黑色，主用状态底色为绿色，备用状态底色为黄色，故障状态底色为红色。

(三)提示信息和时钟信息核对

1. 提示信息：操作及相关信息。

2. 时钟信息：年、月、日、时、分、秒。

(四)语音信息核对

以下 10 种情况，在操作显示界面有语音提示。

1. 列车接近。

2. 请求闭塞。

3. 同意闭塞。

4. ××方向发车。

5. 道岔挤岔。
6. 轨道停电。
7. 信号非正常关闭。
8. 通信中断。
9. 安全线道岔不在定位。
10. 中岔不在定位。

(五)延时信息

指办理人工解锁、区段故障解锁(如有时)、延续进路解锁、中岔解锁、取消溜放解锁、非进路解锁、引导信号限时开放,对应的列、调车始端按钮旁显示红色数字的倒计时秒数。

十二、设备文字显示正确

核对计算机联锁盘面上的汉字与平面图相符,符合设计要求。

十三、双机切换

排列进路信号开放后,对计算机联锁操表机、联锁机分别进行切换试验,已开放的信号无异常。

第四节　驱动、采集点对点

电务维修机的驱动、采集机箱的码位与相关继电器的状态一一对应,简称"驱动、采集点对点"。联锁机检测到逻辑关系正确并满足继电器励磁条件时,输出驱动指令,电务维修机的驱动信息状态栏对应的码位亮绿灯,继电器组合架内相对应的继电器吸起;根据继电器的吸起、落下状态,驱采机采集到继电器吸起(落下)状态后,电务维修机的采集信息状态栏对应的码位亮绿灯。试验项目见"信号联锁关系试验检查表(驱动、采集点对点)"(郑信联表 1-4)。

一、位　　置

按照驱动、采集板位置顺序填写。如 Q1-1、Q1-2、L1-1、L1-2。

二、名　　称

根据驱动匣配线图、采集匣配线图名称填写。如 1/3DCJ-1、XLXJ-1、

1DGJ-Q、1DGJ-H 等。

三、配线核对

核对施工图纸驱动匣配线图、采集匣配线图与实际配线端子一致，不得出现多余配线或少线现象。

四、码位核对

(一)试验方法

1. 驱动信息核对

进行单系试验，采取关闭一系、开启一系的方式进行核对。对采用双线圈分别驱动的联锁系统，双系开启再次进行核对。

驱动信息应依据电路原理、系统逻辑关系及软件供应商提供的特殊驱动说明进行试验。通过排列进路、单独操纵等方式，构建驱动条件驱动相应继电器吸起，核对维护终端驱动码位显示、驱动板表示灯信息一致，组合架相应的继电器驱动吸起。在维修(仿真)机查看相应码位驱动显示，驱动输出时相应码位亮灯，为吸起状态；不驱动时，相应驱动码位灭灯，为落下状态。

试验时，也可通过厂家提供的专用软件进行驱动试验。

常用继电器的试验方法：

(1)正线继电器 ZXJ。咽喉区正线进路上所有道岔均在开通正线(直向)位时吸起；试验时，分别将正线上每组道岔置于非正线位置或失去表示，该继电器均应落下。

(2)列车绿黄信号继电器 LUXJ。列车信号机开放绿黄和绿灯时，该继电器驱动吸起；开放其他信号时该继电器均应落下。

(3)列车通过信号继电器 TXJ。只有办理进站或接车进路信号机的正线通过进路，信号开放，显示绿灯时吸起；试验时，办理直进弯出(八字变通)发车进路，核对该继电器不应错误吸起。

(4)出站方向继电器 * FJ。有多个发车口车站，分别办理发车进路，对应的发车口的方向继电器驱动吸起，其他发车口的方向继电器均应落下。

(5)黄闪黄继电器 USUJ。按联锁图表给出的黄闪黄进路，办理进路，符合黄闪黄条件时，驱动 USUJ 吸起；办理其他所有组合进路，该继电器均不应错误吸起；当采集不到闪光监督继电器 SNJJ 吸起条件时，应驱动 USUJ 落下。

(6)方向电路发车按钮继电器 FAJ

①办理正向发车进路时驱动吸起。

②区间不在反方向状态时，办理反方向发车，按压允许改方按钮，驱动吸起；未按压允许改方按钮向反方向发车口发车时，不应吸起。

③区间为反方向，恢复正方向时驱动吸起。

④区间在反方向状态下，发车站无论是否按压允许改方按钮，向反方向发车口发车时驱动吸起。

卡斯柯联锁设备已经是发车方向时不驱动，需改变区间发车方向时驱动吸起。交大联锁设备已经是发车方向时，按下允许改方按钮，驱动吸起；未按压允许改方按钮，可开放信号，不驱动吸起。

(7)方向电路出发继电器 CFJ 或进路控制继电器 JKJ

CFJ 或 JKJ 常态为吸起状态。

①办理向对应发车口的调车进路，信号开放。模拟车列运行，压入通向发车口最后的基本进路第一区段后，该继电器落下；进路最后一个区段解锁后，驱动吸起。

②列车进路，信号开放或未开放。模拟车列运行，压入通向发车口最后的基本进路第一区段后，该继电器均落下，进路最后一个区段解锁后，驱动吸起。

注意：通号联锁设备调车进路不驱动；铁科联锁设备调车信号关闭后，CFJ 停止驱动。

2. 采集信息核对

采集信息的核对，应Ⅰ、Ⅱ系同时开启进行检查核对。

卡斯柯联锁设备Ⅰ、Ⅱ系采集电源分束供电，采用单系分别试验，防止电源混用。

(1)模拟接点通断检查试验。新建站在继电器未安装时，通过模拟条件(仿真试验人工设置码位构成采集条件)，依据电路原理、系统逻辑关系及软件供应商提供的特殊采集说明进行试验。系统采集单接点时，组合架模拟采集接点通、断，分别观察两系联锁采集板表示灯、维护终端采集码位显示与设计采集信息表相符；系统采用双接点采集时，应分别模拟采集的两组接点通、断，观察对应两系联锁采集板表示灯、维护终端采集码位显示与设计采集信息表相符。

(2)通过排列进路、单独操纵等方式构建相关采集条件试验。查看操作机显示终端显示状态与维修(仿真)机相应码位采集信息显示及继电器状态一致。自驱自采的结合驱动进行试验。

3. 常用采集继电器的试验方法

(1)信号机灯丝继电器 DJ

①模拟 DJ 条件未采集，对应的信号机禁止灯光应闪烁。

②同时有两个灯位显示的信号机，2DJ 条件未采集，对应的信号机开放两个灯位同时显示的信号时，信号机开放后自动关闭。

(2)轨道继电器 GJ

①电路采用前、后接点分别采集方式时

a. 模拟只采集到前接点时，对应轨道区段显示空闲状态。

b. 模拟只采集到后接点时，对应轨道区段显示占用状态。

c. 模拟同时采集到前后接点或均未采集到时，对应轨道区段显示占用状态。

②电路采用双接点分别采集前接点方式时

a. 模拟双接点都采集到时，对应轨道区段显示状态空闲。

b. 模拟只采集到单接点时，对应轨道区段显示占用状态。

c. 模拟双接点均未采集到时，对应轨道区段显示占用状态。

(3)道岔表示继电器 DBJ/FBJ

①模拟只采集到 DBJ 前接点时，道岔显示定位。

②模拟只采集到 FBJ 前接点时，道岔显示反位。

③分别模拟 DBJ、FBJ 前接点同时采集到或同时采集不到时，对应道岔显示失去表示。

④模拟采集到同一组道岔 DBJ、FBJ 后接点串接条件时，对应道岔显示失去表示。

(4)方向电路控制发车继电器 KFJ 或控制信号继电器 KXJ

人工模拟 KFJ/KXJ 采集条件，办理向该发车口的发车进路，信号应能开放，撤销采集条件，已开放的信号应自动关闭；未模拟 KFJ/KXJ 采集条件，办理向该发车口的发车进路，信号不能开放。

(5)半自动闭塞开通 KTJ、选择继电器 XZJ

①人工模拟采集 KTJ、XZJ 条件，办理向该发车口的发车进路，信号应能开放，撤销采集条件，已开放的信号应自动关闭。

②人工模拟未办理闭塞，未采集到 KTJ、XZJ 采集条件，办理向该发车口的发车进路，信号不能开放。

(6)零散继电器采集

灯丝报警继电器、熔丝报警器、移频报警继电器、轨道停电继电器、主副电源继电器、电源屏故障报警等零散继电器根据设计采集前接点或后接点试验，操作显示界面上显示相应报警信息同时给出语音提示。

(二)注意事项

禁止通过控制台显示正确来间接证明采集信息正确的方法进行试验，如轨道区段的后接点采集核对，当某轨道区段占用 GJ 落下，区段采集不到 GJ 前接点时控制台显示为红光带，但并不能说明后接点采集配线正确，如后接点采集不正确，虽然控制台也显示红光带，但会出现"××轨道区段前、后接点均断开"的提示信息。

五、线间绝缘

为避免烧毁联锁设备，绝缘测试时需在联锁柜处断开联锁设备与机械室的连接，采用相应仪表测试驱动，采集配线对地、线间绝缘良好，符合标准。

第五节　延续进路

进站信号机外方制动距离内有大于 6‰的下坡道时，所有能办理接车的股道必须设有延续进路，试验项目见"信号联锁关系试验检查表(延续进路)"(郑信联表 1-5)。

一、进路名称

(一)填写方法

根据联锁表中给定的进路号码进行填写。

（二）试验方法

排列该条延续进路，核对进路号与所排进路的一致性。

（三）注意事项

1. 联锁表单独列出延续进路的填写延续进路号，未单独列出的填写接车进路号。

2. 同一条接车进路必须对其全部延续进路分别进行试验。如图 1-22 所示，X_N 方面接车进路进站外方为 8.4‰的坡道，每一股道的延续进路设置了两条，一条为延续至安全线，另一条为延续至 S_N 进站口。

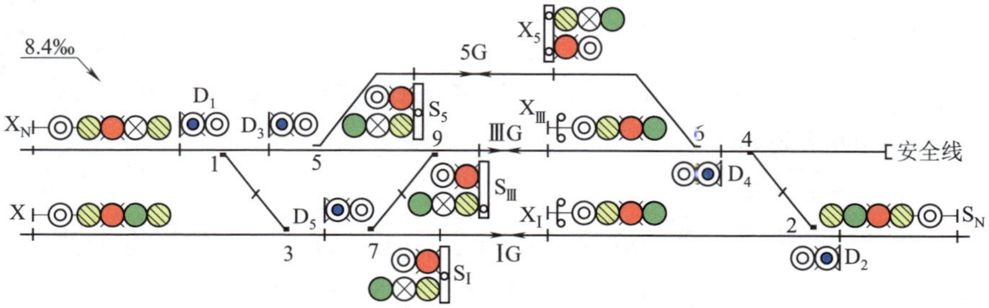

图 1-22　延续进路

二、正常排列延续进路

（一）延续进路始终端

延续进路的始端为同方向出站信号机，终端为安全线上的车挡、牵出线或专用线入口处的调车信号机、进出站口的进站信号机或站界标等。

（二）试验方法

顺序按压接车进路始、终端按钮和延续进路终端按钮，延续进路能够锁闭，接车信号能够开放。

如图 1-22 所示，X_N 方面接车至 5G 的进路，如果延续进路终端为安全线，则顺序按压 X_N 列车按钮、S_5 列车按钮和向安全线延续进路终端坡道按钮 PA；如果延续进路终端为 S_N 进站口，则顺序按压 X_N 列车按钮、S_5 列车按钮和 S_N 列车按钮。

三、延续进路未建立进站信号不能开放

（一）定义

延续进路建立是指道岔位置正确、进路空闲、没有建立敌对进路、道岔和延续进路已经锁好等，即延续进路上这些条件完全具备后，方可开放进站信号（引导信号除外）。

（二）试验方法

对上述条件逐项缺失试验，检查进站信号应不能开放。

四、信号开放后延续进路上道岔锁闭

（一）试验目的

有延续进路的进站信号开放后（不含引导信号），延续进路上的道岔应处于锁闭状态。

（二）试验方法

办理延续进路信号开放后，逐组单独操纵延续进路上的所有道岔，这些道岔均应处于锁闭状态，计算机联锁不输出道岔操纵命令，6502电气集中联锁道岔启动继电器不动作。

如图1-22所示，X_N方面接车至5G的进路，如果延续进路终端为安全线，办理延续进路信号开放后，分别单操2/4号、6号道岔，道岔不能反位，定位表示不会失去。

五、道岔位置不对延续进路不能排列

（一）定义

指延续进路上的有关道岔位置不符规定要求或无表示时，延续进路不能建立。

（二）试验方法

人为将道岔置于不符要求的位置并单锁或断开道岔表示，延续进路不能锁闭。

如图1-22所示，X_N方面接车至5G的进路，如果延续进路终端为安全线，分别单操2/4号、6号道岔至反位并单操锁闭，延续进路均不能锁闭。

六、延续进路区段占用进路不能排列

(一)定义

指延续进路上的有关区段被占用时,延续进路不能建立。

(二)试验方法

人为分路延续进路上的有关区段,延续进路不能锁闭;延续进路锁闭后,人为分路延续进路上的轨道区段,接车信号不关闭(计算机联锁以厂家设计说明为准)。

如图 1-22 所示,X_N 方面接车至 5G 的进路,如果延续进路终端为安全线,分别占用 4DG 和 6DG,延续进路均不能锁闭。延续进路锁闭后,人为分别占用延续进路上的轨道区段 4DG 和 6DG,X_N 接车信号不关闭。

七、延续进路敌对信号

(一)定义

与延续进路重叠的对向接车和调车信号、顺向重叠的调车信号等均属延续进路的敌对信号。

(二)试验方法

在开放敌对信号后,检查延续进路应不能建立;在办理延续进路并锁闭后,检查敌对信号应不能开放。

八、接车进路未锁闭延续进路不锁闭

(一)设计目的

此要求主要是为了减少对延续进路一端作业效率的影响。

(二)试验方法

排列接车进路后进路未锁闭时,检查延续进路应不锁闭。

九、正常接车延续进路 3 min 解锁

分别试验在正常接车情况下,须在列车占用股道 3 min 后,才准许延续进路自动解锁;当列车占用延续进路后,延续进路不得解锁。

十、正常接车延续进路坡道解锁立即解锁

在列车头部进入股道 3 min 且接车进路最末道岔区段解锁后,因故障导致延续进路不能正常解锁时,可采用按压坡道解锁按钮的方法使延

续进路立即解锁。

十一、取消解锁

(一)解锁顺序

接车进路先解锁,延续进路才能解锁;在接车进路未解锁时,延续进路应不得解锁。

(二)试验方法

模拟列车占用接近区段,办理接车进路人工解锁,在 3 min 延时解锁时间内办理延续进路取消手续,延续进路不能解锁。

十二、人工解锁

(一)解锁顺序

接车进路先解锁,延续进路才能解锁;在接车进路未解锁时,延续进路应不得解锁(包括故障解锁)。

(二)试验方法

模拟列车占用接近区段,办理接车进路人工解锁,在 3 min 延时解锁时间内办理延续进路人工解锁及故障解锁手续,延续进路不能解锁。

十三、办理延续进路的出发信号

(一)定义

指延续进路转为发车进路后,出站信号应能开放。

(二)试验方法

1. 接车进路未解锁时(列车压入三接近区段时/列车压入进路内方第一区段),先办理闭塞条件,单独按压延续进路的始端列车按钮,延续进路能够转为正常发车进路,出站信号可以开放。

2. 接车进路已解锁(列车压入股道时),但延续进路还未解锁,办理闭塞条件,单独按压延续进路的始端列车按钮,延续进路能够转为正常发车进路,出站信号可以开放。

第六节　站间联系电路

当两相邻的车站,站间距离较短,其间不能装设预告信号机时,可采用站间联系电路作为闭塞设备使用，此时在站间必须装设轨道电路。试验项目见“信号联锁关系试验检查表(站间联系电路)”(郑信联表1-6)。

一、站间电路名称

为线别名称或××站—××站。

二、正常排列进路

当本站和站间的联锁条件均具备时，可以向邻站正常排列发车进路，自动改变运行方向，出站信号应能开放。试验时，按压进路始、终端按钮，向邻站正常排列发车进路，在区间空闲时，应将本站改变为发车方向，出站信号应能正常开放。

三、取消进路

向站间联络线排列进路并锁闭，信号未开放或已开放但未构成接近锁闭时，采取按压总取消按钮和进路始端按钮的方式办理取消，进路应能立即解锁。

四、进路正常解锁

列车或车列顺序占用并出清接近区段、进路内的区段、到达区间，走行条件满足三点检查(占用本区段、出清前一区段、占用后一区段并出清本区段)，进路自始端起，各区段在出清后延时3 s，依次向终端解锁，进路应能正常解锁。试验时，可模拟列车或车列运行，顺序占用出清接近区段、进路内的区段、到达站联轨，进路应能顺序解锁。

五、列车未完全到达邻站不能重复开放出发信号

列车是否完全到达邻站通过前行列车是否完全出清站间联系轨道区段来证明，即站间联系轨道有车占用，出发信号不能开放。试验时，可模拟列车运行，在站联联系轨未出清的情况下，发车站再次排列出发信号，检查出发信号不能开放。

六、相邻两信号机重复显示

列车运行速度不大于120 km/h时，试验方法与场间联系电路相同。

七、相邻两信号机禁止灯光重复显示

列车运行速度不大于120 km/h时，试验方法与场间联系电路相同。

八、接近区段延长至邻站出站信号机检查

当区间长度小于制动距离时,邻站向本站排列通过进路时,本站接车进路接近锁闭延长至邻站进站内方第一区段,邻站向本站排列侧线发车进路时,本站接车进路接近区段延长至邻站侧线发车进路对应股道。试验时可在本站开放进站信号后,根据邻站排列的进路,信号开放后占用相应区段,核对本站接车进路应转为接近锁闭状态(特殊情况应根据设计文件要求进行试验)。

九、单线区间有车不能改变运行方向

列车正在区间运行或区间轨道电路故障时,应不得改变运行方向。试验时可模拟列车运行或人为短路区间轨道电路,办理改变运行方向手续后应不能改变运行方向。

十、单线区间改变运行方向发车站必须先改为接车站后方能改变

(一)试验目的

为防止两站同时向区间办理发车进路,改变运行方向时,必须使原发车站先改为接车站后,原接车站才准许改为发车站,不准许同时为发车站,即使一瞬间也不准许。改变运行方向时,方向电路动作前必须具备区间空闲、原发车站的发车进路在解锁状态、原接车站的发车进路已锁闭等条件。

(二)试验方法

一是人工将原接车站方向继电器状态改为发车站,检查应不能改变方向;二是将区间人为占用,检查应不能改变运行方向;三是将原发车站的发车进路锁闭后进行改变运行方向操作,检查方向应不能改变;四是将原接车站在改方变为发车进路时人为使发车进路不锁闭,检查运行方向应不能改变。

十一、邻站信号开放表示

邻站进站信号开放时,本站控制台上的邻站进站开放表示灯应显示绿灯,站联电缆允许的情况,邻站进站信号机开放的各种显示均应显示在本站控制台盘面上,人工办理后确认表示正确。

十二、接近区段占用表示及电铃

当进站信号开放，列车压上接近区段时，接近表示灯应显示红灯，接近电铃鸣响。试验时，人工模拟列车运行，确认表示及电铃正常。

十三、单线运行方向表示

办理接车时，接车方向表示灯应显示白灯；办理发车时，发车方向表示灯应显示白灯；邻站出站信号开放时，邻站办理发车表示灯应显示绿灯；按项目办理，人工确认表示是否正常。在计算机联锁中由于各厂商提供的上位机界面和操作方法不一致，其表示灯的表示方式也不尽相同，有些用带颜色的箭头表示方向，有些用指示灯来表示，试验中需要注意区分。

第七节　场间联系电路

试验项目见“信号联锁关系试验检查表(场间联系电路)”(郑信联表1-7)。

第一种：联络线标准场联电路

一个车站有两个车场分别由两个信号楼控制时，当场间联络线的轨道电路有车占用时，两车场的任何一方都不能向该联络线排列列车或调车进路，两场必须满足不能同时向场间联络线发车或调车，实现互相联锁，为此设计的电路，叫作场间联系电路，又称场间照查电路。

一、联系电路名称

按图纸标识的场间联络线轨道电路名称填写。

二、正常排列进路

当本场和场间的联锁条件均具备时，可以向联络线正常排列进路，满足信号开放条件时，信号可以开放；当联络线无列车信号机时，列车进路由两个车场间的两段进路组成，当后段进路(接车进路)未建立时，前段发车进路不能建立，发车信号机不能开放。试验时按压进路始、终端按钮，向联络线办理进路，信号应能正常开放；当联络线无列车信号机时，在邻站接车进路未建立的情况下，发车站出发信号不能开放。

三、取消进路

向场间联络线排列进路并锁闭，信号未开放或已开放但未构成接近锁闭时，采取按压总取消按钮和进路始端按钮的方式办理取消，进路应能立即解锁；当联络线无列车信号机时，列车进路由两个车场间的两段进路组成，当接近区段或前段进路有车占用时，后段进路不得解锁，取消或人工解锁进路时，必须先解锁前段进路，后段进路才能解锁。试验时，按压总取消按钮和进路始终端按钮，应能关闭信号和解锁进路；当联络线无列车信号机时，列车进路由两个车场间的两段进路组成，当接近区段或前段进路有车占用时，取消或人工解锁后段进路，应不能解锁。

四、进路正常解锁

列车或车列顺序占用并出清接近区段、进路内的区段、到达联络线轨道电路，走行条件满足三点检查（占用本区段、出清前一区段、占用后一区段并出清本区段），进路自始端起，各区段在出清后延时 3 s，依次向终端解锁，进路应能正常解锁。试验时，可模拟列车或车列运行，顺序占用出清接近区段、进路内的区段、到达场联轨，进路应能顺序解锁。

五、联络线占用排列列车进路

当联络线被占用时，两个车场均不能向联络线排列列车进路。试验时占用联络线区段后，两个车场分别向该联络线排列列车进路均不能选排。

六、联络线占用排列调车进路

当联络线被占用时，两个车场均不能向联络线排列调车进路。试验时占用联络线区段后，两个车场分别向该联络线排列调车进路均不能办理。

七、联络线敌对照查

向联络线办理任何进路均应检查对方场是否已办理敌对进路。试验时，一是对方场办理向联络线的进路，检查本场通向联络线的进路应不能办理；二是办理本场通向联络线的进路，检查对方场向联络线的进路也应不能办理。同时核对相应的敌对照查指示灯与进路性质相一致。

八、关联信号机显示核对

（一）试验依据

应满足《铁路技术管理规程》规定，在列车运行速度不大于 120 km/h 的区段，当同方向相邻两架信号机间的距离小于 400 m 时，本架信号机必须完全复示运行方向前一架信号机的显示（其他速度等级按设计要求试验）；当两架信号机间的距离在 400 m 及以上，但小于 800 m 时，本架信号机必须复示运行方向前一架信号机的禁止灯光显示（其他速度等级按设计要求试验）。

（二）试验方法

当同方向相邻两架信号机间的距离小于 400 m 时，在前一架信号机显示各种灯光时，检查本架信号机的各种显示应一致；当两架信号机间的距离在 400 m 及以上，但小于 800 m 时，在前一架信号机显示禁止灯光时，检查本架信号机应不能开放。

九、联络线占用表示灯

两场控制台上应有场间联络线轨道占用表示光带及构成接近锁闭表示灯。试验时，占用场间联络线轨道区段后核对两场控制台场间联络线轨道区段均显示红光带；对方场排列向本场的发车进路占用进路内方第一区段构成接近锁闭后，本场的接近表示灯红灯点亮。

第二种：衔接道岔场联电路

场与场之间横列式布置时，两车场之间采用渡线道岔相衔接，为了使两车场的作业互不干扰，衔接道岔在定位时，将两车场的线路隔开，为了保证两车场间的作业安全，应设计衔接道岔场间联系电路。

一、道岔号码

填写两车场间渡线道岔的名称。如图 1-23 所示高速场与普速场间的 16/18 号道岔。

二、场联道岔表示

场间衔接道岔位置信息应在两个联锁区控制台上均有表示。试验时，分别将场联 16/18 号道岔置于定位、反位和四开位，两联锁区控制台上应有正确表示。

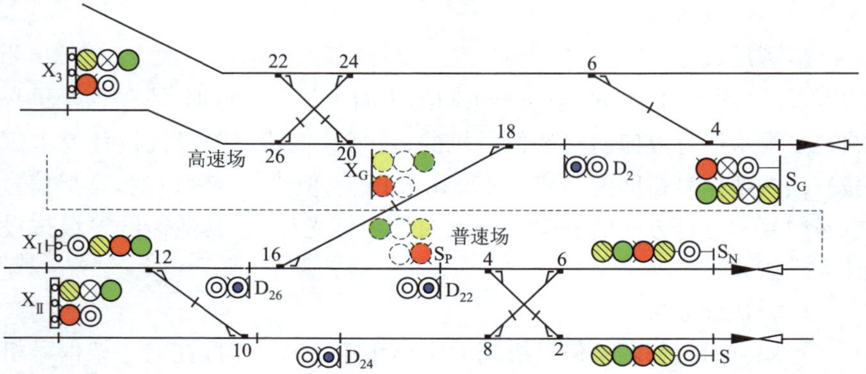

图 1-23　举例站场平面

三、同意动岔办理及表示

如图 1-23 所示，16/18 号衔接道岔由普速场控制，高速场只检查其表示情况。

1. 高速场、普速场办理经其定位的进路时，不需联系，当办理经其反位的进路时，普速场转换道岔需取得高速场同意。试验时，在未办理好同意动岔手续前，普速场扳动 16/18 号道岔，道岔不能转换。

2. 正常办理同意动岔手续，需检查高速场 18 号道岔未处于锁闭状态（包括进路锁闭、上电锁闭、引导总锁、区段锁闭），高速场才能发出同意动岔条件。试验时，高速场分别在 18 号道岔处于进路锁闭、上电锁闭、引导总锁、区段锁闭的情况下按下“同意动岔”按钮，高速场与普速场的“同意动岔”表示灯均不点亮白灯。

3. 高速场办理好同意动岔手续后，普速场除检查本场锁闭条件外还需检查高速场 18 号道岔处于解锁状态，条件都满足后单操或进路操纵 16/18 号道岔可以转换。

4. 高速场取消同意动岔手续前需检查 16/18 号道岔在定位，16/18 号道岔反位转换过程中或已转换至反位时，高速场取消同意动岔条件，操作应无效。试验时可在 16/18 号道岔在反位或失去表示时办理取消“同意动岔”手续，不能办理。

5. 普速场控制台设置“同意动岔”表示灯，灭灯表示未办理同意动岔手续，白灯表示办理了同意动岔手续；高速场设置“同意动岔”按钮，非自复式，及“同意动岔”表示灯，平时熄灭，办理了同意动岔手续后亮白灯。

四、同意道岔封锁办理及表示

场间衔接道岔进行道岔封锁操作时，需经对方场同意方可操作，办理手续与同意动岔手续相近，不再详述。办理完毕后应把岔封信息送至对方场，岔封操作后普速场与高速场均不能办理经由该道岔的进路。普速场设置“同意岔封”表示灯，平时熄灭，办理岔封手续后亮白灯。高速场设置“同意封锁”按钮，非自复式及“同意岔封”表示灯，平时熄灭，办理岔封手续后亮红灯。

五、邻场的照查条件检查

办理好同意动岔手续后，两联锁区不得同时办理经由场联衔接道岔反位的进路。

试验时，当普速场办理了经衔接道岔反位的列车、调车进路的情况下，高速场再次排列经由衔接道岔反位的进路时，进路不能选排，信号不能开放。反之高速场排列好经由衔接道岔反位的进路后，普速场也不能再次排列经由衔接道岔反位的进路。

六、邻场信号开放条件检查

办理好同意动岔手续后，排列经道岔反位的进路时，必须检查对方同意条件后，才能开放信号。如图 1-23 所示，高速场与普速场在 16/18 号道岔渡线绝缘处分界，普速场设置虚拟信号机 S_P，高速场设置虚拟信号机 X_G，两场间的接、发车进路由两段进路构成。

1. 当普速场 X_I 向高速场 S_G 排列列车进路时，发车进路由普速场进路 X_I-X_G 和高速场进路 X_G-S_G 两段组成，普速场向高速场排列列车进路时需检查高速场 X_G 的列车信号已开放，普速场向高速场排列引导进路时需检查高速场 X_G 的引导信号已开放。

2. 办理进路后，普速场想取消进路，必须由高速场先取消进路。高速场进路取消后，普速场可通过按压总取消(或总人工解锁)＋X_I 列车按钮，使进路取消。

3. 高速场进路完整未解锁的情况下，普速场通过总取消、总人工解锁、区段故障解锁的方式均不能使本场进路解锁，但信号要关闭。

4. 当普速场进路已解锁且高速场虚拟 X_G 信号机外方第一区段曾经占用过，高速场进路完好时，高速场进路不能取消，但可以通过区段故障解锁的方式逐个进行区段解锁，第一个区段需延时 3 min 后解锁。

5. 当车顺序压过高速场进路后，按三点检查的方法正常解锁。

七、信号显示一致性核对

邻场相关信号开放情况，应复示到本场控制台。试验时，结合场联电路和联锁采集条件，分别核对邻场相关信号机在开放或关闭状态时，办理的是列车进路还是引导进路等信息，本场控制台相应表示应正确。

八、邻场轨道表示

邻场间渡线道岔所在轨道区段状态，应复示到本场控制台。试验时，结合场联电路和联锁采集条件，分别核对邻场间渡线道岔所在轨道区段占用或空闲时，本场控制台相应表示应正确。

九、同意动岔手续一次有效检查

交大微联车站联锁系统早期设计办理一次同意动岔操作后将衔接道岔扳至反位，一旦道岔回定位后再次扳动衔接道岔需重新办理同意动岔手续。后根据车站作业需要并结合 6502 电气集中联锁电路设计进行修改，办理同意动岔手续后，对方场未弹出"同意动岔"按钮前，本场可以自由操作衔接道岔，不受同意动岔手续一次有效检查限制。

第八节　机务段（洗刷库、场间交权等）同意

区段站和编组站一般设有机务段或机务折返段，机车出库作业要由信号楼直接办理调车作业开放相应的调车信号机，使机车出库进入集中区。机车由集中区进入机务段管辖范围内时，为了保证段管线的行车安全，应取得机务段的同意后，才能开放相应的调车信号机，允许机车入库。试验项目见"信号联锁关系试验检查表（机务段同意）"（郑信联表 1-8）。

一、机务段同意名称

填写方法:以进路终端信号机名称填写。

二、未办好手续向机务段排列调车进路

(一)试验方法

未办理好机务段同意手续,机务段与车站集中区控制台“机务同意按钮灯(箭头)”均在灭灯状态,向机务段排列调车进路,信号不能开放。

(二)注意事项

当机务段机车出库线与入库线分开,机务段出库线未设机务同意按钮时,联锁进路表内以机车出库线为终端的调车进路禁止列出。

三、机务段按下自复式同意按钮 JTA

机务段按下机务同意按钮后,机务段与集中区控制台“机务同意按钮灯(箭头)”均显示白灯(箭头)。

四、松开同意按钮 JTA

松开机务同意按钮后,机务段与集中区控制台“机务同意按钮灯(箭头)”显示白灯(箭头)不熄灭。

五、排列向机务段的调车进路

(一)试验方法

办理好机务段同意手续后,排列向机务段的调车进路信号能开放,机车未驶入调车进路接近区段,可通过取消方式取消调车进路,不影响已办理的机务同意手续。

(二)注意事项

机车出库由车站集中区开放相应的调车信号,开放一次调车信号只允许一次机车出库,为避免机车尾随前车进入集中区,机务段出库处的调车信号机不设白灯保留电路。

六、车列正常驶入机务段,出清进路区段

机车正常驶入机务段,出清进路区段后,机务段与集中区控制台“机务同意按钮灯(箭头)”自动恢复为灭灯状态。

七、复原后排列向机务段的调车进路

复原后排列向机务段的调车进路信号不得开放，机务段办理一次同意手续后，只能允许一次机车入库，如另有机车入库，则需再次取得机务段同意。

八、办理取消

（一）试验目的

办理好机务段同意手续后，除列车正常驶入复原外，机务段无权取消同意手续。

（二）试验方法

办理好机务同意手续后，机务段再次按压机务同意按钮或通过其他方式都不能取消机务同意。确需改变入库计划时，车站集中区可通过按压总取消按钮和机务段与车站集中区邻界的调车信号机按钮，实现取消机务同意手续。

第九节　非进路调车

非进路调车作业是为了满足推送线向调车区固定进路反复取送车辆而设计的调车作业方式。试验项目见“信号联锁关系试验检查表（非进路调车）”（郑信联表 1-9）。

一、进路号码

填写非进路的号码，如 F1、F2 等。

二、非进路调车表示灯显示

（一）设置及显示意义

控制台上设有非进路调车白色表示灯，在允许进行非进路调车作业期间亮灯，取消时在道岔解锁前闪光，解锁后熄灭。

（二）试验方法

分别核对三种显示（亮白灯、闪白灯、熄灭）与非进路作业情况的对应，与显示意义一致。

三、信号开放

(一)试验目的

推送线上办理非进路调车并在条件满足后,不论是正向还是反向信号机均应自动处于开放状态。

(二)试验方法

办理非进路调车,核对推送线上的所有调车信号机能够全部开放。

如图 1-24 所示,办理非进路调车后,D_2、D_4、D_{14}、D_{16}和 D_{18}调车信号机要全部开放,使之不阻挡往返调车作业,以便完全由手信号指挥调车。

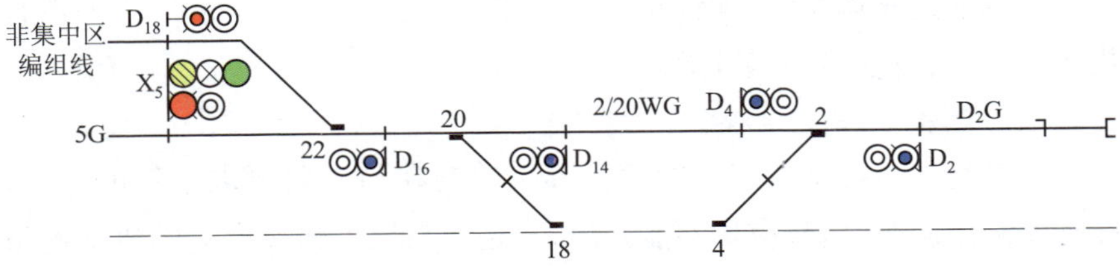

图 1-24　非进路调车平面

四、带动道岔

(一)试验目的

按压非进路调车按钮后,与推送线有关的道岔均应被自动带到规定位置。

(二)试验方法

预先将道岔置于相反位置,按压非进路调车按钮,检查确认道岔均已被自动带到规定位置。

如图 1-24 所示,办理非进路调车后,推送线上的有关联锁道岔都要自动地转换到规定位置,2/4 号和 18/20 号道岔要转到定位,使推送线与列车进出的其他线路隔开,22 号道岔转到反位,使推送线固定开向编组线群。

五、锁闭道岔

(一)试验目的

非进路调车信号开放后,与该推送线有关的道岔应全部被锁闭。

(二)试验方法

在开放非进路调车信号后,单独操纵与该推送线有关的道岔,应不能转换。

如图1-24所示,办理非进路调车后,推送线上的2/4号和18/20号道岔转到定位、22号道岔转到反位后,单独操纵这三组道岔至相反位置,道岔不能转换,联锁不能输出道岔动作命令。

六、道岔位置不正确不能开放信号

(一)试验目的

办理非进路调车时,如该推送线上的道岔无表示或表示位置不符合规定要求,所有信号不能开放。

(二)试验方法

一是将与该推送线有关的道岔逐组单锁在与进路要求不符的位置,办理非进路调车,信号应均不能开放;二是将与该推送线有关的道岔逐组断开表示,办理非进路调车,信号应均不能开放;三是信号开放后,将与该推送线有关的道岔逐组断开表示,信号均将自动关闭。

如图1-24所示,分别对2/4号、18/20号、22号道岔按照三种情形分别进行试验。

七、道岔区段占用不能开放信号

(一)试验目的

与推送线有关的任何一个道岔区段如被占用,办理非进路调车时信号应均不能开放。

(二)试验方法

逐个人工占用与推送线有关的每个道岔轨道区段,所有信号均不能开放。

如图1-24所示,逐个人工占用道岔区段2DG、20DG、22DG,每个道岔轨道区段占用时所有信号均不能开放。

八、敌对信号

(一)定义

指与非进路调车相敌对的信号。

（二）试验方法

先开放敌对信号后，有关非进路调车应不能办理，或先办理非进路调车后，有关敌对进路应不能办理。

九、正常调车不关闭信号

（一）试验目的

指办理非进路调车后推送线上的调车信号不随正常调车而关闭。

（二）试验方法

在办理了非进路调车后的推送线上人工模拟调车，检查有关调车信号应不关闭。

十、取消进路经 30 s 延时解锁

（一）试验目的

办理了取消非进路调车手续后，推送线上所有调车信号应及时关闭，但有关道岔处于进路锁闭状态，需经延时 30 s 后自动解锁。

（二）试验方法

在办理取消进路的延时解锁时间内（非进路表示灯闪光），逐组操纵推送线上道岔，道岔不能转换。

十一、区段占用不能解锁

（一）试验目的

取消非进路调车进路需检查推送线上所有道岔轨道区段均处于空闲状态（无岔区段或前后有调车信号机防护的道岔区段除外）。如图 1-24 所示，机车车辆由 20DG 区段向站内方向后退时，其后退进路上有 22 号道岔，但此道岔有 D_{16} 防护；向站外方向前进时，其前进进路上又有 2 号道岔，但 2 号道岔有 D_4 可防护；因此 20DG 即可除外。

（二）试验方法

逐个占用推送线上道岔区段，办理取消非进路调车，非进路调车进路均不能解锁。

如图 1-24 所示，人工占用道岔区段 22DG，办理取消非进路调车，非进路调车进路不能解锁。

十二、区段故障人工解锁

办理非进路调车后，当发生该推送线上有关区段故障时，拉出非进路调车按钮，然后按压非进路调车故障复原按钮后，应能使非进路调车设备复原。

如图 1-24 所示，当 22DG 区段发生故障时，拉出非进路调车按钮，然后按压非进路调车故障复原按钮后，试验能使非进路调车设备复原。

十三、超限绝缘检查

非进路调车的超限绝缘检查与本章第一节超限绝缘试验方法相同。

第十节　到发线中间出岔

到发线出岔电路又称中岔电路，在股道中间的道岔称为中岔，中岔的技术条件既要满足调车作业的方便，同时又要保证接、发列车的安全。试验项目见“信号联锁关系试验检查表(到发线中间出岔)”(郑信联表 1-10)。

一、进路号码

(一)填写方法

填写中岔所在股道的接发车进路号。如图 1-25 所示，3G 中间的 12 号道岔为中岔，试验的进路有 8 条，分别为 X、X_N、S、S_N 至 3G 的 4 条接车进路和 3G 至 X、X_N、S、S_N 的 4 条发车进路。

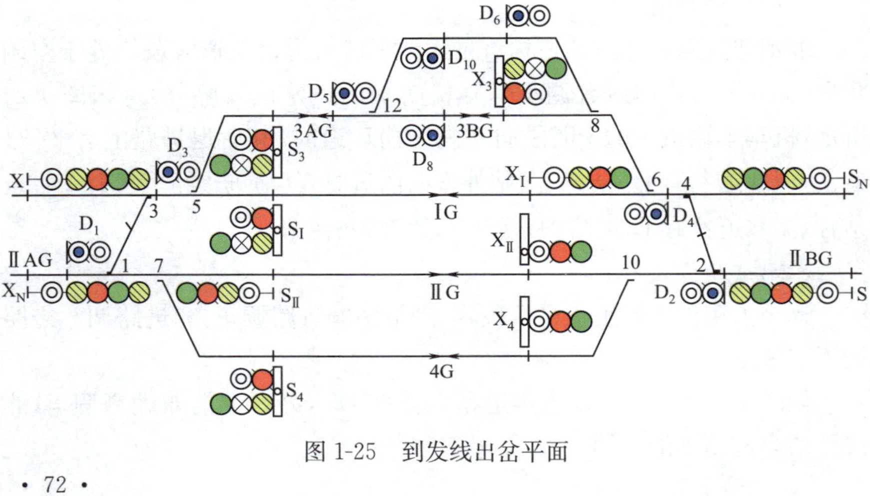

图 1-25　到发线出岔平面

（二）试验方法

排列进路，核对进路号与所排进路的一致性。

二、正常开放信号

办理进路，试验在具备开放条件时信号能够正常开放。

三、带动中岔

（一）原则

办理中岔所在的股道接、发列车进路时，有关中岔应能被自动带到规定位置。

（二）试验方法

将有关中岔先置于不符要求的位置，再办理接、发列车进路，检查有关中岔能够被带到规定位置。

如图 1-25 所示，试验 X 进站信号机至 3G 的接车进路，先将 12 号道岔扳到反位，再办理该进路，12 号道岔能够被带到定位。

四、锁闭中岔

（一）原则

办理中岔所有的股道接、发列车进路时（包括进路式引导信号），有关中岔应被锁闭在规定位置，方可开放信号。

（二）试验方法

信号开放后，单操有关中岔，中岔不能动作。

如图 1-25 所示，试验 X 进站信号机至 3G 的接车进路，先办理该进路信号开放后，单操 12 号道岔至反位，12 号道岔不能扳动，联锁不输出道岔动作命令，表示不能失去。

五、中岔位置不正确不能开放信号

（一）试验目的

如中岔因故不能被带到规定位置或无表示时，有关接、发列车（包括进路式引导）信号应不能开放。

（二）试验方法

将中岔单锁在不符要求的位置，检查有关信号应不能开放。人工切断中岔表示，检查有关信号应不能开放，已开放的信号将自动关闭。

如图 1-25 所示，试验 X 进站信号机至 3G 的接车进路，一是先单操 12 号道岔至反位并单操锁闭，办理该进路不能锁闭信号不能开放；二是断开 12 号道岔表示，办理该进路不能锁闭信号不能开放；三是办理该进路信号开放后，人为断开 12 号道岔表示，已开放的 X 进站信号显示自动关闭。

六、中岔部分的敌对信号

（一）试验目的

当防护中岔的调车信号机开放时，通向该到发线的接车进路不得建立，但发车进路可以建立。

（二）试验方法

逐个开放防护中岔的调车信号机，不能排列试验的接车进路，如果试验的是发车进路则可以开放。

如图 1-25 所示，试验 X 进站信号机至 3G 的接车进路，一是办理 D_8 至 3AG 的调车进路，D_8 信号机开放后排列该接车进路，进路不能锁闭；二是办理 D_3 至 3BG 的调车进路，D_3 信号机开放后排列该接车进路，进路不能锁闭。试验 3G 至 X 进站信号机的发车进路，一是办理 D_8 至 3AG 的调车进路，D_8 信号机开放后排列该发车进路，信号能够开放；二是办理 D_3 至 3BG 的调车进路，D_3 信号机开放后排列该发车进路，信号能够开放。

七、取消和人工解锁

（一）接车进路

1. 试验目的

办理接车进路取消解锁和人工解锁时，中岔区段应在咽喉区接车进路解锁后自动解锁；咽喉区最后一个道岔区段未解锁时，中岔不允许解锁。

2. 试验方法

在进站信号关闭但接车进路未解锁的延时时间内，单操中岔应不能动作。

（二）发车进路

1. 试验目的

取消发车进路时，中岔与发车进路同时解锁。

2. 试验方法

办理发车进路人工解锁在出站信号关闭但发车进路未解锁的延时时间内，单操中岔应不能动作。

八、股道不留车发车正常解锁

（一）试验目的

分别试验岔前、中岔及岔后区段被列车占用并办理发车进路，在列车占用咽喉区第一个道岔区段并全部出清股道后，才准许中岔解锁。

（二）试验方法

模拟发车，人工确认。

如图 1-25 所示，试验 3G 至 X 进站信号机的发车进路，以试验 3BG 为例，一是占用 3BG，排列该进路信号开放后核对 12 号道岔处于锁闭状态；二是模拟列车运行完全进入 3AG 后，核对 12 号道岔处于锁闭状态；三是模拟列车进入 5DG 未出清 3AG 时，核对 12 号道岔处于锁闭状态；四是模拟列车出清 3AG 时，核对 12 号道岔处于解锁状态。

九、股道留车发车正常解锁

（一）试验目的

发车时如股道留有车辆，需在咽喉区第一个道岔区段解锁后，才准许中岔解锁（如中岔区段留车，则转为对中岔进行区段锁闭）。

（二）试验方法

模拟发车，分别在岔前、中岔及岔后区段留车；在第一个区段解锁前、后，检查中岔是否解锁。

十、接车未占用中岔解锁

正常开放接车信号，模拟车列运行，在车列出清接车进路最后一个道岔区段正常解锁后开始计时，经延时 3 min 后中岔自动解锁。

十一、接车压留中岔解锁

（一）试验目的

接车时列车停留在中岔区段，咽喉区道岔区段正常解锁后，中岔区段不应解锁。

(二)试验方法

采用人工模拟列车运行并停留在中岔区段,单操中岔不能动作。

十二、接车出清中岔解锁

(一)试验目的

列车占用并按顺序出清中岔区段后,该区段应能按三点检查方法正常解锁;列车停留在中岔区段,如停留车列沿原接车方向发车或调车,出清中岔区段后应自动解锁;如停留车列向原接车相反方向发车或调车,在出清中岔区段后,应办理故障解锁手续使中岔区段解锁。

(二)试验方法

模拟列车运行来确认解锁时机,按上述的三种情况分别进行试验。计算机联锁车站的中岔,经 3 min 延时并出清区段后自动解锁。

十三、停电恢复故障解锁

(一)试验目的

发生停电恢复时,6502 电气集中联锁在先解锁中岔股道两端的咽喉区道岔区段后,方可使用故障解锁方式解锁中岔。

(二)试验方法

先断开电源屏两路输入电源再恢复供电,在咽喉区道岔未解锁时以区段故障解锁方式(按压中岔所在咽喉的总人工解锁按钮和中岔区段故障按钮)解锁中岔,确认中岔应不能解锁;在咽喉区道岔解锁后,以区段故障解锁方式解锁中岔,中岔区段白光带消失,操纵中岔能够正常转换(计算机联锁车站的解锁方式以联锁厂家提供的使用说明书为准)。

十四、到发线出岔试验注意事项

1. 其他设在含有通过进路的正线股道的中岔电路或多中岔电路,需要根据具体运营条件和设计说明提出相应的试验项目进行针对性试验。

2. 取消进站信号,该咽喉的进路解锁后,中岔延时 3 s 解锁。股道有车时开放引导信号,然后取消引导信号,中岔经 3 min 后解锁。

3. 中岔轨道区段故障,不能开放与中岔有关的接车信号。

4. 列车顺序地进入并出清中岔所在的轨道区段后,中岔应按分段自动解锁。如果列车进入股道在中岔轨道区段前停车,中岔延时 3 min 后自动解锁。

5. 双中岔接车时，列车压在第一中岔并未压在第二中岔，第二中岔仍需 3 min 限时后自动解锁。

6. 被中岔分割的两个无岔区段，一般不允许同时向里调车，若其中一个无岔区段足够长(股道)，根据需要，也可同时往里调车。

7. 防护中岔的调车信号机与同一咽喉区的调车信号机应能办理长调车进路，但不能越过中岔办理长调车进路。

8. 上、下行分别使用进路引导和引导总锁闭方式引导接车时，中岔都应被锁。

第十一节　轨道停电监督电路

联锁电路必须符合“故障—安全”原则，当轨道电源停电又恢复后，进路中已锁闭的轨道区段不应错误解锁，轨道停电监督电路就是为了防止当轨道电源停电又恢复后，造成已锁闭的进路错误解锁而设置的防护电路。6502 电气集中联锁车站轨道停电监督电路通过监督轨道电源，解锁电路中设置 KZ-GDJ 电源，利用 KZ-GDJ 电源“断电快、恢复慢”特性，解决因轨道继电器参数差异造成已锁闭的进路错误解锁；计算机联锁车站轨道监督电路通过监督轨道电源，采集 GDJ 继电器状态进行逻辑判断，停电又恢复后 13 s 内，禁止已锁闭的进路正常解锁；站内一体化车站轨道监督电路通过监督发送器、接收器送电保险来实现停电恢复后造成进路错误解锁的隐患。试验项目见“信号联锁关系试验检查表(轨道停电监督电路)”(郑信联表 1-11)。

一、轨道停电名称

按咽喉区填写。如 SGDJ、XGDJ 等。

二、轨道停电范围核对

(一)试验说明

核对各束轨道送电电源用途与设计图纸相符。

(二)试验方法

电源屏内逐束断开轨道电源送电保险，核对出现红光带的区段与设计图纸设定的该束轨道电源的送电范围相符。

三、轨道停电恢复后进路不能正常解锁

1. 6502 电气集中联锁车站根据站场情况，尽最大限度排列多条列车、调车进路，断开任一束轨道电源又恢复，核对已锁闭进路有无错误解锁情况，可多次试验。

2. 计算机联锁车站在仿真试验过程中可通过模拟轨道停电又恢复后 13 s 内，模拟列车正常通过已排列好的列车、调车进路，进路不能实现正常解锁但可以通过取消方式解锁进路，13 s 后再次模拟列车经过已排列好的进路可实现正常解锁。

3. 站内一体化车站可人为将发送器主、备熔断器和接收器主、并熔断器置于中间位置时，GDJ 落下，恢复后 GDJ 吸起的 13 s 内不能实现正常解锁。站内一体化轨道监督电路如图 1-26 所示。

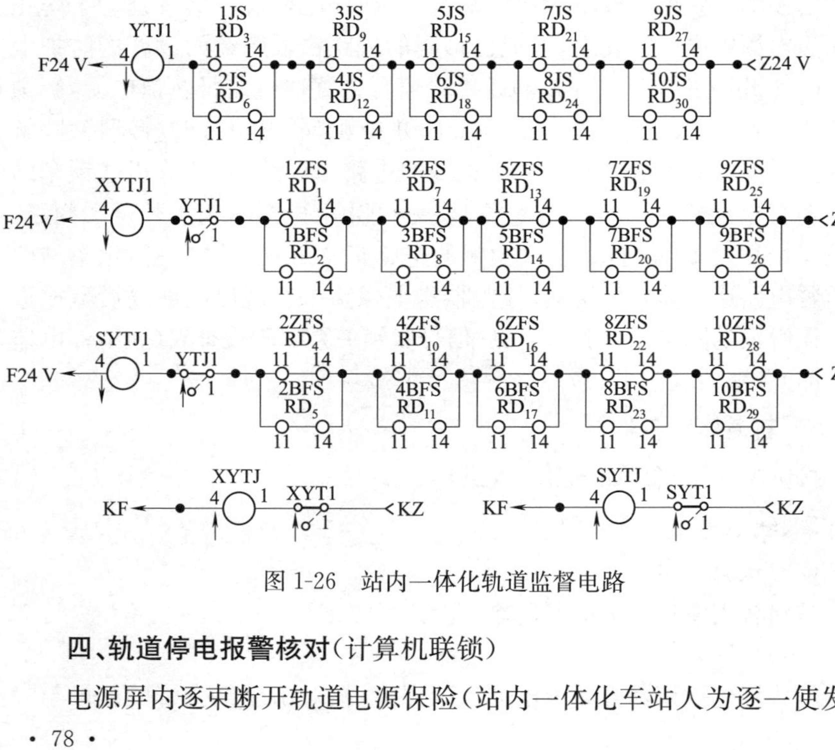

图 1-26 站内一体化轨道监督电路

四、轨道停电报警核对(计算机联锁)

电源屏内逐束断开轨道电源保险(站内一体化车站人为逐一使发送

器主、备保险和接收器主、并断路器置于熔断位置),该束轨道电源供电范围在上行咽喉时,控制台(计算机联锁盘面)上显示“上行轨道停电”报警,该束轨道电源供电范围在下行咽喉时,控制台(计算机联锁盘面)上显示“下行轨道停电”报警,核对文字及语音报警信息正确。

五、断电快、恢复慢核对(6502 电气集中联锁)

(一)电路实现

如图 1-27 所示,当任一束轨道电源故障后 JDJ 落下切断 GDJ 电路,GDJ 落下致使“KZ-GDJ 电源”立即断电,实现断电快;轨道电源恢复后 JDJ 吸起后沟通 GDJ 励磁电路,GDJ↑—GDJF↑后“KZ-GDJ 电源”才恢复供电,实现恢复慢的特性。

(二)试验方法

人工测量 KZ-GDJ 电源,逐个断开电源屏轨道送电熔断器,核对 KZ-GDJ 电源立即断电,当轨道电源恢复后,核对 KZ-GDJ 电源相比 GDJ 励磁吸起滞后一段时间供电。

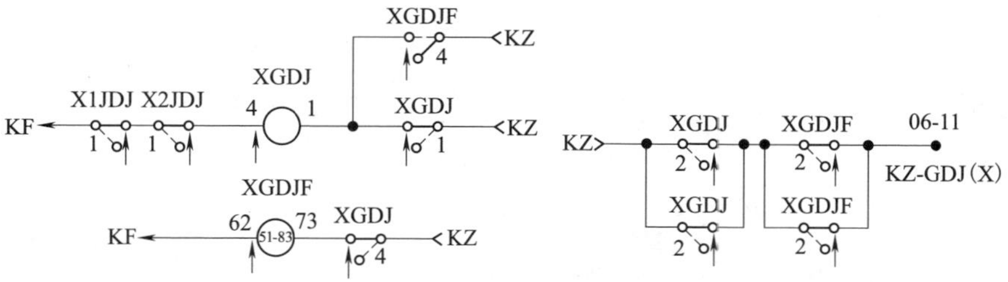

图 1-27　轨道停电电源电路

六、KZ-GDJ 电源核对(6502 电气集中联锁)

(一)试验说明

轨道停电监督一般按咽喉区设置,每个咽喉各设一套轨道停电监督电路,核对每个道岔区段进路继电器接入 KZ-GDJ 电源正确。

(二)试验方法

在全站道岔区段锁闭状态下,断开对应咽喉的 KZ-GDJ 电源,逐个故障解锁该咽喉区内的道岔区段,不能解锁。

七、轨道停电关闭驼峰主体信号

根据设计特殊说明试验轨道停电关闭驼峰主体信号。

八、备　　注

填写需要特殊注明的事项。

第十二节　局部控制电路

试验项目见“信号联锁关系试验检查表(局部控制电路)”(郑信联表 1-12)。试验方法参见本章第一节中局部控制的内容。

第十三节　道口通知及遮断试验

试验项目见“信号联锁关系试验检查表(道口通知及遮断试验)”(郑信联表 1-13)。试验方法参见本章第一节中道口通知及遮断试验的内容。

第二章　单项设备联锁关系检查试验

第一节　信　号　机

色灯信号机以其灯光的颜色、数目和亮灯状态来表示信号。车站列车信号机用以防护站内进路以及闭塞分区，是列车进出站的重要行车凭证。调车信号机用以指示站内各种调车作业，如编组、解体、摘挂、取送、转线、转场、机车出入库、出入专用线以及平面溜放等；调车复示信号机的作用是复示调车主体信号机的显示，采用方形背板、单机构、单显示结构，平时处于灭灯状态，当调车信号机处于开放状态时，点亮白灯。试验项目见“信号联锁关系试验检查表（信号机）”（郑信联表 2-1）。

一、信号机名称

填写方法：填写需要试验的信号机名称，应与设计文件一致，如填写 S_3、D_1 等。

二、信号机类型

填写方法：填写需要试验信号机类型，如填写高柱、矮型。室内外共同核对信号机是高柱还是矮型，应与设计文件一致，操作显示界面与平面图及站场实际一致。

三、信号机位置朝向核对

填写方法：填写需要试验信号机位置、朝向，如信号机位于线路左侧，朝向站外，填写“左外”。

四、灯位及显示核对

（一）填写方法

制作联锁试验表时，“灯位”应提前填写具体灯位，“灯位及显示核对”试验项目可按信号机类型分别制定。

(二)试验方法

一是核对信号机灯位排列应符合规定,色玻璃的颜色应符合要求;二是核对信号显示应与实际进路要求相符;三是核对现场信号机显示的实际灯光与控制台信号复示器的显示含义相符。年度联锁试验结合列车运行、检修观察记录时,不进行现场灯位核对(首次年度联锁试验除外)。

五、灯丝转换/断丝检查

(一)灯丝转换

装有灯丝转换装置的信号机,断开点灯状态的主丝,应能自动点亮副丝;设有断丝报警装置的信号机,点灯状态的主丝断开,控制台(电务维修机)应给出语音及文字提示报警。

试验方法:可根据各种不同项目,断开主丝,分别检查应符合要求。

(二)断丝检查

断丝检查的试验方法如下。

1. 信号机未开放,拔掉禁止灯光(进站复示允许灯光)灭灯时控制台对应的信号复示器应闪光。

2. 信号开放后,拔掉点亮的灯泡,开放的信号(复示、预告、通过信号机除外)应关闭,信号机改点禁止灯光;双黄、绿黄或双绿灯的二黄或二绿不能点亮时,对应的一黄或一绿灯应不能点亮;双黄、绿黄或双绿灯信号开放后,任意一个灯位灭灯时,对应的另一个灯位应立即灭灯。

3. 进站、接车进路复示信号机,预告及接近信号机断丝监督。各厂家显示不同。

卡斯柯:接近信号机显示绿黄灯时,绿灯断丝显示黄灯,其他显示,灯丝断丝显示灭灯;预告信号机黄灯、绿灯灭灯时,显示灭灯。进站、接车进路、线路所通过信号机复示信号机白灯断丝,显示白闪。

和利时:接近信号机显示绿黄灯时,绿灯断丝显示黄灯,其他显示,灯丝断丝显示黄闪;预告信号机黄灯、绿灯灭灯时,显示黄闪。进站、接车进路、线路所通过信号机复示信号机白灯断丝,显示白闪。

交大:接近信号机显示绿黄灯时,绿灯断丝显示黄灯,其他显示,灯丝断丝显示黄闪;预告信号机黄灯、绿灯灭灯时,显示黄闪。进站、接车进路、线路所通过信号机复示信号机,在主体信号开放时,白灯断丝,显示白闪。

注意:铁科联锁预告信号机原则上不做断丝检查,如果设计采集预告DJ继电器或者全电子联锁车站可以做断丝检查;预告信号机黄灯、绿灯灭灯时,显示灭灯。复示信号机白灯断丝,显示白闪。接近信号机显示绿黄灯时,绿灯断丝显示黄灯;其他显示,灯丝断丝显示红闪。

六、红灯断丝不能开放信号

1. 进站、接车进路、接发车进路、有通过的正线出站及发车进路信号机,开放信号应检查红灯灯丝处于完好状态。试验时,拔下信号机的红灯灯泡,操作显示界面对应的信号机闪红色灯光,办理以该信号机为始端的进路,信号机不能开放。

2. 其他信号机开放信号不检查灯丝断丝条件。试验时,拔下信号机的常态禁止灯光灯泡,操作显示界面对应的信号机闪禁止灯光,办理进路,信号正常开放。

七、灯光转移试验

灯光转移是指,当信号机点亮的灯泡灯丝双断时,应改变本架或相关信号机的显示,对进路进行防护。灯光转移分本架灯光转移和信号机间灯光转移两种。

(一)本架灯光转移

进站、进路、出站、调车信号机开放后,允许灯光灭灯应改点禁止灯光。试验时,拔下已开放信号机的允许灯光的灯泡(所有允许灯光显示均应进行试验),信号机应自动关闭,改点禁止灯光。

(二)信号机间灯光转移

1. 进站、出站或进路信号机开放绿、绿黄灯光时,运行前方第一架信号机的允许灯光灭灯改点红灯时,进站、出站或进路信号机应改点黄灯,开放黄闪黄灯光时,进站或进路信号机应改点双黄灯(客专特殊除外)。

2. 进站信号机允许灯光断丝,预告、接近信号机改点黄灯、复示信号机灭灯;出站或调车信号机允许灯光断丝,复示信号机灯光熄灭。

第二节　轨 道 电 路

站内轨道电路用以监督站内线路的占用、空闲情况,以及将列车运行与信号显示等联系起来，即通过轨道电路向列车传递行车信息。轨道电路是铁路信号的重要基础设备，它的性能直接影响行车安全和运输效率。试验项目见“信号联锁关系试验检查表(轨道电路)”(郑信联表 2-2)。

一、轨道区段名称

填写方法：填写需要试验的轨道电路名称，如填写 1DG。

二、轨道电路位置核对

试验方法：室外根据轨道电路制式的不同，使用分路线分路相应轨道电路，室内核对相应轨道继电器动作；室内试验前要确认标识、继电器安装位置正确、图物相符。

三、核对占用表示

试验方法：使用分路线分路室外轨道区段，核对控制台光带显示一致；一送多受区段，应在每个受电端分别进行占用核对试验。

四、占用各分支及残压测试

在每个轨道区段最不利的轨面处用标准分路线分路轨面，受端继电器交流端电压应符合轨道电路传输特性要求，继电器应可靠落下。

试验方法：根据电气特性测试方法、标准，占用各制式轨道电路、分支时，确认各轨道电路区段、分支残压符合标准。

五、极性交叉检查

极性交叉是对轨道电路绝缘破损采取的防护措施，必须对每个区段的所有轨道绝缘处(包括双动道岔的渡线绝缘节)进行极性交叉测试。

试验方法：根据电气特性测试方法、标准，测试相应制式轨道电路的极性交叉正确。工程开通时，极性交叉检查以电气特性测试记录为准。试验方法有短路法和电压法。

采取短路法时，可短路一侧绝缘，检查另一侧绝缘节上的电压应增大，说明该绝缘节是极性交叉的；若短路一侧绝缘，另一侧电压减小说明极性不交叉；若短路一侧绝缘而另一侧绝缘处电压无变化说明被短路侧的绝缘本身已处于短路状态或绝缘节两侧区段的轨道电路过轨电缆配线存在短路等异常情况，需要进行处理。

在电气化区段，由于扼流变压器的存在，当绝缘节单边短路时会引起轨道电路红光带，短路绝缘节的方法不宜采用。此时可采用电压法，即采用交叉电压测量法进行极性交叉的测试检查。如图 2-1 所示，分别测量 $U_1 \sim U_6$ 电压值，若 U_1、U_4 之和约等于 U_2、U_3 之和或 U_1、U_4 电压值均大于 U_5、U_6 电压值时，说明实现了极性交叉。也可采用专用的轨道电路极性交叉检查仪直接测量邻接区段是否交叉。

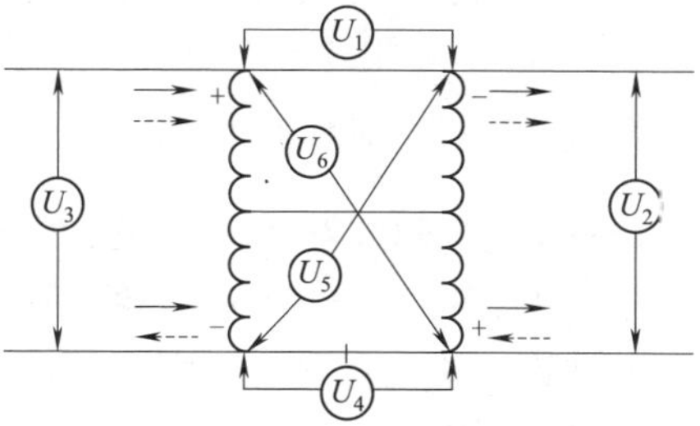

图 2-1　交叉电压测量法

六、一送多受对位检查

试验方法：一送多受轨道电路必须采用逐个断开室外每个受电端的方法进行，分别在室外受端轨道箱中单独甩开受端轨道变压器Ⅰ次测任一端子，或者依次断开室外受端通道中熔断器，室内核对对应分支轨道继电器落下，同时总轨道继电器可靠落下。而本区段其他受端分支轨道继电器吸起，同时观察控制台确认本区段红光带。

七、绝缘节侵限检查

警冲标应设于道岔两分叉线路中心距离为 4 m 的中间点处。测量设置在警冲标内方的绝缘节与警冲标距离一般不小于 3.5 m（动车组运行线路 5 m），如小于 3.5 m（动车组运行线路 5 m）时应检查确认电路中是否作为侵限处理。

1. 警冲标位置确认

警冲标应设于两汇合线路线间距离为 4 m 的中间位置，如图 2-2 所示，用两个 T 形尺或钢卷尺测量找出距两线路中心等于 2 m 的交点 A（理论警冲标）。

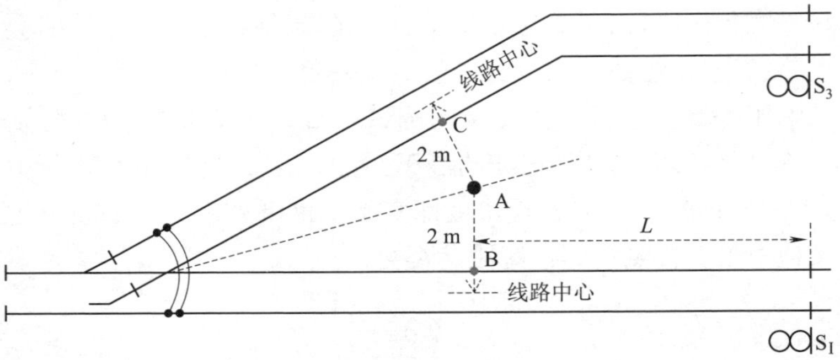

图 2-2　警冲标位置测量

线间距离不足 4 m 时,设在两线路中心线最大间距的起点处。在线路曲线部分所设道岔附近的警冲标与线路中心线间的距离,应按限界的加宽增加。不能按工务埋设的进行检查,应现场进行实际测量,确定警冲标的实际位置,对于与到发线相连接的道岔,结合设计设定的位置进行测量确认。

2. 绝缘节位置核对

如图 2-2 所示,标记 B、C 点位置(图示红点),测量 B 点至 S_{I} 信号机绝缘节的距离 L。在道岔区段,设于警冲标内方与警冲标相关的用于分割轨道区段的钢轨绝缘,除双动道岔渡线上的绝缘外,在无动车组运行的线路上,其安装位置距警冲标(图示 L 距离)不得小于 3.5 m;在有动车组运行的线路上,其安装位置距警冲标(图示 L 距离)不得小于 5 m。当绝缘安装于警冲标内方小于上述数值,或设于警冲标外方时,应按侵入限界考虑。

3. 试验方法

对现场确认的侵限绝缘,核对设计文件是否准确、联锁是否纳入检查。在办理经某一区段的进路前,将该区段侵限绝缘处相邻区段人为短路,此时办理该条进路应不能锁闭;或办理进路并开放信号后,将侵限绝缘处相邻轨道区段人为短路,此时防护该进路的信号应及时关闭。

八、继电器状态核对

试验方法:使用分路线分路室外轨道区段或占用模拟盘轨道区段,逐台核对轨道区段对应二元(二元差动)、轨道复示、电码化复示继电器落下;一送多受区段,应在每个受电端分别进行继电器状态核对试验。

九、测试盘核对

试验方法:分别占用各区段,测试盘名称、电压与相应区段、分线盘一致。

十、轨道电源核对

试验方法:断开轨道电源,核对控制台对应轨道区段红光带,确保电源使用一致。

十一、局部电源核对

试验方法:断开局部电源,核对控制台对应轨道区段红光带,确保电源使用一致。

第三节　道岔转换设备(直流)

道岔是机车车辆从一股轨道转入或越过另一股轨道时必不可少的线路设备,是铁路轨道的一个重要组成部分,它对于保证行车安全,提高运输效率起着非常重要的作用。联锁道岔转换与锁闭设备应保证道岔的正常转换、可靠锁闭和正确表示。试验项目见"信号联锁关系试验检查表(道岔转换设备—直流)"(郑信联表 2-3)。

一、道岔号码

填写方法:ZD6 道岔为 1#。双机为 1#-A、1#-B(或 1#-1、1#-2),直流液压道岔为 1#-Y、1#-SH6(与设备名称一致,多牵引点分行填写,分行后同类项目合并)。

二、转辙机类型

填写方法:ZD6 道岔填写 ZD6-E、ZD6-J、ZD6-D、ZD6-A 等,液压道岔填写 ZY7、SH6 等。

三、定位闭合接点

试验方法:核对道岔定位时动接点闭合状态,是 1-3 闭合还是 2-4 闭合。

四、核对位置

(一)试验说明

核对位置是指核对室外道岔实际开通位置与室内定、反位表示继电器及控制台道岔开通位置(光带)、道岔表示灯显示位置相一致。对于可动心轨道岔应核对尖轨与心轨开通位置一致,多动道岔要确认各点位置相一致。

(二)试验方法

一般在试验前应预先确定每组道岔岔后直股或弯股开通对应的设备名称,分别与室内道岔定、反位位置相对应,并做好记录。试验时,应由室外核对人报出某组道岔实际开通对应设备的位置,室内联锁试验人根据室外报告的实际开通位置与室内道岔表示和控制台道岔开通位置(光带)等对照。

(三)注意事项

道岔位置核对试验必须操纵一组就试验一组,严禁先全部核对一个位置,然后全部操纵到另一个位置后再核对所有道岔的另一个位置。

对复式交分道岔,应增加排列进路确认,与操作显示界面进路开通方向与进路的道岔位置与实际开通方向一致;脱轨器一般定位为脱轨位,反位为开通位。

五、断表示接点

试验方法:道岔在定位或反位时,用薄绝缘片物理隔离闭合的静接点和动接点,室内控显机(控制台)观察道岔能够失去表示,绝缘片取出表示恢复。依次逐组断开室外转辙机自动开闭器的定、反位表示接点时,相应的定、反位表示继电器应可靠落下,控制台道岔定、反位表示灯应灭灯。

六、JM-A 试验

试验方法:在定位或反位时,用薄绝缘片物理隔离闭合的对应 JM-A 接点,室内控显机观察道岔能够失去表示,绝缘片取出表示恢复。逐台试验完成后填写记录。年度试验时每台断 1 组接点。

七、断移位接触器

试验方法:道岔分别在定位或反位位置时,断开表示电路所检查的对应移位接触器接点,道岔的定或反位表示继电器应可靠落下,控制台道岔表示灯应灭灯。

八、第一牵引点 4 mm 不锁闭

试验方法:在第一牵引点中心线处密贴尖轨与基本轨间,用 4 mm 标准检查铁片进行密贴检查试验,道岔不能锁闭和接通表示。

九、第二牵引点 6 mm 不锁闭

试验方法:在第二牵引点中心线处密贴尖轨与基本轨间,用 6 mm 标准检查铁片进行密贴检查试验,道岔不能锁闭和接通表示。

十、道岔被阻后转换试验

在道岔转换过程中由于各种原因造成受阻不能转换到需要位置时,为防止电机长时间工作而烧坏,必须能将道岔操纵转换到原来位置。

试验方法:人为在尖轨(或心轨)与基本轨(或翼轨)间夹入试验铁,使道岔不能转换到位,再往回操纵,道岔应能回转到位。

十一、液压道岔续动试验

试验方法:在 SH6 型转换锁闭器牵引位置尖轨与基本轨间加试验锤,使 SH6 型转换表示器不锁闭时,主机到位锁闭后,电机不应停转。

注意:设计有强制启动功能的道岔,断启动接点试验,一是室外同时断开所有牵引点定、反位启动接点,室内扳动道岔室外观察道岔不动;二是室外逐牵引点断开定、反位启动接点,室内扳动道岔室外观察各牵引点道岔扳动正常。

十二、断启动接点

试验方法:室外断开定、反位启动接点后,室内扳动道岔室外观察道岔不动。

十三、一动不到位时二动不动

试验方法:六线制双机双动道岔断开一动过路启动接点(25-26、35-36)后,二动二机不能转换。

十四、断遮断器(安全接点)

试验方法:遮断器即为安全接点。断开遮断器后操纵道岔,转辙机应不能动作。

十五、断启动熔丝道岔不能扳动

试验方法:拔掉启动熔丝或断开断路器,操纵道岔应不能转换。

十六、2DQJ、DBJ(FBJ)及道岔位置一致

试验方法:试验每组道岔,检查道岔置于定位时,2DQJ 定位接点应闭合(相当于吸起),DBJ 应吸起,FBJ 应落下,控制台道岔表示灯应显示绿灯,控制台道岔开通位置(光带)应为道岔定位方向;检查道岔置于反位时,2DQJ 反位接点应闭合(相当于落下),FBJ 应吸起,DBJ 应落下,控制台道岔表示灯应显示黄灯,控制台道岔开通位置(光带)开通应为道岔反位方向。试验时每个组合都要核对,同时核对复示继电器的位置正确。

十七、断表示器的表示接点

试验方法:室外打开表示器,道岔静止在定位或反位时,用薄绝缘片物理隔离闭合的接点,室内控显机(控制台)观察道岔能够失去表示,绝缘片取出表示恢复。

十八、多动道岔位置、表示一致性核对

试验方法:室外多动道岔开通位置与控制台表示灯、控制台道岔开通位置(光带)显示一致。

十九、多动道岔各动断表示

为检查多动道岔各动表示是否纳入道岔表示,需对各动道岔表示接点分别断开检查。

试验方法:室外按定、反位分别断开各动道岔 1 组表示接点,室内观察多动道岔控制台表示失去表示、道岔表示继电器落下。

二十、道岔锁闭

道岔锁闭有单独锁闭、区段锁闭、进路锁闭及引导总锁闭等四种锁闭方式。

试验方法:

(1)单独锁闭:道岔在某一位置时,拉出单操按钮(计算机联锁车站设有道岔单独锁闭按钮,按单锁方式锁闭道岔)后,办理经该道岔另一位置的进路，道岔应不能转换。对于计算机联锁车站，还要试验按单锁方式锁闭道岔后，单操道岔至另一位置，确认道岔应不能转换。

(2)区段锁闭：将某道岔区段人工分路(双动道岔分别分路两个区段)，单独操纵该区段内所有道岔均应不能转换。

(3)进路锁闭：办理一条进路并锁闭后(双动道岔应分别办理)，单独操纵该进路上所有道岔均应不能转换。

(4)引导总锁闭：按下某一咽喉的引导总锁闭按钮，单独操纵该咽喉的所有道岔(包括中岔)应不能转换。

二十一、道岔启动电路检查本区段轨道继电器前接点

试验方法：通过核对配线、测试等手段检查接点条件正确。

二十二、道岔自闭电路试验

试验方法：扳动道岔，在转换过程中占用道岔所在区段，道岔不应停转，能转换到底。

二十三、挤岔断表示报警

试验方法：断开道岔表示，道岔断表示 13 s(30 s)后，控显机报警“道岔挤岔”(控制台挤岔声光报警)。

第四节　道岔转换设备(交流)

列车直向通过速度大于 120 km/h 的线路上，道岔应采用外锁闭装置和三相交流转辙机。试验项目见“信号联锁关系试验检查表(道岔转换设备-交流)”(郑信联表 2-4)。

一、道岔号码

填写方法：填写需要试验的道岔名称，如填写 1＃-Y、1＃-SH6；S700K 填写 1＃-Ⅰ、1＃-Ⅱ或 1＃-J1、1＃-X1，与设备名称保持一致。

二、转辙机类型

填写方法：外锁道岔填写 S700K、ZYJ7、SH6 等。

三、定位闭合接点

试验方法：核对道岔定位时动接点闭合状态，是1-3闭合还是2-4闭合。

四、核对位置

（一）试验说明

核对位置是指核对室外道岔实际开通位置与室内定、反位表示继电器及控制台道岔开通位置（光带）、道岔表示灯显示位置相一致。对于可动心轨道岔应核对尖轨与心轨开通位置一致，多动道岔要确认各点位置相一致。

（二）试验方法

一般在试验前应预先确定每组道岔岔后直股或弯股开通对应的设备名称，分别与室内道岔定、反位位置相对应，并做好记录。试验时，应由室外核对人报出某组道岔实际开通对应设备的位置，室内联锁试验人根据室外报告的实际开通位置与室内道岔表示和控制台道岔开通位置（光带）等对照。

（三）注意事项

道岔位置核对试验必须操纵一组就试验一组，严禁先全部核对一个位置，然后全部操纵到另一个位置后再核对所有道岔的另一个位置。多机牵引分动外锁闭道岔，应核对室外各牵引点位置与室内对应各分组合、分组合与总组合表示继电器位置，以及对应的2DQJ与2DQJF位置一致。

对复式交分道岔，应增加排列进路确认，与操作显示界面进路开通方向与进路的道岔位置与实际开通方向一致。

五、断表示接点

试验方法：室外分别断开道岔各牵引点的定、反位的每一组（S700K为每一排）表示接点，室内观察核对控制台或表示盘断表示。

六、JM-A试验

试验方法：在定位或反位时，用薄绝缘片物理隔离闭合的对应JM-A接点，室内控显机观察道岔能够失去表示，绝缘片取出表示恢复。逐台试验完成后填写记录。年度试验时每台断 1 组接点。

七、断相保护

（一）试验说明

当三相电源缺一相时，为保护三相电机应自动切断动作电路，应对每个牵引点的每一相电源分别进行断相保护试验。

（二）试验方法

试验时，逐个断开各牵引点的每一相电源（可拔掉该相的动作熔丝或拉断断路器），操纵道岔时转辙机应不能动作。

八、道岔被阻后的转换试验

试验方法：人为在尖轨（或心轨）与基本轨（或翼轨）间夹入试验铁，使道岔不能转换到位，再往回操纵，道岔应能回转到位。

九、液压道岔续动试验

试验方法：在 SH6 型转换锁闭器牵引位置尖轨与基本轨间加试验锤，使 SH6 型转换表示器不锁闭时，主机到位锁闭后，电机不应停转。

十、断启动接点

试验方法：室外断开定、反位启动接点后，室内扳动道岔室外观察道岔不动。

十一、4 mm 试验

试验方法：在规定位置用 4 mm 标准检查铁片进行密贴检查试验，应符合规定要求。

十二、5 mm、6 mm、10 mm 试验

试验方法：在规定位置用 5 mm、6 mm 和 10 mm 标准检查铁片进行密贴检查试验，应符合规定要求。

十三、2DQJ、DBJ（FBJ）及道岔位置一致

试验方法：试验每组道岔，检查道岔置于定位时，2DQJ 定位接点应闭合（相当于吸起），DBJ 应吸起，FBJ 应落下，控制台道岔表示灯应显示绿灯，控制台道岔开通位置（光带）应为道岔定位方向；检查道岔置于反位时，2DQJ 反位接点应闭合（相当于落下），FBJ 应吸起，DBJ 应落下，控制

台道岔表示灯应显示黄灯，控制台道岔开通位置(光带)开通应为道岔反位方向。试验时每个组合都要核对，同时核对复示继电器的位置正确。

十四、道岔锁闭

道岔锁闭有单独锁闭、区段锁闭、进路锁闭及引导总锁闭等四种锁闭方式。

试验方法：

(1)单独锁闭：道岔在某一位置时，拉出单操按钮(计算机联锁车站设有道岔单独锁闭按钮，按单锁方式锁闭道岔)后，办理经该道岔另一位置的进路，道岔应不能转换。对于计算机联锁车站，还要试验按单锁方式锁闭道岔后，单操道岔至另一位置，确认道岔应不能转换。

(2)区段锁闭：将某道岔区段人工分路(双动道岔分别分路两个区段)，单独操纵该区段内所有道岔均应不能转换。

(3)进路锁闭：办理一条进路并锁闭后(双动道岔应分别办理)，单独操纵该进路上所有道岔均应不能转换。

(4)引导总锁闭：按下某一咽喉的引导总锁闭按钮，单独操纵该咽喉的所有道岔(包括中岔)应不能转换。

十五、道岔启动电路检查本区段轨道继电器前接点

试验方法：通过核对配线、测试等手段检查接点条件正确。

十六、断开遮断器

试验方法：室外断开遮断器(安全接点)后室内扳动道岔室外观察道岔不动。

十七、多机牵引总保护

(一)试验说明

多机牵引的道岔，某个牵引点的转辙机因故不能正常转换时，应切断其他牵引点的转辙机动作电路。在正常转换过程中，某牵引点因故停止工作时，应保证其他牵引点转辙机继续工作(ZYJ7 型电液转辙机主机到位、副机未到位时，电机不能停转，需 30 s 后停转。对多机牵引道岔，逐个副机牵引点分别进行试验)。

（二）试验方法

试验时，对应每个牵引点，将道岔动作电路断开，操纵该组道岔，所有牵引点的转辙机均不应转换；在道岔正常转换过程中，断开某个牵引点的动作电路，其他牵引点的转辙机在规定时间内应正常动作（设有尖轨、心轨故障按钮的道岔，按设计说明进行试验）。

十八、多机牵引总表示

（一）试验说明

多机牵引的道岔应校核每个牵引点的表示与道岔总表示一致。

（二）试验方法

多机牵引的道岔依次断开每个牵引点的表示（可拔表示熔丝或拉断断路器），断开牵引点的分表示、总表示继电器均应可靠落下，控制台道岔表示灯均应灭灯；定、反位均应试验。

十九、道岔自闭电路试验

试验方法：扳动道岔，在转换过程中占用道岔所在区段，道岔不应停转，能转换到底。

二十、挤岔断表示报警

试验方法：断开道岔表示，道岔断表示 13 s（30 s）后，控显机报警“道岔挤岔”（控制台挤岔声光报警）。

第五节　道岔总表示、分表示纳入联锁核对

一、道岔号码

按照联锁操作显示界面道岔分表示窗口显示填写，如 1＃、3＃。

二、道岔位置

按照道岔定位、反位填写。

三、道岔分表示

试验方法：人工逐牵引点置道岔于断表示或相反位置，检查核对道岔分表示窗口，对应的其他道岔表示正确；同时，联锁操作界面应有报警提示。

注意事项：道岔分表示试验项目每牵引点名称按照联锁操作显示界面道岔分表示窗口设置名称填写。

四、道岔总表示

试验方法：当所有道岔均在规定位置时，道岔总表示与分表示一致，人工逐牵引点置道岔于断表示或相反位置，一是检查核对联锁操作显示界面对应道岔总表示无表示；二是人工置道岔总表示继电器于吸起状态，检查核对联锁操作显示界面道岔总表示无表示；三是联锁操作显示界面应有报警提示。

第三章　车站电码化设备联锁关系检查试验

第一节　ZPW-2000 系列轨道电路电码化信号显示与低频信息一致性核对

ZPW-2000 系列轨道电路电码化低频信息应与其前方信号机的显示相一致，如前方信号机显示 H 灯时，低频信息应为 HU 码，前方信号机显示 LU 灯时，低频信息应为 LU 码。试验项目见"信号联锁关系试验检查表（ZPW-2000 系列轨道电路电码化信号显示与低频信息一致性核对）"（郑信联表 3-1）。

一、发送器名称、位置

发送器名称以图纸为依据，正线电码化一般用信号机名称加 JM 或 FM 命名，侧线股道一般使用信号机名称命名。如图 3-1 所示，下行正线接车进路电码化发送器名称为 XJM；正线发车进路电码化发送器一般与逆向正线接车电码化共用发送器，如 $S_{Ⅱ}$ 正线发车进路与 X_N 正线接车进路共用一个发送器，试验 $S_{Ⅱ}$ 正线发车进路电码化时，发送器名称为 $S_{Ⅱ}$FM，试验 X_N 正线接车电码化时，发送器名称为 X_NJM，发送器位置按照图纸设计位置填写，$S_{Ⅱ}$FM 与 X_NJM 的发送器位置相同；侧线 3 道发车电码化发送器名称，上行为 S_3F，下行为 X_3F。

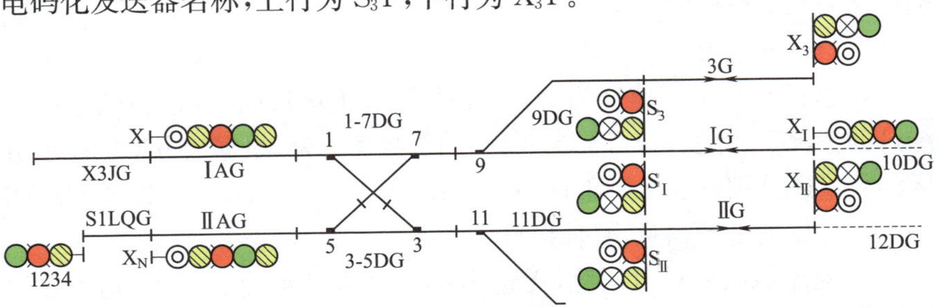

图 3-1　ZPW-2000A 型移频站内电码化站场示例

二、载频频率核对

载频频率指发送器功出的载频中心频率，共有8种，分别是1700-1，1700-2，2000-1，2000-2，2300-1，2300-2，2600-1，2600-2。按照设计图纸将设计载频填写在频率栏。分别测试主发送器及本发送器倒+1时的备发送器功出的移频信号中心载频与设计相符后，分别在主、备栏内记录测试结果。

三、前方信号机名称

正线接车进路电码化的前方信号机一般为同方向正线上的出站信号机或进路信号机，正线发车进路电码化的前方信号机一般为同方向防护2LQ的区间信号机，如XJM的前方信号机为$X_{Ⅰ}$，$S_{Ⅱ}$FM的前方信号机为防护S2LQ的1234区间信号机，X_NJM的前方信号机为$X_{Ⅱ}$；3G上行方向电码化的前方信号机为S_3，下行方向为X_3。把信号机名称填写在对应栏内。

四、低频频率与前方信号机信号显示一致性核对

（一）试验方法

根据编码电路试验前方信号机各种显示状态下，发送器所输出的低频频率应与设计规范相符。如图3-1所示，站场中$X_{Ⅰ}$信号机显示红灯时，XJM低频应为HU码26.8 Hz；$X_{Ⅰ}$开放黄灯时(经道岔直股进路)，应为U码16.9 Hz；开放绿黄灯时，应为LU码13.6 Hz；开放绿灯时，应为L码11.4 Hz；$X_{Ⅰ}$开放弯出进路时，XJM低频应为UU码18 Hz或UUS码19.1 Hz，具体根据设计图纸进行试验。主发送与+1发送分别测试。测试结果在对应栏内记录。

（二）注意事项

1. 线路允许最高速度为200 km/h及以上区段时，在前方信号机为绿灯的情况下，除发送L码11.4 Hz的低频信息外，根据前方空闲闭塞分区的数量还分别发送L2码12.5 Hz、L3码10.3 Hz、L4码23.5 Hz、L5码21.3 Hz的低频信息，具体以设计为准。

2. 对于侧线股道电码化，无论出站信号机显示什么灯光，均应发送UU或UUS码，不能出现U、LU、L等其他低频信息，具体以设计为准。

3. 对于前方信号机为进路信号机的特殊站场，电码化的低频信息应与进路信号机的显示意义一致。如进路信号机开放 UU 时，电码化低频应为 UU 码 18 Hz；进路信号机开放引导信号时，应为 HB 码 24.6 Hz；进路信号机开放直进弯出 U 时，应为 U2 码 14.7 Hz 或 U2S 码 20.2 Hz。

五、移频报警

逐个关断发送器（含＋1），站内移频报警继电器应落下，控制台（电务维修机）有站内移频报警信息。发送器全部工作正常时，移频报警继电器吸起，控制台（电务维修机）无站内移频报警信息。

第二节　ZPW-2000 系列轨道电路预叠加电码化发送通道

ZPW-2000 系列轨道电路预叠加电码化发送通道联锁试验项目见“信号联锁关系试验检查表（ZPW-2000 系列轨道电路预叠加电码化发送通道）”（郑信联表 3-2）。

一、发送器名称

与本章第一节低频信息核对的发送器名称填写方法相同。

二、载频频率

以图纸为依据，填写设计载频。

三、使用低频核对

在测试发送通道移频信息时，为了保证所测试移频信息为本发送器所功出的信息，而不是其他发送器功出的信息，需将本电码化进路发送器功出的移频信息与其他移频信息相区分，如其他发送器发送低频为 26.8 Hz 时，将本发送器低频设置为 26.8 Hz 以外的其他频率，这样来区分在发送通道上测试到的移频信号为本发送器信号，测试使用哪个低频，就将哪个低频填写在对应栏内。

四、JMJ/FMJ 名称

按设计图纸填写 JMJ/FMJ 继电器具体的名称。如 XJMJ、SL2JMJ。

五、JMJ/FMJ 励磁核对

(一)动作时机

JMJ/FMJ 的励磁时机为开放正线接发车信号后励磁,列车在进路内运行过程中自闭保持吸起,轻车跳动不应导致 JMJ/FMJ 提前复原,列车占用股道或 1LQ 时,JMJ/FMJ 复原落下。JMJ/FMJ 原理电路如图 3-2 所示。

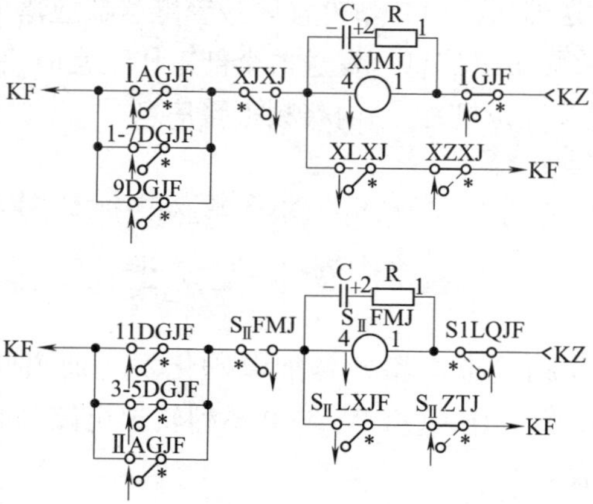

图 3-2　JMJ/FMJ 原理电路

(二)试验方法

1. 排列正线接车或正线发车,信号开放后核对该继电器状态为吸起,取消进路后落下;排列侧线接车或正线变通进路接车、侧线发车或变通进路正线发车,信号开放后该继电器状态仍为落下,必须逐条进路试验。

2. 逐区段模拟短车运行,即最多同时占用两个区段,查看 JMJ/FMJ 在单独占用进路内任一区段时,不应提前落下。占用股道或离去区段后相应 JMJ 或 FMJ 复原落下。在此基础上还要模拟一次轻车跳动,即某一区段瞬时出清,JMJ 或 FMJ 不应落下,电路中由阻容元件或采用缓放型继电器实现。

(三)注意事项

试验过程中如 JMJ/FMJ 没有采取缓放措施,容易出现轻车跳动或短车高速运行时,前后两区段 GJ 动作过程中 JMJ/FMJ 提前落下的情况。

六、预叠加顺序核对

（一）试验说明

预叠加发码即列车占用本区段前一区段时，本区段开始发码，预发码功能由 GCJ 电路实现。GCJ 原理电路如图 3-3 所示。一般接车进路的 GCJ 称为 JCJ，发车进路 GCJ 称为 FCJ，GCJ 的吸起时机总是从前一个区段占用开始，这样在列车占用本区段之前，能提前一个区段接通发码通道，保证地面发码的连续性。

（二）试验方法

开放正线接发车信号，由接近区段或股道开始模拟列车运行，核对各区段 GCJ 继电器吸起时机，测试前一区段低频、载频，应与占用区段一致。以图 3-3 中 XJM 为例，列车占用三接近时，ⅠAG 的 GCJ 即吸起，测试ⅠAG 的分线盘处应有移频信号电压，列车占用ⅠAG 时，ⅠAG 和 1-7DG的 GCJ 均吸起，测试ⅠAG、1-7DG 的分线盘处应有移频信号电压，以此类推。

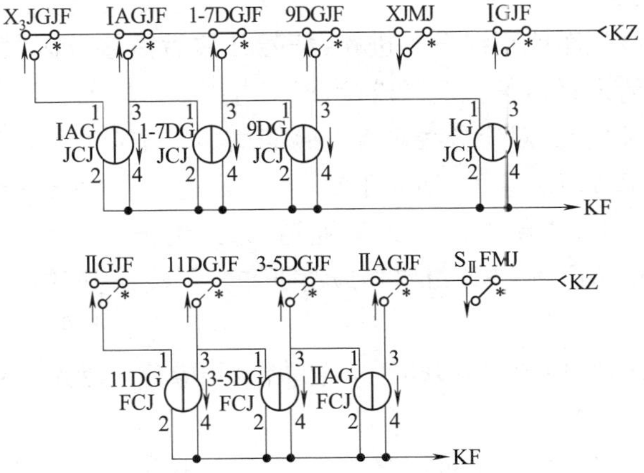

图 3-3　GCJ 原理电路

七、切码时机核对

（一）试验说明

切码时机通过在电码化发送通道电路中串入 MJ 和 GCJ 接点实现。

发码通道电路原理如图 3-4 所示。试验时，分别对 MJ 的复原时机和 GCJ 的复原时机进行核对。MJ 的切码时机为列车占用股道或 1LQ 时切断发码，GCJ 的切码时机为列车占用下一区段时，本区段 GCJ 复原落下切断发码。

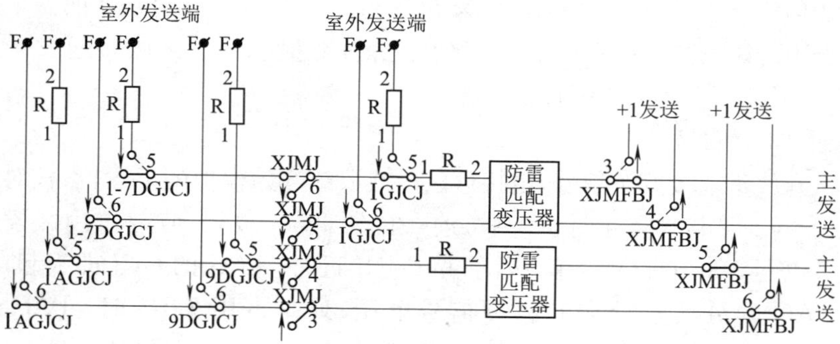

图 3-4　发码通道电路原理

（二）试验方法

排列正线接车或正线发车进路，信号开放后由接近区段或股道逐一顺序占用出清进路内各轨道区段，当列车占用本区段前一区段时，本区段 GCJ 落下切断发码，对应分线盘无发码信息，以 XJM 为例，当列车运行到 1-7DG 时，ⅠAG JCJ 落下，切断ⅠAG 发码通道，当列车运行到 9DG 时，1-7DG JCJ 落下，切断 1-7DG 发码通道，以此类推。当列车占用股道或 1LQ 时，核对 JMJ 或 FMJ 继电器应落下。为了验证 JMJ 或 FMJ 在电码化发送通道中的切码作用，应核对在未开放接发车进路的情况下，占用进路内各轨道区段（股道除外）GCJ 不应动作，相应分线盘无发码信息。

（三）注意事项

侧线股道电码化采用占用叠加方式发码，不设 MJ 和 GCJ，由 GJF 实现切码。侧线股道发码通道电路如图 3-5 所示。未占用股道时，在分线盘端子测试，确认无电码化信息；占用股道后，排列前方信号机的进路使该发送器发送与预定低频一致的低频码，在分线盘端子测试确认有有效电压的载频、低频均一致的电码化信息。

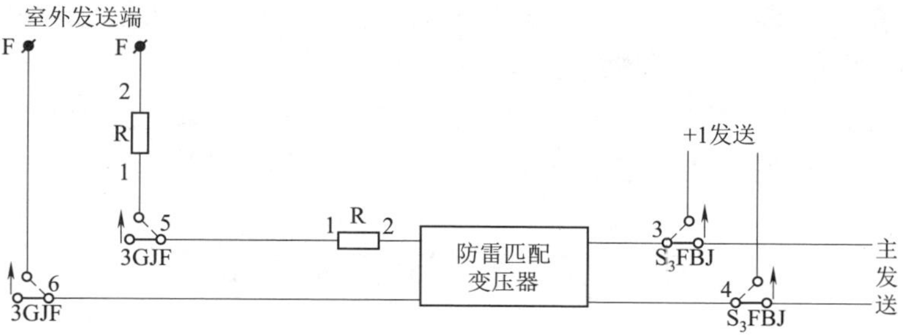

图 3-5　侧线股道发码通道电路示意

八、发码灯核对

(一)试验说明

发码灯是反应所排列车进路为发码进路的表示灯，通过 MJ 前接点点亮，一般情况下，每个车站设置两个发码表示灯，SFMD 上行发码灯和 XFMD 下行发码灯，分别对应上下行发码进路。

(二)试验方法

根据设计图纸排列相关进路，信号开放后核对控制台相应发码灯应点亮。

九、分线盘核对(主、备)

在区段名称栏按顺序将进路内各发码区段的名称填写在对应栏内。正线电码化未排列进路时，在对应区段的分线盘端子上测试，确认无电码化信息。排列正线接车或正线发车进路，并将前方信号机开放，使该发送器发送与预定低频一致的低频码，占用本区段后，在分线盘端子测试电码化信息，其载频、低频与发送器功出的信息一致且电压值有效。关闭主发送器后测试数值应有瞬间的闪断，恢复后电压、载频、低频与主发送器应一致。

十、室外发码端核对

根据设计文件及现场设备，办理接车或发车进路，模拟列车运行，逐个区段进行发码端确认。

试验方法：断开发码端钢轨引接线与钢轨的连接，短路扼流变压器牵引线圈 1、2 端子(或钢轨引接线)，测试短路线应有移频信号，轨面上应无移频信号；或断开发码端匹配盒（隔离盒）通向钢轨侧的配线，测试匹配盒（隔离盒）端子上应有移频信号，轨面上应无移频信号。

注意事项：股道采用双端发码，试验时，应先关闭其中一个发送器再进行测试；或通过办理进路，使送受端发送不同的低频再进行测试。

第三节　同制式轨道电路

在站内使用与区间相同制式的轨道电路，既满足站内联锁的需要，又提供机车信号信息，称为同制式轨道电路（也称一体化轨道电路），同制式轨道电路联锁关系检查试验项目见“信号联锁关系试验检查表（同制式轨道电路）”（郑信联表 3-3）。

一、进路名称（始终端）

以图纸为依据，按照联锁表填写发码进路的始、终端按钮名称。

二、逐区段核对载频正确

逐个区段测试发送器功出载频应与设计图纸设定的载频频率一致；接收端频率与发送端一致；同时核对主备发送器、接收并机载频一致，进路内所有区段载频均正确时，在对应栏内记录。

三、逐区段 FQJ 位置核对

（一）试验说明

对于双向发码区段，各区段应设置方向切换继电器 FQJ，用于切换轨道电路送、受电端发码方向。

1. 办理了接车进路或发车进路后，各区段的 FQJ 状态应与所排进路相对应，保证发码方向为迎着列车发码。

2. 取消进路后，该进路上的各区段 FQJ 状态不变。

3. 列车占用：办理进路后，模拟列车顺序占用和出清各轨道区段，检查进路上的各区段（包括占用或已出清的区段）FQJ 状态正确。

4. 列车占用由两个区段组成的股道时，先占用的区段改变方向。如办理接、发车或通过进路时，当列车沿着接车或发车方向占用至股道第一区段 G1（G2）时，FQJ 状态不变，当占用第二个区段 G2（G1）时，G1（G2）

的 FQJ 转换到另一个位置，另一个 G2(G1)的 FQJ 状态不变。

5. 引导检查 FQJ 状态：开放引导信号后，接、发车进路上的各区段 FQJ 状态与进路方向一致。

6. 停电恢复后，检查全站各区段 FQJ 在默认位置。

(二)试验方法

按照试验说明各项要求，排列相关进路、模拟列车运行、断电重启设备，观察 FQJ 状态正确。

四、分歧处所电码核对

(一)试验说明

同制式轨道电路的分歧发码端均设置在较长分歧处所，短分歧处所不另设发码端，采用并联分支线与长分歧线路并联连接。这样能保证发码电流在全轨道内传输，实现连续发码。试验时重点核对并联分支线的连接状态，保证各分支均有电码化电流迎着列车运行方向在轨道内传输。

(二)核对方法

现场核对短分歧处所的并联分支线要靠近钢轨绝缘安装，防止出现发码盲区，如图 3-6 所示。现场核对分歧处所发码端必须设置在较长分支处所，否则也将会造成发码盲区，如图 3-7 所示。正确的设置方法如图 3-8所示。

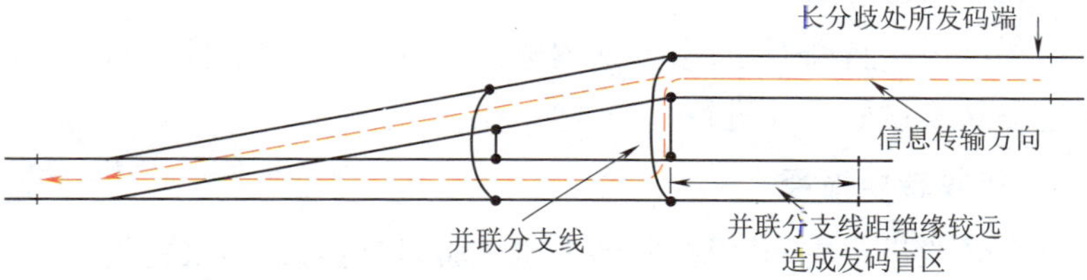

图 3-6　短分歧处所的并联分支线距绝缘较远发码盲区示意

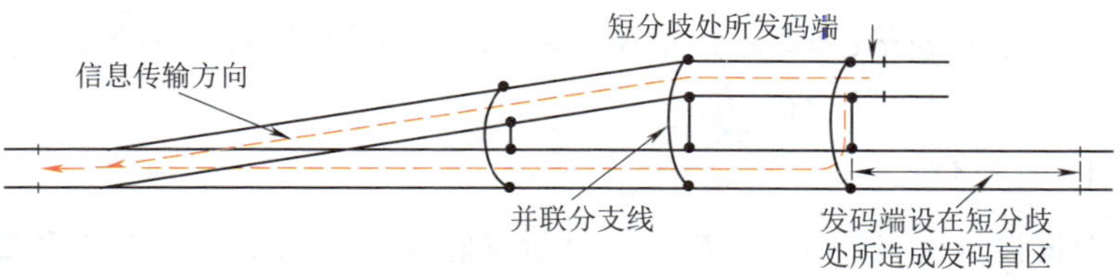

图 3-7　发码端设置在较短分歧处所发码盲区示意

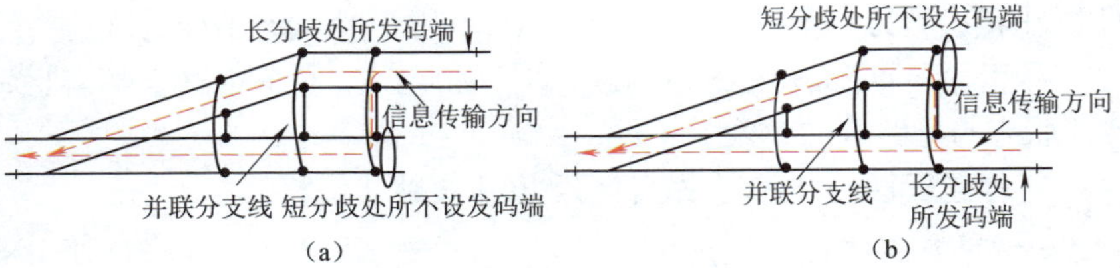

图 3-8　分歧处所发码端正确设置方式示意

五、逐区段低频信息核对(主/备)

按照追踪码序贯通发码,逐个区段测试发送器功出低频应与码序表设计的低频频率一致;同时核对备发送与主发送器低频频率一致。

六、发送主备转换

逐个区段分别关闭主、备发送器电源,不影响设备正常工作,主备发送器工作电平应一致,轨道电路无红光带。

七、接收主备转换

逐个区段分别关闭主、备接收器电源,不影响设备正常工作,轨道电路无红光带。

八、发送转换报警

逐个区段进行断开主、备发送器电源,均应有移频报警提示。可结合发送主备转换试验一并进行。

九、接收转换报警

逐个区段进行主、并机接收器关机试验,均应有移频报警提示。可结合接收主备转换试验一并进行。

十、维护终端码序核对

根据排列进路、列车占用情况,核对维护终端的码序与各区段实际测试的载频、低频信息一致。

十一、灯丝双断

根据设计文件要求,检查灯丝双断对低频信息的影响是否符合要求。如红灯双断转移,允许灯光双断低频信息不改变等。

十二、送受电端设置正确

根据运行方向，发送端应设在运行方向的前方，可通过先校核电缆，然后通过断开送端电缆，轨面无移频信息，断开受端电缆，轨面有移频信息来判断送受电端设置正确；也可以将钢轨短路后，测试轨道电路发送端调谐单元应有移频信息，接收端被短路后无移频信息，确认发送端、接收端与列车运行方向相符。

第四章　区间闭塞设备联锁关系检查试验

第一节　ZPW-2000 区间信号显示与低频信息一致性核对

ZPW-2000 区间信号显示与低频信息一致性核对根据发车口、接车口、长大区间和中继站的不同情况分别采用不同的试验表格。

正方向为接车口的核对试验项目见“信号联锁关系试验检查表(接车口 ZPW-2000 区间信号显示与低频信息一致性核对)”(郑信联表 4-1)。

发车口核对试验项目见“信号联锁关系试验检查表(发车口 ZPW-2000 区间信号显示与低频信息一致性核对)”(郑信联表 4-2)。

长大区间及中继站等一般区段核对试验项目见“信号联锁关系试验检查表(一般区段 ZPW-2000 区间信号显示与低频信息一致性核对表)”(郑信联表 4-3)。

一、进站、逆向进站、边界信号机

对于接车口宜采用郑信联表 4-1 进行核对试验,进站信号机栏填写对应接车口的进站信号机名称,如图 4-1 所示,X 接车口的进站信号机名称为 X。

对于发车口宜采用郑信联表 4-2 进行核对试验,逆向进站信号机栏填写对应发车口的逆向进站信号机名称,例如 X_N 发车口的逆向进站信号机名称为 X_N。

对于长大区间或中继站宜采用郑信联表 4-3 进行核对试验,边界信号机栏填写列车运行前方与本站相衔接的邻站区间信号机名称,例如邻站 0126 信号机为本站 0138G 的边界信号机,0138G 的低频信息应与边界信号机 0126 的显示相一致。

二、区段/信号机名称

区段/信号机名称栏,对于接车口,根据图纸从进站信号机往外方依次填写闭塞分区/信号机名称，分割区段填写在同一区段/信号机名称项内。以图 4-1 为例说明，X 进站外方第一个闭塞分区由 0159AG 和 0159BG 组成，防护信号机为 0159，则填记为 0159AG、BG/0159；第二个闭塞分区为 0147G，防护信号机为 0147，则填记为 0147G/0147。对于发车口，根据图纸从逆向进站信号机往外方依次填写。

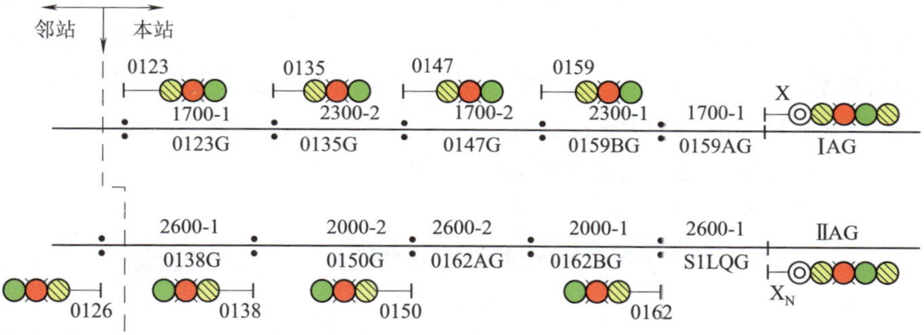

图 4-1　区间自动闭塞信号设备布置示意

三、载　　频

填写对应区段的载频频率，有分割区段的闭塞分区，载频用“/”分开填写，与分割区段对应。如 X 进站外方第一个闭塞分区由 0159AG 和 0159BG 组成，载频分别为 1700-1 和 2300-1，则载频栏填记为 1700-1/2300-1；第二个闭塞分区为 0147G，载频为 1700-2，则载频栏填记为 1700-2。核对主备载频与设计一致后，在主备核对栏内记录。

四、区间信号显示与低频信息

根据进站信号机开放的不同信号和区间占用情况，按照码序表测试各区段低频信息与设计一致，在对应低频栏内记录测试结果；区间反方向时，区间信号机灭灯，核对区间低频码序信息，均为 27.9 Hz(1LQG、2LQG 除外)。本区段倒+1 后，将+1 低频信息核对结果记录在对应+1 栏内。

五、注意事项

1. 郑信联表 4-1、4-2、4-3 预制低频码序最高到 L 码 11.4 Hz，有更高码位时按照码序表添加后续码位，保持表格码序与设计一致。

2. 试验短区间反向码序时如果接近区段同时为反向接近发码区段时，宜采用郑信联表4-2发车口ZPW-2000区间信号显示与低频信息一致性核对表试验反方向码序。

3. 逆向进站信号机外方，一般由两个闭塞分区组成逆向接近发码区段，如图4-1中X_N进站信号机外方S1LQG和0162BG、AG为X_N信号机的接近发码区段，其码序与X_N进站信号机关联，其他区段发检测JC码27.9 Hz。也有的接近发码区段少于两个闭塞分区，例如在制动距离满足条件的情况下，仅将S1LQG和0162BG作为X_N信号机的接近发码区段，试验时应根据设计进行试验。

4. 带分割区段的闭塞分区，需逐区段占用试验。

第二节　ZPW-2000系列移频自动闭塞

ZPW-2000系列移频自动闭塞联锁关系检查试验项目见“信号联锁关系试验检查表(ZPW-2000系列移频自动闭塞)”(郑信联表4-4)。

一、区段、信号机名称

“区段”按区间信号设备平面布置图的区段名称填写，有分割点区段分别单独填写；“信号机”按区间信号设备平面布置图的信号机名称填写，防护的闭塞分区内有分割点的信号机名称填写在信号机内方第一分割区段行内。

二、正向调谐区小轨条件检查

试验方法：发车口正方向时，本区段为空闲，断开运行前方区段衰耗盘送出的小轨检查电源，测试本区段XGJ无电压，本区段应为占用，恢复后本区段为空闲。

三、反向调谐区小轨条件检查

试验方法：发车口反方向时，本区段为空闲，断开运行前方区段衰耗盘送出的小轨检查电源，本区段应为占用，恢复后本区段为空闲。

四、表示灯核对

试验方法：核对衰耗盘上的发送工作灯在发送器正常工作时点绿灯，

故障时灭灯；接收工作灯在接收器正常工作时点绿灯，故障时灭灯；轨道空闲时轨道表示灯点绿灯，占用时轨道表示灯点红灯；区间正方向时，正方向表示灯点亮，反方向表示灯熄灭，区间反方向时，正方向表示灯熄灭，反方向表示灯点亮。

五、正向一般分割点核对

试验方法：对具有分割点的一般闭塞分区进行区段核对，主要是检查测试各短区段占用、恢复时机和防护该闭塞分区的信号机信号显示变化情况，应满足“逐个占用、同时恢复，防护该闭塞分区的信号机始终显示禁止信号”的原则。区间为正方向时，对闭塞分区内各短区段逐个进行试验。按列车运行方向，逐个区段占用出清，占用前方短区段时，后方所有短区段均为占用状态，防护该闭塞分区的通过信号机始终显示红灯，直至列车完全出清该闭塞分区后，防护该闭塞分区的通过信号机显示允许灯光。分割点核对填写在正向运行时列车最先占用的短区段行内。1LQ分割点正向时按该项进行试验。

六、正向三接近分割点进站开放核对

试验方法：对三接近闭塞分区进行区段核对，主要是检查测试各短区段占用、恢复时机和防护该闭塞分区的信号机信号显示变化情况，应满足“逐个占用、同时恢复，防护该闭塞分区的信号机始终显示禁止信号”的原则。区间为正方向时，进站信号机开放列车信号(引导信号除外)，再对各短区段逐个进行试验。按列车运行方向，逐个区段占用出清，占用前方短区段时，后方所有短区段均为占用状态，三接近通过信号机始终显示红灯，先出清的区段轨入电压基本为零，直至列车完全出清该闭塞分区后，三接近通过信号机显示允许灯光，各区段轨入电压恢复正常。分割点核对填写在正向运行时列车最先占用的短区段行内。

对具有分割点的三接近区段进行进站信号机开放核对是因为三接近区段选用的定型组合，即U组合内部发送通道上串有进站信号机DJ和LXJ2FF的前接点并联条件，目的是防止进站信号机允许灯光灭灯时，在信号机改点红灯之前造成发送通道中断，致使三接近区段着灯。当三接近区段有分割点时，对于列车先压入的短区段发送通道中进站信号机的

DJ 条件改为前方短区段的 GJ 条件，定型组合现场拆除 LXJ2FF 的并联接点，如果漏拆将会造成进站信号机开放状态下，LXJ2FF 接点并联在前方短区段的 GJ 接点条件上，致使前方短区段 GJ 落下时，后方短区段的发送通道仍能通过 LXJ2FF 接点条件跨过前方短区段的 GJ 条件，不能满足“逐个占用、同时恢复，防护该闭塞分区的信号机始终显示禁止信号”原则，必须重点试验。原理电路如图 4-2 所示，0159BG 的定型组合内红色配线应现场拆除。

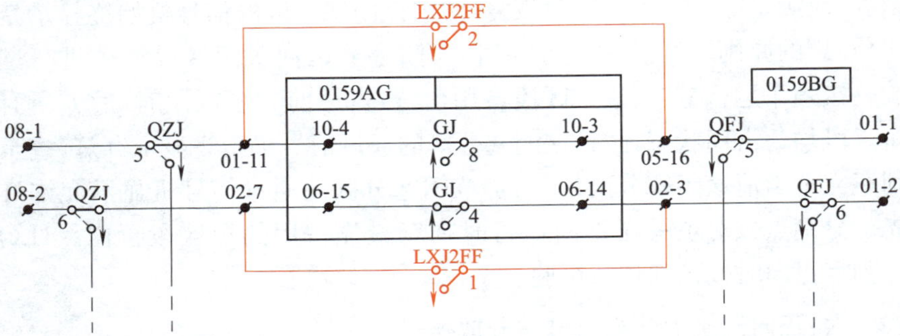

图 4-2　用于三接近区段的区间 U 组合发送通道定型电路

七、正向三接近分割点进站关闭核对

试验方法：区间为正方向时，进站信号机关闭状态下，对各短区段逐个进行试验。按列车运行方向，逐个区段占用出清，占用前方短区段时，后方所有短区段均为占用状态，三接近通过信号机始终显示红灯，先出清的区段轨入电压基本为零，直至列车完全出清该闭塞分区后，三接近通过信号机显示允许灯光，各区段轨入电压恢复正常。分割点核对填写在正向运行时列车最先占用的短区段行内。

八、正向站联分割点核对

试验方法：对正向站联送邻站条件闭塞分区进行区段核对，要确保给对方站送站联条件的轨道继电器接点条件要能完全反映该闭塞分区的占用和空闲状态。区间为正方向时，对各短区段逐个进行试验。按列车运行方向，逐个区段占用出清，占用前方短区段时，后方所有短区段均为占用状态，邻站的复示继电器状态始终为落下。本站相关试验内容按一般分割点进行试验。分割点核对填写在正向运行时列车最先占用的短区段行内。如图 4-3 所示，使用 2204AG 和 2204BG 串联的 GJF 接点条件作为站联条件，无论列车占用 2204BG 还是 2204AG，邻站 GJ(邻)状态均保持落下。

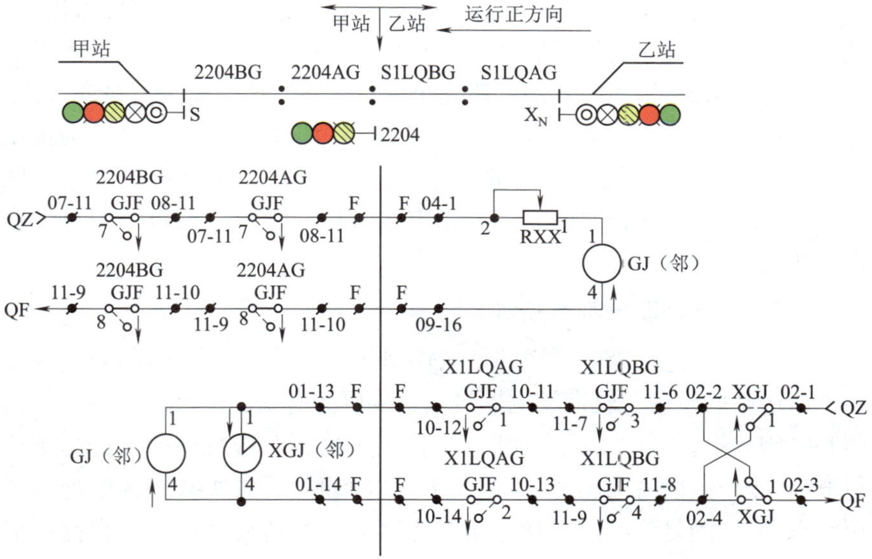

图 4-3　用于站联区段及 1LQ 区段带分割点的站联电路

九、反向一般分割点核对

试验方法：区间为反方向时，对各短区段逐个进行试验。按列车运行方向，逐个区段占用出清，占用前方短区段时，后方所有短区段及闭塞分区均为占用状态。分割点核对填写在正向运行时列车最先占用的短区段行内。三接近分割点反向时按该项进行试验。

十、反向 1LQ 分割点进站开放核对

试验方法：对 1LQ 区段进行核对，主要是检查测试各短区段占用、恢复时机应满足“逐个占用、同时恢复”原则。区间为反方向时，反方向进站信号机开放列车信号(引导信号除外)，再对各短区段逐个进行试验。按

列车运行方向，逐个区段占用出清，占用前方短区段时，后方所有短区段及闭塞分区均为占用状态，先出清的区段轨入电压基本为零，直至列车完全出清该闭塞分区后，各区段轨入电压恢复正常。分割点核对填写在正向运行时列车最先占用的短区段行内。

十一、反向 1LQ 分割点进站关闭核对

试验方法：对 1LQ 区段进行核对，主要是检查测试各短区段占用、恢复时机应满足“逐个占用、同时恢复”原则。区间为反方向时，反方向进站信号机关闭情况下，再对各短区段逐个进行试验。按列车运行方向，逐个区段占用出清，占用前方短区段时，后方所有短区段及闭塞分区均为占用状态，先出清的区段轨入电压基本为零，直至列车完全出清该闭塞分区后，各区段轨入电压恢复正常。分割点核对填写在正向运行时列车最先占用的短区段行内。

十二、反向站联分割点核对

试验方法：对反向站联送邻站条件闭塞分区进行区段核对，要确保给对方站送站联条件的轨道继电器接点条件要能完全反映该闭塞分区的占用和空闲状态。区间为反方向时，对各短区段逐个进行试验。按列车运行方向，逐个区段占用出清，占用前方短区段时，后方所有短区段均为占用状态，邻站的复示继电器状态始终为落下。本站相关试验内容按一般分割点进行试验。分割点核对填写在正向运行时列车最先占用的短区段行内。如图 4-3 所示，反向时使用 S1LQAG、S1LQBG 的 GJF 接点串联作为站联条件接点，列车占用 S1LQAG 或 S1LQBG 时，确保邻站 GJ(邻)状态保持落下。

十三、闭塞分区核对

(一)试验方法

1. 依据设计文件，先校核送受端正确：使用分路线短路钢轨后，测试轨道电路发送端钢轨引接线应有本区段载频的移频信息，接收端被短路后无本区段载频的移频信息，确认发送端、接收端与列车运行方向相符。

2. 同时关闭主、备发送器或使用分路线占用轨道电路，确认相应区段红光带，与继电器状态、控制台表示一致。

（二）注意事项

试验时，带有分割区段的闭塞分区，按第一、第二、第三分割区段……顺序进行试验，确认相应区段轨道继电器状态。

十四、接收主并机

试验方法：分别断开接收器主、并机，该区段轨道表示灯应始终为空闲，小轨检查输出条件电源应始终能够送出。

十五、发送报警

试验方法：断开发送器电源（含＋1）断路器，移频报警继电器应落下，控制台（电务维修机）应有语音及文字提示报警。

十六、接收报警

试验方法：断开接收器电源断路器，移频报警继电器应落下，控制台（电务维修机）应有语音及文字提示报警。

十七、红灯转移

当本架通过信号机红灯灭灯时，该信号机外方闭塞分区的发码通道被切断，外方第一架信号机显示红灯。

试验方法：占用闭塞分区后，断开本架信号机电源，外方闭塞分区或区段状态为占用，外方第一架信号机显示红灯（2LQ 区段除外）。三接近闭塞分区需试验进站信号机红灯灭灯时，本闭塞分区为占用，通过信号机显示红灯。

十八、灯位及显示核对

（一）填写方法

制作联锁试验表时，“灯位”应提前填写具体灯位，“灯位及显示核对”试验项目可按信号机类型分别制定。

（二）试验方法

一是核对信号机灯位排列应符合规定，色玻璃的颜色应符合要求；二是核对信号显示应与实际进路要求相符；三是核对现场信号机显示的实际灯光与 CTC/TDCS 显示终端的显示含义相符（年度联锁试验结合列车运行、检修观察记录时，不进行现场灯位核对）。

模拟列车运行，核对信号显示与前方闭塞分区占用空闲状态符合《铁路技术管理规程》规定，灯位排列、玻璃颜色符合设计规范规定。

十九、主、副灯丝转换及报警/灯泡双断丝 DJ 落下

（一）主、副灯丝转换及报警

H、U、L 灯位逐个试验主丝断丝时应能自动转换到副丝并有报警。设有断丝报警装置的信号机，点灯状态的主丝断开，控制台（电务维修机）应有语音及文字提示报警，控制台每个方向核对一次即可。

（二）灯泡双断丝 DJ 落下

1. 通过信号机点灯电路中，当信号机单独点亮绿（L）、黄（U）、红（H）灯时，1DJ 监督灯丝状态。试验时，分别拔下点灯状态的各灯泡，1DJ 应可靠落下，室外信号机及 CTC/TDCS 显示终端通过信号机复示器灭灯。

2. 信号机显示绿黄灯（L/U）时，1DJ 监督 L 灯、2DJ 监督黄灯灯丝状态。L 灯断丝，室外信号机及 CTC/TDCS 显示终端通过信号机复示器显示黄灯；U 灯断丝，室外信号机及 CTC/TDCS 显示终端通过信号机复示器显示灭灯。

注意：当区间距离较长或调整不当时，区间信号电缆上会产生很强的感应电势，造成区间信号机双断丝时监督区间的灯丝继电器不落下，使灯光不能实现转移。为防止上述情况发生，必须将通过 DJ 的电流调整在合适的范围内，室内调整信号点灯远程变压器输出端电压，测量点灯电流满足《铁路信号维护规则》要求。试验时，将室外信号机灯泡拔下，在室内测量点灯漏电流不大于规定值，灯丝继电器应可靠落下。调整中应注意灯端电压既要满足显示黄灯或绿灯时的要求，又要满足绿黄双灯位显示时的要求。

3. 反向运行时信号机点灯试验：复线自动闭塞，当反方向运行时，通过信号机为灭灯状态。试验时，复线自动闭塞改为反方向后，核对通过信号机灭灯；在单线双向自动闭塞线路，核对与运行方向迎面的通过信号机点亮、背向的通过信号机灭灯。

第三节　区间自动闭塞结合电路

区间自动闭塞结合电路检查试验项目见“信号联锁关系试验检查表

（区间自闭结合电路）”（郑信联表 4-5）。

一、自动闭塞结合口

填写方法：按进站信号机名称填写，无进站信号机的填写××线××行线。

二、1JG 状态/表示核对

试验方法：占用一接近闭塞分区，控制台一接近表示光带点亮红灯，1JG 状态为落下，控制台语音报“×行列车一接近”（6502 电气集中联锁车站为电铃鸣响），计算机联锁车站核对后接点采集；出清该闭塞分区后控制台一接近表示光带灭灯，1JG 状态为吸起。人为使一接近区段对应闭塞分区逻辑占用丢失，区间轨道状态为空闲，控制台一接近表示光带点亮红灯，1JG 状态为落下，控制台语音报“×行列车一接近”（6502 电气集中联锁车站为电铃鸣响）；人工解锁该闭塞分区，控制台一接近表示光带灭灯，1JG 状态为吸起。如该闭塞分区存在分割，则必须逐区段进行占用核对试验，改为反方向后再进行逐区段的占用核对试验。其他接近、离去区段按 1JG 试验方法进行试验。

三、反向发车检查 3JGJ 区间空闲

试验方法：接车口正常改方为发车方向时，此时使 3JGJ 落下，排列相关发车进路应无法开放信号；3JGJ 吸起时，排列相关发车进路，开放信号后使 3JGJ 落下，已开放的信号应关闭。

四、发车检查 1LQJ 区间空闲

试验方法：发车口为发车正方向时，此时占用 1LQG 区段，排列相关发车进路应无法开放信号；1LQG 区段空闲时，排列相关发车进路，开放信号后占用 1LQG 区段，已开放的信号应关闭。

五、接近电铃/语音核对

试验方法：核对接近表示状态时，同时确认电铃/语音与实际占用分区一致。

第四节　四线制方向电路

四线制改变运行方向电路由方向继电器电路、监督区间继电器电路、局部电路、辅助办理电路和表示灯电路组成，计算机联锁车站部分电路功能由软件实现。改变运行方向的办理有正常办理和辅助办理两种方式。四线制方向电路采用方向回路与监督回路分开的设计方案，较两线制方向电路可靠性更高。四线制方向电路检查试验项目见“信号联锁关系试验检查表（四线制方向电路）”（郑信联表 4-6）。

一、名　称

填写方法：单线区段填写“××站至××站”，双线区段填写“××站至××站上行线（下行线）”。

二、未按“允许改方”按钮，反向发车不能改方

试验方法：当需要改变运行方向时，由甲站破封按下“允许改方”按钮后，“允许改方”表示灯亮红灯，方可办理改方电路。试验时不按压“允许改方”按钮，直接试排发车进路方向电路不应变化，发车进路锁闭但反向出站信号不能开放（计算机联锁车站进路能否锁闭根据联锁制式不同而有所区别）。

三、按下“允许改方”按钮，办理反向发车进路自动改方

试验方法：甲站值班员办理发车进路开放出站信号，使方向电路自动改变方向。改变方向后，甲站接车表示灯变为灭灯、发车表示灯变为亮绿灯，乙站接车表示灯变为亮黄灯、发车表示灯变为灭灯，此时可拉出“允许改方”按钮，“允许改方”表示灯红灯灭灯。试验时，按规定要求操作，检查能否正常改变方向，表示灯显示是否正常。

四、改方后办理正向发车恢复正方向

试验方法：当需将反方向电路改为正向运行状态时，乙站按发车站的要求操作，只是在操作方式的电路设计中正向发车口不设“允许改方”按钮，在对方站未排列发车进路时，直接办理发车进路即可改回正方向。

五、对方站有发车进路不能改方

试验方法：当对方站发车进路建立后，其发车锁闭继电器 FSJ 落下，使监督区间亮红灯，表示对方站发车已提前占用区间，不允许本站再向同一区间发车。试验时需分别对甲、乙两站在对方站发车进路建立后，试排发车进路，检查改变运行方向电路工作情况。

六、办理非列车进路不能改方

试验方法：改变运行方向电路是以列车进路带来动方向条件的，试排反向调车进路，应不能改变运行方向。

七、闭塞分区占用不能正常改方

试验方法：当区间轨道电路故障时，不能按正常办理方法改变运行方向，应采用辅助办理方法改变运行方向。办理时，两站值班员必须共同确认区间空闲。其办理方法如下。

1. 由甲站（欲发车的车站）值班员破封按下“总辅助办理按钮”后，再破封按下“发车辅助”按钮并不能松手，此时甲站“辅助办理”表示灯亮白灯。

2. 随后由乙站（欲接车的车站）值班员破封按下“总辅助办理按钮”后，再破封按下“接车辅助”按钮，等“辅助办理”表示灯亮白灯后，即可松开“接车辅助”按钮。当乙站“接车表示”灯亮黄灯、“发车表示”灯灭灯、“辅助办理”表示灯白灯灭灯时，说明乙站辅助办理已经结束，已改成了接车站。

3. 当甲站的“发车表示”灯绿灯点亮，“接车表示”黄灯灭灯时，表示辅助办理已经结束，本站已改为发车站，这时值班员可松开“发车辅助”按钮，但“辅助办理”白灯仍亮着。

4. 两站的“总辅助办理按钮”必须在列车出发完全进入区间后，才能拉出复位并立即加封。

八、FSJ 落下不能进行辅助改方

试验方法：发车锁闭继电器落下后不允许辅助办理是要求对方站发车进路建立后防止以任何方式出现向同一区间同时办理发车的可能性。试验时可由对方站先排发车进路使 FSJ 落下，进行试排辅助改方，确认方向不能改变。

九、双接时依靠辅助方式改方

试验方法：当甲、乙两站出现双向接车时，由于 FJ1、FJ2 均处于吸起状态，切断了 F1、F2 的改方电源，此时按正常改方不能办理，需要按辅助方式进行改变运行方向操作，试验时可人为将两站的 FJ1、FJ2 均改为接车状态，然后分别进行正常改方操作和辅助改方操作，检查方向电路动作情况。

十、监督电路故障时办理辅助改方

试验方法：区间监督继电器电路故障（区间监督表示灯亮红灯），此时 F3、F4 条件断开，运用辅助办理是辅助改方的基本功能之一，目的是当辅助改方后如区间监督红灯消失时，可以办理发车信号。试验时将 F3 或 F4 线断开，分别进行正常改方和辅助办理，检查电路工作情况。

十一、监督电路故障时不能开放

试验方法：辅助改方后若监督区间灯点红灯，说明区间故障仍然存在，首趟发出的列车禁止开放出站信号，后续正常。

十二、监督电路良好能开放

试验方法：辅助改方后监督区间灯红灯灭，此时可办理发车进路，开放出站信号。

十三、列车发车后发站辅助灯灭灯

试验方法：以辅助办理方式改变运行方向后，发车站的“辅助”表示灯一直显示白灯，表示 DJ（短路继电器）在吸起状态，列车出发越过出站信号机后，DJ 落下，甲站“辅助办理”表示灯白灯灭灯。模拟列车运行后检查表示灯和继电器状态。

十四、列车运行方向表示

试验方法：设甲站为原接车站，乙站为原发车站，平时甲站接车表示灯亮黄灯、发车表示灯灭灯，乙站接车表示灯灭灯、发车表示灯亮绿灯。

十五、区间占用表示

试验方法：甲、乙两站均在每条运行线上设有的监督区间的表示灯，当区间有车占用或任一站办理了发车进路后时，“监督区间”灯点红灯；当区间空闲，所有区间轨道继电器均吸起且两站均未向区间办理发车进路，“监督区间”灯灭灯。

十六、区间方向表示灯显示与区间方向一致，区间占用监督表示灯显示正确

试验方法：核对区间方向表示灯箭头显示方向与区间方向一致，“区间占用监督表示灯显示”参照本节第十五项进行试验。

十七、正常改方和辅助改方，在前一次办理后，必须等待 13 s 后，方准再次办理改方

试验方法：试验正常改方和辅助改方，在前一次办理后 13 s 内进行再次改方，区间不能改方。

第五节　半自动闭塞电路

半自动闭塞电路按闭塞制式分主要有 64D 和 64F 等类型，半自动闭塞电路联锁关系检查试验项目见“信号联锁关系试验检查表(半自动闭塞电路)”(郑信联表 4-7)。

一、发车口名称

按该半自动闭塞发车口进站信号机名称填写，无进站信号机的填写××线×行线。

二、闭塞类型

按闭塞制式填写，主要有 64D、64F 等类型。

三、未办理闭塞不能开放信号

在未办妥半自动闭塞手续的情况下，向该方向办理发车进路，信号不应开放。

四、发车站轨道电路故障，闭塞不能办理

在模拟占用发车站半自动闭塞区段轨道电路的情况下办理闭塞，闭塞不能办理。

五、正常办理闭塞手续

接、发车站正常办理及各种表示灯显示，按设计技术要求进行试验。发车站按压闭塞按钮请求闭塞时发车表示灯亮黄灯，接车站接车表示灯亮黄灯；接车站按压闭塞按钮同意接车后，接车站接车表示灯亮绿灯，发车站发车表示灯亮绿灯。某些计算机联锁以方向箭头代替接、发车表示灯，箭头向站内时表示接车，箭头向站外时表示发车，箭头的颜色含义与表示灯的颜色含义是一致的。在试验过程中，应同时注意电铃或语音音响提示。办理发车进路时，信号正常开放。

六、办理闭塞后调车

办理闭塞后，如未办理发车进路，发车站可利用发车轨道区段进行调车。区间闭塞开通，当调车进入发车站半自动闭塞轨道电路区段时，双方站闭塞机不应闭塞。调车作业完成后，办理发车进路时，信号正常开放。

七、取消办理接发车表示黄灯

发车站按压闭塞按钮请求闭塞时发车表示灯亮黄灯，接车站接车表示灯亮黄灯。发车站办理取消复原，双方站闭塞机复原。

八、取消办理接发车表示绿灯

发车站按压闭塞按钮请求闭塞时发车表示灯亮黄灯，接车站接车表示灯亮黄灯；接车站按压闭塞按钮同意接车后，接车站接车表示灯亮绿灯，发车站发车表示灯亮绿灯。发车站办理取消复原，双方站闭塞机复原。

九、发车站开放列车信号后不能办理取消

发车站按压闭塞按钮请求闭塞时发车表示灯亮黄灯，接车站接车表示灯亮黄灯；接车站按压闭塞按钮同意接车后，接车站接车表示灯亮绿灯，发车站发车表示灯亮绿灯。发车站办理发车进路，信号正常开放后，发车站办理取消复原，双方站闭塞机不能复原。

十、取消发车进路后办理

发车站按压闭塞按钮请求闭塞时发车表示灯亮黄灯，接车站接车表示灯亮绿灯，接车站按压闭塞按钮同意接车后，接车站接车表示灯亮绿灯，发车站发车表示灯亮绿灯。发车站办理发车进路，信号正常开放后，

发车站先取消解锁发车进路，后办理取消复原，双方站闭塞机复原。

十一、列车出发通知

列车出站压入进路内方最末轨道区段（该区段为半自动闭塞轨道区段）时，发车站发车表示灯亮红灯，接车站接车表示灯亮红灯。接车站注意电铃或语音音响提示。

十二、列车到达通知

列车到达接车站接车进路内方第一区段（该区段为半自动闭塞轨道区段）时，接车站接、发车表示灯均亮红灯。注意电铃或语音音响提示。

十三、列车未到达，接车站办理到达复原，双方站闭塞机不能复原

列车出站压入进路内方最末轨道区段（该区段为半自动闭塞轨道区段）时，发车站发车表示灯亮红灯，接车站接车表示灯亮红灯。接车站在列车未到达时办理闭塞复原，双方站闭塞机不能复原。

十四、到达复原

接车进路解锁后，接车站按压复原按钮，接车站接车表示红灯熄灭，发车站发车表示红灯熄灭，闭塞机复原。

十五、闭塞电源断电重新恢复

闭塞电源断电重新恢复后，按压事故按钮可以使闭塞机复原。

十六、轨道电路故障或其他原因而引起闭塞机不能正常复原

轨道电路故障或其他原因而引起闭塞机不能正常复原，按压事故按钮可以使闭塞机复原。

十七、接车站引导接车，接车站办理取消、事故复原

引导接车时，需由接车站采用事故复原方法办理复原。如设计为正常办理可以复原，需按设计要求试验引导接车后的正常复原办理。

第六节　站（场）联电路继电器状态一致性核对

站（场）联电路继电器状态一致性核对试验项目见“信号联锁关系试验检查表（站（场）联电路继电器状态一致性核对）”（郑信联表4-8）。

一、站(场)联线路

填写××线××站至××站上行或下行。

二、送电方

填写站联送电车站名称。

三、本站、邻站继电器状态

作为送电站时,分别列出各种可以出现的继电器状态,每组继电器状态占一行。作为受电站时,列出与送电站继电器状态相对应的状态。以图 4-4 所示电路为例,送电站(甲站)将 0289GGJF 和 2GJ 的所有状态组合一一列出,共有 4 种:2GJ↑GJF↑、2GJ↑GJF↓、2GJ↓GJF↑、2GJ↓GJF↓。受电站(乙站)根据甲站继电器的不同状态组合,核对复示继电器的状态应与甲站状态一致。

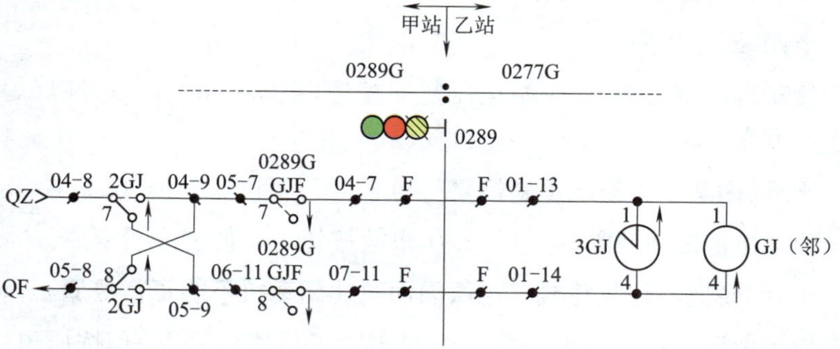

图 4-4　站联电路示意

四、本站、邻站分线盘端子

按实际填写端子号。

五、本站、邻站分线盘电压极性核对

在不同继电器状态下,测试分线盘电压极性与图纸相符。

六、一致性核对

核对双方站继电器状态对应关系正确,并核对与控制台(或联锁维修机)、CTC/TDCS 盘面显示意义一致。送电站使用的接点条件应使用真实条件试验，受电站复示继电器状态与站联继电器状态同步进行核对。

七、注意事项

1. 站联电路一般采用一个无极继电器和一个偏极继电器配合使用，通过改变电压有无和电压极性改变复示继电器状态；在电压极性转换过程中，无极继电器会瞬间落下后再次吸起，需要考虑此问题会不会对其他电路造成影响，一般采用增加缓放型复示继电器处理，试验时注意同步核对缓放型复示继电器状态。

2. 对于特殊(短区间)站(场)联电路，连通试验时通过模拟走车来确认站(场)联条件电路的正确性；并同步试验邻站驱采关系的正确性及与本站驱采关系的一致性。

第五章　区间逻辑检查设备联锁关系检查试验

第一节　自动闭塞区间继电式逻辑检查设备

自动闭塞区间继电式逻辑检查是采用继电逻辑按列车在区间正方向运行时，根据闭塞分区列车占用、出清的顺序关系，对区间闭塞分区的状态进行逻辑判定。闭塞分区工作状态包括空闲、正常占用、故障占用、占用丢失四种状态。

空闲状态：表示列车未占用该闭塞分区、且闭塞分区轨道电路所反映的线路状态为空闲。

正常占用状态：表示列车占用该闭塞分区、且闭塞分区轨道电路所反映的线路状态为占用。

故障占用状态：表示列车未占用该闭塞分区、但闭塞分区轨道电路所反映的线路状态为占用。

占用丢失状态：表示列车占用该闭塞分区、但闭塞分区轨道电路所反映的线路状态为空闲。

自动闭塞区间继电式逻辑检查电路对应每个闭塞分区设置 4 个继电器，分别是 QGJF(区间轨道复示继电器)、JLJ(记录继电器)、RJJ(人工解锁继电器)、BJ(报警继电器)。自动闭塞区间继电式逻辑检查试验项目见“信号联锁关系试验检查表(自动闭塞区间继电式逻辑检查)”(郑信联表 5-1)。

一、设备名称

按设计图纸填写站管内逻辑检查闭塞分区名称。

二、顺序占用并出清

(一)试验说明

验证列车按照正常顺序占用、出清逻辑检查区段时，相应逻辑检查区段的空闲、占用状态正确。

（二）试验方法

按照正方向列车运行方向，顺序占用、出清某一逻辑检查区段的“上一”区段和本区段，当列车占用本区段时，本区段 JLJ 与 QGJF 均落下，防护本区段的信号机显示红灯，出清本区段并占用“下一”区段时，本区段 JLJ 与 QGJF 均吸起，该区段状态为空闲状态，无逻辑检查报警输出。

三、逻辑占用“上一”区段

（一）试验说明

验证列车正方向占用逻辑检查区段“上一”区段时，本区段 JLJ 不会提前落下而导致出现错误逻辑占用。

（二）试验方法

人为占用某一逻辑检查区段的“上一”区段，在“上一”区段的 GJ 落下的情况下，核对本区段的 JLJ 的状态与 QGJF 均应保持吸起，该区段轨道电路显示为空闲状态，无逻辑检查报警输出。

四、单独占用本区段

（一）试验说明

验证逻辑检查区段单独占用时，不会触发逻辑检查防护及报警。

（二）试验方法

在某一逻辑检查区段“上一”区段和“下一”区段均未占用的情况下，人为占用本区段，核对本区段的 QGJF 应落下，JLJ 不应落下，该区段轨道电路显示为占用状态，无逻辑检查报警信息输出。出清本区段后，QGJF 吸起，轨道电路能恢复为空闲状态。

五、占用丢失检查

（一）试验说明

列车运行过程中发生“丢车”现场时，逻辑检查电路触发逻辑防护并报警，使防护信号机显示红灯。

（二）试验方法

按照正方向列车运行方向，顺序占用、出清某一逻辑检查区段的“上一”区段和本区段，不占用“下一”区段，本区段出清后 QGJF 正常吸起，JLJ 保持落下，BJ 开始计时，60 s 后该区段给出逻辑检查报警信息，人工解锁盘该区段 BJD 亮红灯，防护该区段的信号机显示红灯。

六、占用丢失自动恢复

（一）试验说明

验证发生逻辑占用的区段在“下一”区段被列车占用时本区段能够自动转为空闲状态。

（二）试验方法

在某一逻辑检查区段处于逻辑占用的状态下，人为占用此逻辑检查区段的“下一”区段，本逻辑检查区段占用丢失报警能解除，自动恢复为空闲状态。

七、离去结合

（一）试验说明

因 1LQ（一离去）区段的“上一”区段为站内发车进路的最末区段，为了能体现 1LQ 区段的“上一”区段占用、出清状态，对应每个发车口设置一台 CZJ（出站继电器），CZJ 平时吸起，在发车进路锁闭并占用发车进路最末区段时 CZJ 落下，用 CZJ 落下记录 1LQ 区段的“上一”区段的占用状态。发车进路末区段发生占用丢失（站内末区段出清后 1LQ 尚未分路）或列车出清发车进路最末区段而 1LQ 发生占用丢失时，通过 1LQ 发出占用丢失报警信息，并防护出站信号机不能向本线发车。

（二）试验方法

1. 排列发车进路，信号开放后占用发车进路内最末轨道区段，CZJ 应落下，此时占用 1LQ 区段，1LQ 应处于正常占用状态，QGJF 落下，JLJ 落下。

2. 在发车进路未锁闭的状态下，占用最末区段，CZJ 不应落下，此时占用 1LQ 区段，1LQ 应处于故障占用状态，QGJF 落下，JLJ 吸起。

3. CZJ 落下状态，在 1LQ 没有占用的情况下，出清发车进路最末区段，1LQ 应判断为失去分路状态，同时发车进路最末区段虽已出清，但仍显示红光带。

八、接近结合

（一）试验说明

因 3JG（三接近轨）区段的“下一”区段为接车进路进站信号机内方第

一个轨道区段，为了能体现3JG区段的“下一”区段占用、出清状态，对应每个接车口设置一台JZJ（进站继电器），JZJ平时落下，列车正常进站后JZJ吸起，用JZJ吸起记录3JG的“下一”区段占用状态。

（二）试验方法

1. 列车正常进站后（开放正向接车信号或引导信号且列车压入进站内方第一区段），JZJ吸起，出清3JG区段，3JG能够恢复为空闲状态。

2. 列车正常进站后，在3JG没有出清的情况下，进站内方第一区段先恢复为空闲时，JZJ应保持自闭吸起。3JG出清后，3JG区段能自动恢复为空闲状态。

3. 开放进站信号（含引导）但进站内方第一区段没有占用时，JZJ不应吸起，此时处于正常占用的3JG区段出清后应判断为占用丢失状态，防护3JG的区间信号机显示红灯。

4. 在进站信号机未开放接车信号时（含引导），占用进站内方第一区段，JZJ不应吸起，此时处于正常占用的3JG区段出清后应判断为占用丢失状态，防护3JG的区间信号机显示红灯。

九、GJ状态核对

某一逻辑检查区段未触发逻辑检查防护时，即区段处于空闲、正常占用、故障占用状态时GJ与QGJ状态一致，同吸同落；触发逻辑检查防护时即逻辑占用状态时，QGJ吸起GJ落下，防护该区段的信号机显示红灯。

十、JQJ状态核对

站间区间所有闭塞分区均空闲且两端站均没有向该区间办理发车进路时，JQJ吸起；任一闭塞分区正常占用、故障占用、逻辑占用时，JQJ均应落下，监督区间表示灯显示红灯，需逐区段试验。

十一、人工解锁

某一逻辑检查区段发生逻辑占用时，按压人解盘该区段人工解锁按钮，能解锁逻辑占用状态，轨道电路恢复空闲，逻辑检查报警恢复。

十二、关闭逻辑检查

对应车站每一区间线路设一个关闭按钮GBA（非自复式），按下GBA后该区间线路上所有区段逻辑检查功能被关闭。该区间线路上的各区段随轨道电路的接收设备的状态反映空闲、占用情况，即使发生占用丢失也不能触发逻辑防护和给出报警信息。

十三、反向运行

区间改为反方向时，该区间线路逻辑检查功能自动关闭。

十四、站联条件核对

两站管内分界区段、中继站、两站间距离较短时需要邻站的轨道占用条件作为“上一”或“下一”区段的条件、发车锁闭条件、信号开放条件等，须对站联条件进行核对。

十五、人工解锁按钮灯(U)

人工解锁盘对应每个闭塞分区设置一个 RJD(人工解锁按钮灯)，平时处于灭灯状态，人工解锁某一逻辑检查区段时人工解锁盘该区段的 RJD 亮黄灯，关闭按钮按下或区间开通反向时该线路所有区段 RJD 亮黄灯。

十六、轨道区段灯(L)

某一逻辑检查区段轨道电路的接收设备反映区段空闲时，人工解锁盘 QGJD 亮绿灯，轨道电路的接收设备反映占用时 QGJD 灭灯。

十七、逻辑检查报警灯(H)

某一逻辑检查区段发生占用丢失 60 s 后，人工解锁盘 BJD 亮红灯，占用丢失恢复后 BJD 灭灯。

十八、关闭按钮灯(H)

按下 GBA 后，关闭逻辑检查按钮亮红灯。

十九、逻辑检查报警电铃

某一逻辑检查区段发生占用丢失 60 s 后，人工解锁盘电铃鸣响。按下切铃按钮后或占用丢失恢复后电铃停止鸣响。

第二节　区间综合监控系统

自动闭塞区间综合监控系统(QJK)逻辑检查是采用软件逻辑按列车在区间正方向运行时，根据闭塞分区列车占用、出清的顺序关系，对区间闭塞分区的状态进行逻辑判定。闭塞分区工作状态与继电式逻辑检查相同,包括空闲、正常占用、故障占用、占用丢失四种状态。

区间综合监控系统逻辑检查对应每个闭塞分区设置一个 FHJ(防护继电器),根据软件逻辑判定结果由系统驱动,区间综合监控系统逻辑检查分逻辑检查功能试验和人解盘试验两部分,区间综合监控系统逻辑检查功能试验项目见“信号联锁关系试验检查表(区间综合监控系统逻辑检查设备)”(郑信联表 5-2),人解盘试验项目见“信号联锁关系试验检查表[区间综合监控系统逻辑检查设备(人解盘)]”(郑信联表 5-3)。

一、逻辑检查区间

填写需要试验区间名称。

二、闭塞分区名称

按设计图纸与实际设备填写名称,有分割点区段仅填写一个。例如 1533AG、1533BG、填写 1533G。

三、上电初始化

(一)试验说明

区间综合监控系统上电启动后,如果闭塞分区处于空闲状态(采集到 QGJ 吸起),则判定为空闲状态;如果闭塞分区处于占用状态(采集到 QGJ 落下),根据该闭塞分区列车正方向运行“下一”闭塞分区状态进行判定,下一闭塞分区空闲时,本闭塞分区判定为正常占用,否则判定为故障占用。

(二)试验方法

闭塞分区空闲状态下启动综合监控系统,系统启动后,核对该闭塞分区状态为空闲。

闭塞分区占用且列车正方向运行“下一”闭塞分区空闲状态下启动综合监控系统,系统启动后,核对该闭塞分区状态为正常占用。

闭塞分区占用且列车正方向运行“下一”闭塞分区占用状态下启动综合监控系统,系统启动后,核对该闭塞分区状态为故障占用。

四、正常分路

(一)试验说明

验证列车在正常走行过程中,区间自动闭塞设备、逻辑检查设备、

CTC/TDCS 设备工作状态正常。

（二）试验方法

发车站开放出站信号，接车站开放进站信号（含引导），模拟列车从发车站出发，顺序占用逻辑检查区间的闭塞分区至接车站进站内方第一区段。核对闭塞分区状态正常，FHJ 动作正常，人解盘无报警，QGJD 绿灯与所占用区段一致，CTC 设备显示正常，防护信号机显示正常。

五、故障占用

单独占用某一闭塞分区，该闭塞分区应处于故障占用状态，人解盘无报警，出清该闭塞分区，恢复为空闲状态。

六、失去分路

模拟列车运行到某一闭塞分区，使其处于正常占用状态，在列车正方向运行的“下一”闭塞分区没有占用的情况下，出清本闭塞分区，本闭塞分区应判定为占用丢失状态，丢失持续 60 s 后，BJD 红灯点亮，蜂鸣器响，此时该闭塞分区 QGJD 绿灯亮，FHJ 处于防护状态，防护该闭塞分区的信号机显示红灯。

七、解除逻辑检查区段防护状态

当某一闭塞分区处于占用丢失状态时：

1. 人工解锁该闭塞分区（按压 ZRJA 和该区段 RJA），则该闭塞分区转为空闲状态。

2. 在该闭塞分区正方向运行前方 SA 内模拟列车运行，当 SA 内出现正常占用状态的闭塞分区时，本闭塞分区自动判定为空闲状态。

八、反向运行

区间由正向改为反向运行时，该区间的逻辑检查功能自动关闭，关闭按钮表示灯亮红灯，该区间口所有人解灯亮黄灯，模拟列车占用丢失，不会触发逻辑检查防护和报警。

九、区间关闭

按压对应区间逻辑检查功能关闭按钮 GBA，关闭按钮表示灯红灯亮，该区间口所有闭塞分区人解灯黄灯亮。模拟列车占用丢失，不会触发逻辑检查防护和报警。

十、远程人工解锁盘 SQA(授权按钮)**试验**

设有远程人工解锁盘时,在本地解锁盘和对应远程解锁盘各设置一个带有红色表示灯的 SQA,远程控制状态下本地解锁盘 SQD 闪烁,远程解锁盘 SQD 常亮,按下对应远程解锁盘的 SQA,可切换至本地解锁盘按钮有效;本地解锁盘 SQD 常亮,远程解锁盘 SQD 闪烁,再次按下对应远程解锁盘的 SQA,可恢复至远程解锁盘按钮有效。

十一、区间逻辑检查功能关闭按钮 GBA

(一)试验说明

GBA 上的红灯点亮表示区间逻辑检查功能关闭,红灯熄灭表示区间逻辑检查功能启用。GBA 为自复式按钮,每按压一次,逻辑检查功能开启、关闭状态切换一次。两次切换之间必须间隔 13 s 以上,否则操作无效。

(二)试验方法

人解盘上操作各个区间口的 GBA 关闭逻辑检查功能,观察对应 GBA 红灯应点亮,该区间口内的所有闭塞分区 RJA 黄灯应点亮,同时检查维护终端是否显示为功能停用状态,此时模拟列车运行,不应出现行车许可,出现占用丢失时设备不应触发防护和报警。

十二、逻辑检查区段空闲、占用状态显示

闭塞分区空闲时,人解盘上对应该区段 QGJD 灯绿灯亮;闭塞分区占用时,人解盘上对应区段绿灯熄灭,有分割点区段,占用任一区段时,人解盘 QGJD 仍然灭灯。

十三、正常工作状态报警显示(BJD 灭灯)

未触发逻辑防护时,BJD 常态处于灭灯状态。

十四、区间反方向时人解按钮表示灯黄灯

区间处于反方向时,该区间内所有闭塞分区的 RJD 黄灯点亮。

十五、逻辑检查区段失去分路(QGJD 绿灯)

模拟列车从“上一”区段运行到某一闭塞分区后出清,使其处于占用丢失状态,此时 QGJD 绿灯点亮,防护该闭塞分区的信号机显示红灯,逐一试验。

十六、占用丢失持续 60 s，报警表示灯(BJD 红灯)

模拟列车从“上一”区段运行到某一闭塞分区后出清，使其处于占用丢失状态，等待 60 s 后 BJD 红灯点亮。每个闭塞分区逐一试验。

十七、占用丢失持续 60 s，报警电铃(鸣响)**，按下 QLA 后，电铃停止鸣响**

模拟列车从“上一”区段运行到某一闭塞分区后出清，使其处于占用丢失状态，等待 60 s 后报警电铃响；按下 QLA 后，电铃停止鸣响。可与 BJD 红灯同步试验。

十八、恢复空闲状态显示(QGJD 绿灯)

顺序占用闭塞分区，同时出清，列车处于占用丢失状态并报警，按压 ZRJA 和 RJA 后，闭塞分区恢复空闲状态，QGJD 绿灯，逐一试验。

十九、人解后报警显示(BJD 灭灯)

顺序占用闭塞分区，同时出清，列车处于占用丢失状态并报警，BJD 红灯，按压 ZRJA 和 RJA 后，闭塞分区恢复空闲状态，BJD 灭灯，逐一试验。

二十、报警电铃(停止鸣响)

模拟列车从“上一”区段运行到某一闭塞分区后出清，使其处于占用丢失状态，1 min 后报警电铃鸣响，按压 ZRJA(总人工解锁按钮)和占用丢失闭塞分区的 RJA(人解按钮)后，闭塞分区恢复空闲状态，报警电铃停止鸣响，逐一试验。

二十一、按压对应“区间逻辑检查功能关闭按钮 GBA”后，关闭按钮表示灯红灯

逐一按压各口对应区间逻辑检查功能关闭按钮 GBA，关闭按钮表示灯红灯应点亮。

二十二、按压对应“区间逻辑检查功能关闭按钮 GBA”后，人解按钮表示灯黄灯

逐一按压各口对应区间逻辑检查功能关闭按钮 GBA，人解盘人解按钮表示灯黄灯均亮黄灯。

二十三、人工解锁盘操作注意事项

1. 在进行按钮按下操作时，须至少保持按下状态 1 s。

2. 对发生报警的闭塞分区进行解锁时，需要同时按下 ZRJA 和 RJA。

3. 同一按钮两次按下操作至少间隔 13 s，否则操作无效。

4. 每按下一次 ZRJA，可进行一个闭塞区段的解锁操作，在进行第 2 个闭塞区段的解锁操作前，需要松开 ZRJA，然后再次按下。

5. 如果人解盘所有表示灯闪烁，同时报警蜂鸣器间歇鸣响，表明人解盘与区间综合监控机柜通信中断，此时按下 QLA（切铃按钮）可关闭报警蜂鸣器鸣响。

6. 区间综合监控逻辑检查功能的开启与关闭，两站间必须同步开启、关闭，当一个站管辖的区间逻辑检查功能关闭，而另一个站管辖的区间逻辑检查功能开启时，则两站间交界处会发生错误触发逻辑检查防护。

第六章　驼峰设备联锁关系检查试验

第一节　驼峰分路道岔

驼峰分路道岔一般由 ZK4 型电空转辙机或 ZD7 型直流电动转辙机来带动，主要用于满足驼峰溜放进路时的快速转换和遇阻快速回转需要。驼峰分路道岔联锁试验项目见“信号联锁关系试验检查表（ZK4 型电空分路道岔）”（郑信联表 6-1）、“信号联锁关系试验检查表（ZD7 型电动分路道岔）”（郑信联表 6-2）。

一、道岔号码

填写需要试验的道岔号码，每个道岔占一行。

二、核对位置

（一）试验目的

核对道岔定、反位表示与实际开通位置及设计图纸相一致。

（二）试验方法

控制台扳动道岔，现场核对开通位置，核对控制台道岔位置显示、开通方向与室外道岔实际开通方向一致。定、反位分别进行试验。

三、断表示接点

（一）试验目的

该试验用于防止施工配线错误而导致出现道岔错误表示。

（二）试验方法

道岔转辙机内依次断开表示接点，控制台核对该道岔无表示。定、反位分别进行试验。

四、断启动接点（ZD7 型）

试验方法：室外断开定、反位启动接点后，室内扳动道岔室外观察道岔不动。

五、断安全接点(遮断器)

试验方法:室外断开安全接点(遮断器),控制台操纵道岔,室外道岔不能转换。定、反位分别进行试验。

六、断启动保险

试验方法:组合架断开道岔启动保险,室内操纵道岔不能转换。定、反位分别进行试验。

七、断表示保险

试验方法:组合架断开道岔表示保险,控制台道岔失去表示。定、反位分别进行试验。

八、低风压锁闭试验(ZK4 型)

(一)试验目的

在风压正常时,电空机通过风压的推力锁闭道岔;在风管路漏风或其他原因使风压下降时,风压推力不足,为保证安全,道岔能通过锁闭杆进行机械锁闭。

(二)试验方法

调整气动三联件的调压阀,观察风压表值小于或等于 0.25 MPa 时,锁闭杆伸出,锁闭动作杆;再调整风压大于或等于 0.32 MPa 时,锁闭杆缩回,解锁动作杆。定、反位分别进行试验。

九、7 mm 试验

(一)试验依据

根据《普速铁路信号维护规则》8.1.15 的相关规定,“编组站使用的快速转辙机……,在道岔牵引点处有 7 mm 及其以上间隙时,不得接通道岔表示”。

(二)试验方法

在第一牵引点处采用 7 mm 试验钢板进行试验,道岔不能接通表示,ZD7 型电动道岔无法锁闭。定、反位分别进行试验。

十、2DQJ(ZK4 型为 DCJ)**、DBJ、FBJ 及道岔位置一致性核对**

试验方法:室内扳动道岔,室内外核对 2DQJ(DCJ)、DBJ、FBJ 及控制台(或计算机显示的)道岔表示与室外道岔实际位置一致。定、反位分别进行试验。

十一、单独锁、区段锁、进路锁、溜放锁

(一)试验目的

在4种锁闭状态下,道岔均不能操作转换。

(二)试验方法

对道岔分别进行单独锁闭、道岔区段模拟占用进路锁闭,单独操纵道岔均应不能转换。单独锁,即对道岔进行单独锁闭,单独操纵该道岔应不能转换。区段锁,即对该道岔区段模拟占用,单独操纵该道岔应不能转换。进路锁,即对道岔进行进路锁闭,单独操纵该道岔应不能转换。图6-1中,204号道岔在三种锁闭状态下,道岔均不能操纵转换。溜放锁,溜放状态下,对溜放进路上的非分路道岔进行溜放锁闭,单独操纵该道岔均应不能转换。

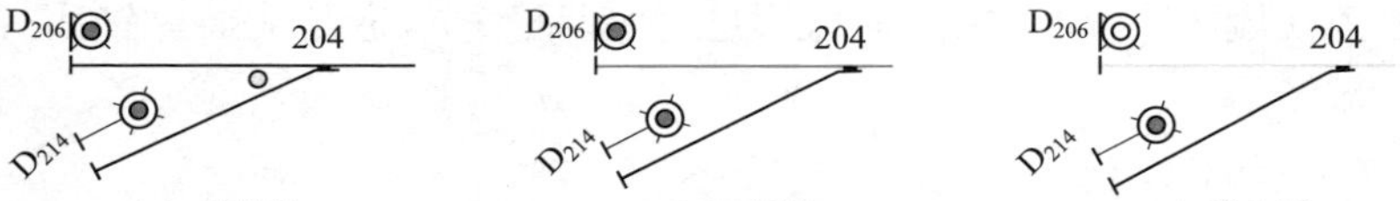

(a) 单独锁　(b) 区段锁　(c) 进路锁

图6-1　道岔的三种锁闭状态

十二、道岔转换时间

(一)试验目的

道岔转换时间是驼峰快速转辙机的基本特性要求,也是保证动态溜放过程中快速转换到位和遇阻快速回转的安全要求。

(二)试验方法

控制台操纵道岔,机械室内测试道岔转换时间(或查看计算机测试记录),电空道岔转换时间不大于0.6 s,电动道岔转换时间不大于0.8 s。定、反位分别进行试验。

十三、溜放模式下人工抢扳道岔

(一)试验说明

该功能是在溜放过程中,遇紧急情况时,值班员可以人工干预抢扳道

岔，使溜放车辆改变路线，保证安全。

(二)试验方法

编制好作业计划溜放至某股道，并在溜放模式下，模拟轨道电路依次占用，当命令传递到该分路道岔、且该道岔区段空闲时，可以抢扳道岔使之转换到另一方向，在控制台上给出相应的手动操纵表示信息。

十四、挤岔报警

断开道岔表示，控制台应发出报警提示；在溜放状态下，核对应切断驼峰主体信号。图 6-2 中，304 号道岔挤岔时，道岔无表示，T_1 信号关闭，同时控制台挤岔报警。

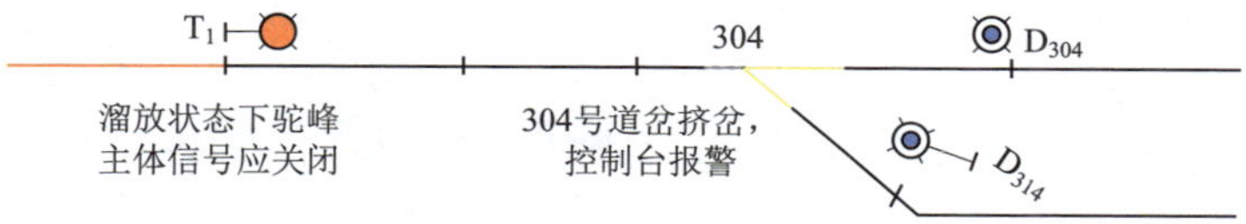

图 6-2　溜放状态挤岔切断驼峰主体信号

十五、应急盘扳动位置核对

在手动应急台扳动道岔，核对道岔扳动正常，定、反位表示位置一致。

十六、道岔自动恢复

(一)试验目的

当分路道岔因故不能转换到底，在钩车进入该分路道岔保护区段或道岔区段之前，自动控制时经一定的延时后，道岔应能向原位转换。

(二)试验方法

自动溜放作业过程中，使道岔不能转换到底，命令传递到该道岔超过规定时间，程序控制道岔自动往回转，并锁闭该道岔。

十七、道岔操纵继电器 DCJ(或 2DQJ)自动恢复(自动集中分路道岔 ZK4 和 ZD7)

(一)试验目的

当分路道岔收到转换命令，DCJ(2DQJ)已转极，但是道岔因故未动作，在钩车进入该分路道岔保护区段时，其 DCJ(2DQJ)能再次转极回到原来的状态，使室外道岔实际位置室内DCJ(2DQJ)位置保持一致，防止道岔在钩车压入尖轨时突然转换造成钩车走四股。

(二)试验方法

道岔定位时DCJ(2DQJ)吸起，断开道岔反位表示保险，单独扳动该道岔，DCJ(2DQJ)落下，占用DGJ1区段，DCJ(2DQJ)重新吸起。

道岔反位时DCJ(2DQJ)落下，断开道岔定位表示保险，单独扳动该道岔，DCJ(2DQJ)吸起，占用DGJ1区段，DCJ(2DQJ)重新落下。

十八、道岔恢复人工确认

自动溜放时分路道岔发生道岔恢复时，程序发出道岔恢复报警，并关闭驼峰主体信号，人工进行确认。

第二节　驼峰轨道电路

根据驼峰溜放作业时动态进路的特点，其轨道电路一般采用JWXC-2.3型高灵敏度轨道电路，驼峰轨道电路联锁试验项目见“信号联锁关系试验检查表(驼峰轨道电路)”(郑信联表6-3)。

一、轨道区段名称

填写试验区段的轨道电路名称，每个区段占1行。

二、区段短路核对

(一)试验目的

该试验主要为核对轨道电路图实正确性。

(二)试验方法

室外分路该轨道区段，核对相应的轨道继电器应落下，控制台对应的区段应显示红光带。室外撤销分路线，核对相应的轨道继电器应吸起，控制台对应的区段的红光带应消失。

三、区段送端开路核对

(一)试验目的

对轨道绝缘两侧均为送电端的轨道区段应重点核对，防止施工配线错误。

（二）试验方法

室外分别甩开轨道电路送端端子的电缆线头，核对区段占用显示与断开电缆应为同一区段。

四、极性交叉检查

（一）试验目的

极性交叉是对轨道电路绝缘破损采取的防护措施，在绝缘双破时，两个轨道电路能可靠地反映故障导向安全。

（二）试验方法

对于 JWXC-2.3 型交流闭路式驼峰轨道电路，使用万用表的直流电压挡测试相邻轨道电路绝缘两端，电压极性相反。如图 6-3 所示，“轨道电路 1”的 U_{ac} 电压与“轨道电路 2”的 U_{bd} 电压极性相反。当绝缘双破时，两个轨道电路同时反映红光带故障。

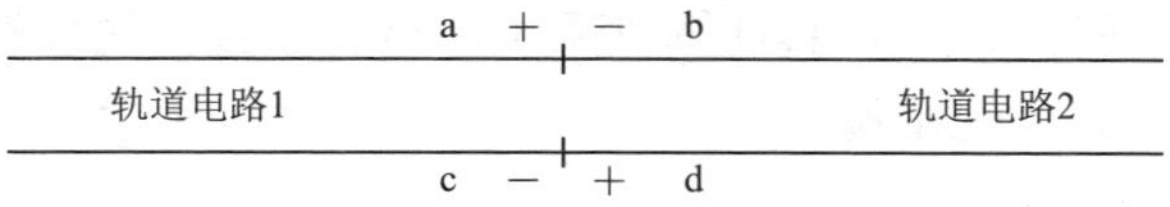

图 6-3　极性交叉说明

五、绝缘节侵限检查

试验方法：警冲标应设于道岔两分叉线路中心距离为 4 m 的中间点处。测量设置在警冲标内方的绝缘节与警冲标距离一般不小于 3.5 m，如小于 3.5 m 时应检查确认电路中是否作为侵限处理。本表只检查测量室外绝缘节与警冲标距离是否符合标准，若不符合标准时应检查确认电路中是否作为侵限处理，不同于进路表中“超限绝缘条件”是否纳入联锁关系检查。

注意：对于警冲标轨道区段，均按照侵限进行处理。

六、轨道继电器串、并联核对

（一）试验说明

分路道岔保护区段 DGJ1 继电器线圈配线采用并联方式连接，其他轨道区段 DGJ 继电器线圈配线采用串联方式连接，如图 6-4 所示，DGJ1

继电器线圈为并联方式配线，DGJ 继电器线圈为串联方式配线。

图 6-4　驼峰轨道继电器配线方式

(二)试验方法

核对配线连接正确，并按标准调整轨道继电器电流即并联时电流为 380～580 mA，串联时电流为 230～330 mA。

七、双区段轨道电路特殊试验

(一)试验目的

驼峰分路道岔均设计有岔前保护区段 DG1，其保护区段 DGJ1 或道岔区段 DGJ 任何一个占用，计算机系统均显示该道岔区段红光带，以保证溜放过程中发生轻车跳动时的安全。

(二)试验方法

如图 6-5 所示，319 号道岔为分路道岔，试验时分别占用 319DG1、319DG 区段，核对控制台作业终端上该道岔区段均显示红光带。

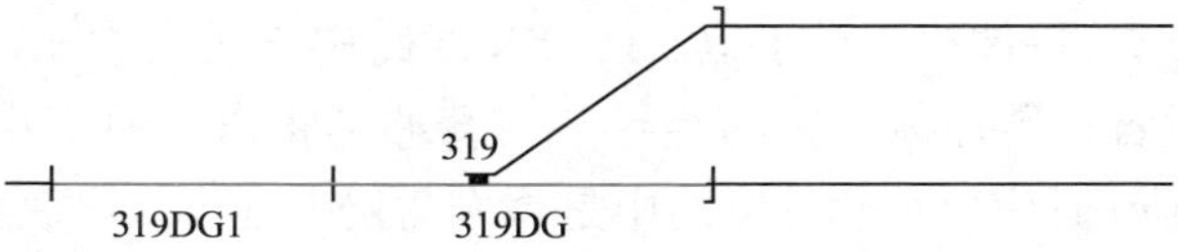

图 6-5　DG1、DG 占用说明

八、应急盘轨道表示灯核对

(一)试验目的

对于计算机联锁设有驼峰应急盘的，核对应急盘面轨道表示灯与室内轨道继电器状态一致性。

(二)试验方法

室外占用轨道区段，室内轨道继电器落下，核对应急盘该区段表示灯亮红灯；出清该区段，室内轨道继电器吸起，应急盘轨道表示灯灭灯。

第三节　驼峰车辆减速器

驼峰车辆减速器是驼峰速度控制最重要的基础设备之一，减速器制动时通过制动轨(或制动夹板)对溜放车辆的轮对产生摩擦阻力，来调整钩车速度。其联锁试验项目见“信号联锁关系试验检查表(驼峰车辆减速器)”(郑信联表 6-4)。

一、车辆减速器名称

填写车辆减速器的名称，每台减速器占 1 行。

二、工作站操纵减速器状态与表示一致性核对

(一)试验目的

核对减速器状态与控制命令、减速器位置表示相一致。

(二)试验方法

操纵减速器制动和缓解，室外核对实际位置、控制台作业终端核对表示，均与操作一致。如图 6-6 所示的十三种显示状态，减速器用长方形表示，空心表示减速器在缓解位置，实心表示减速器在制动位置；对于双台减速器，前后台分别表示。蓝色表示减速器在自动状态，红色表示被占用，绿色表示机车上下峰时减速器自动锁闭在缓解状态或手操减速器单锁，白色表示手动应急台上手操纵制动或缓解按钮，黄色表示通过计算机单操制动或缓解，橘红色表示命令传递下来，灰黑色表示减速器无表示，红色闪动表示减速器或减速器对应的下层控制板故障；其他颜色随区段颜色而变化。

三、减速器断表示试验

减速器在制动、缓解状态下，室外使用隔磁板，置于减速器表示杆磁钢与表示接点盒之间，室内核对相应减速器原位置制动、缓解表示应断开。

四、检修状态检查

在驼峰控制台上，对应每个减速器，设置 1 个检修按钮，按下检修按

钮,减速器处于检修状态,试验时,通过驼峰控制台、操作显示界面不能操纵减速器缓解、制动。

(a) 减速器双台制动

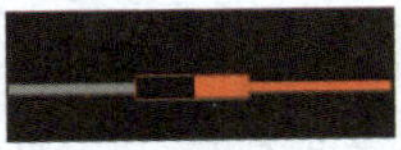

(b) 减速器单台制动

(c) 减速器缓解

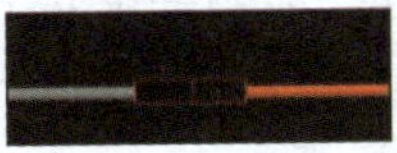

(d) 减速器占用

(e) 减速器处于自动状态

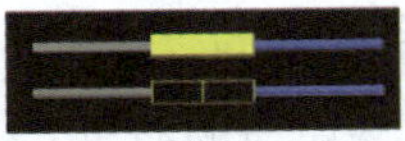

(f) 减速器处于计算机手操制动、缓解状态

(g) 减速器处于手动应急台手动状态

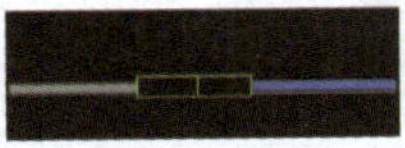

(h) 减速器单锁

(i) 有命令传递到减速器上

(j) 减速器人工定速

(k) 减速器故障或控制板故障(红色闪动)

(l) 减速器无表示

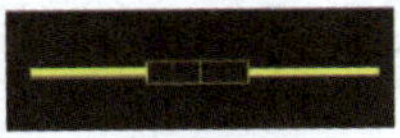

(m) 机车上下峰时减速器进路锁闭

图 6-6　减速器的十三种状态

五、机车上、下峰减速器锁闭在缓解位置检查

(一)试验目的

该设计是为防止调车作业过程中,减速器位置不当,夹机车车辆。

（二）试验方法

将减速器置于制动状态，办理一条通过该减速器的调车进路，观察计算机发减速器缓解命令使之缓解。

（三）注意事项

计算机发出减速器缓解命令后，一般不检查减速器缓解表示，办理进路后可以操作减速器的动作，但不关闭调车信号。除非站场有特殊要求，才进行相应的设计。

六、应急盘操纵及表示核对

（一）试验目的

核对减速器状态与应急盘按下按钮、减速器位置表示相一致。

（二）试验方法

在应急盘分别按压减速器制动和缓解按钮，室外核对实际位置与操作一致。

七、减速器锁闭解锁试验

1. 单锁减速器，操作制动、缓解命令，减速器不动作。

2. 单解减速器，操作制动、缓解命令，减速器按命令动作。

第四节　驼峰峰上调车进路

驼峰峰上调车进路是指办理禁溜线、迂回线、推送线等进路，具有与6502电气集中联锁相同的技术特点。其试验项目见“信号联锁关系试验检查表（驼峰峰上调车）”（郑信联表6-5）。

一、进路号码

联锁表中的进路号码顺序。

二、进路始端和终端

填写“进路始端”“进路终端”的信号机或区段名称。

三、正常开放信号

依次按压始按钮、终端按钮，观察信号机由远至近依次开放。

四、道岔位置不对不能开放信号

(一)试验目的

办理调车进路时,计算机系统会将进路上相关道岔自动扳至所需位置,再锁闭进路、开放信号。如果其中有道岔因故无法转换至所需位置时,调车信号不能开放。

(二)试验方法

分别将进路上任意一组道岔置于与进路相反的位置并单独锁闭(或手柄置于相反位置、或断开启动保险等),再办理进路,调车信号不能开放。

五、道岔无表示关闭信号

试验方法:信号开放后,断开进路上的任意一道岔表示,信号自动关闭;恢复道岔表示,信号不能自动开放。

六、区段占用不能开放信号

试验方法:模拟占用调车进路上的任意一个轨道区段,信号都不能开放。

七、调车信号白灯保留

(一)试验目的

该设计能确保司机无论在推进还是在牵引运行时,均能观察到开放的信号。

(二)试验方法

信号机开放后,模拟车辆顺序占用轨道电路,在车列全部越过该信号机前(接近区段未出清),信号机保持白灯开放状态,如图 6-7 所示,D_{319}信号机,在车列未出清接近区段前,信号机保持白灯开放状态。

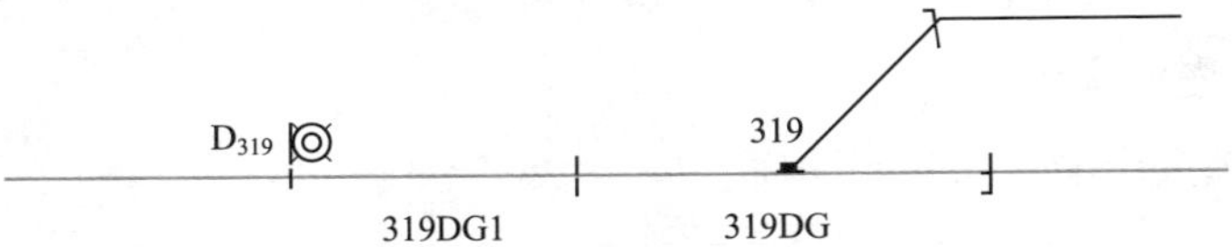

图 6-7　调车信号白灯保留

八、信号开放锁闭道岔

(一)试验目的

调车进路办理后,核对该进路上的道岔应全部处于进路锁闭状态。

（二）试验方法

办理好调车进路，单独操纵进路上的每组道岔，均不能转换。

九、敌对信号

（一）试验目的

相敌对的进路禁止同时办理。

（二）试验方法

办理好调车进路，试验联锁表上所有的敌对进路均不能建立；联锁表上任意一条敌对进路建立后，试验该调车进路均不能建立。对联锁表上的所有敌对进路逐一试验。

十、敌对照查

（一）试验目的

在办理向驼峰场和到达场的场间无岔区段的进路时，检查到达场没有办理向该无岔区段的进路，到达场的照查复示继电器处于吸起状态。如图 6-8 所示为横列式驼峰的敌对照查方式，场间无岔区段为 1G 和 2G；如图 6-9 所示为纵列式驼峰的敌对照查方式，场间无岔区段为 T_1G 和 T_3G。

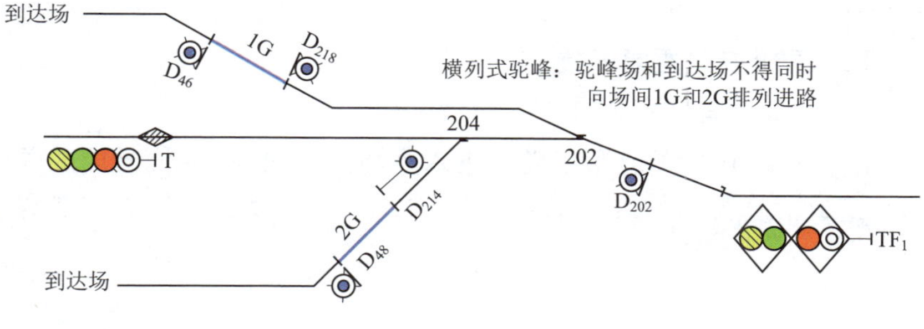

图 6-8　横列式驼峰的敌对照查方式

（二）试验方法

1. 到达场不办理向场间无岔区段的调车进路，驼峰场检查到达场的照查复示继电器吸起，并可以办理向该无岔区段的调车进路。

2. 到达场办理向场间无岔区段的调车进路，驼峰场检查到达场的照查复示继电器落下，驼峰场不能办理向该无岔区段的所有调车进路。

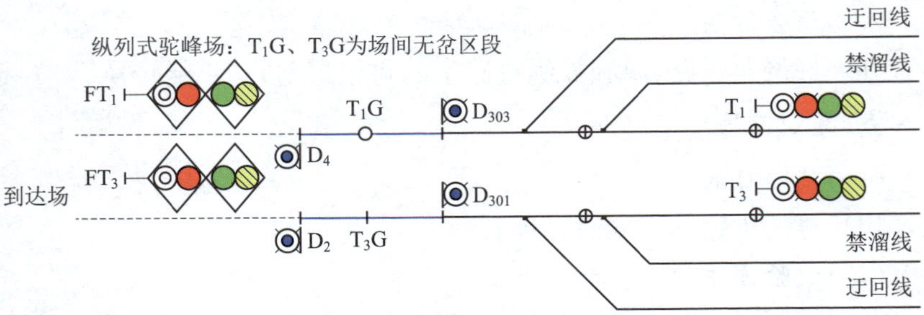

图 6-9　纵列式驼峰的敌对照查方式

注意事项：

对于采用绝缘节或道岔设备隔开的横列式驼峰，“敌对照查”的检查方法依据具体的场间联系设计进行试验。

十一、随时关闭信号

(一)试验目的

在特殊情况下，值班员可以采用多种方式关闭信号，命令停车。

(二)试验方法

开放调车信号，分别采用总取消、总人工解锁、区段故障解锁等方式，可以随时将信号关闭。

十二、防止自动重复开放

(一)试验目的

信号开放，在列车或车列尚未进入其防护的进路时，信号因故关闭后，在造成信号关闭的因素消除之后，须经人工操纵，信号机才能重复开放。

(二)试验方法

如试验某条进路，办理进路信号开放后，先占用进路中某一区段关闭信号后出清，整条进路未解锁，信号未自动开放，再按压进路始端按钮，信号开放。

十三、接近锁闭和人工延时解锁

(一)试验方法

1. 开放调车信号，模拟车列占用接近区段，采用总人工解锁，观察信号关闭后，延时 30 s 进路解锁。如图 6-10 所示，D_{319} 开放后接近区段占用，办理总人工解锁，观察先关闭信号后，进路延时 30 s 解锁。

图 6-10　接近锁闭说明

2. 延时解锁过程中，模拟车列占用进路内方区段，观察人工解锁立即取消，如图 6-11 所示，车列占用了 D_{319} 内方区段 319DG1，则人工解锁过程取消。

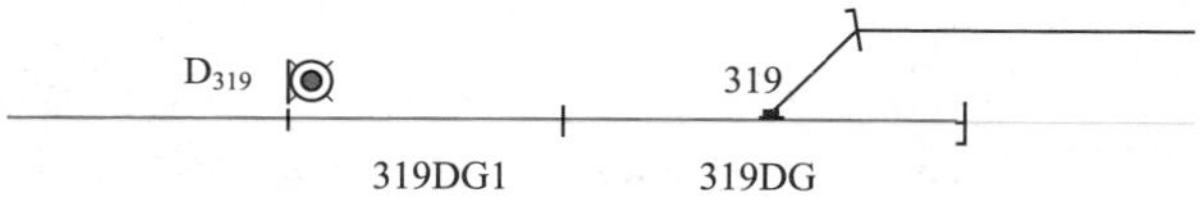

图 6-11　车列进入进路内方自动取消人工解锁

（二）注意事项

如果进路始端外方为死区段，也需采用人工延时解锁方式。

十四、取消进路解锁

试验方法：办理好调车进路，在进路区段未占用且不满足接近锁闭的情况下，通过取消进路解锁的方式办理进路解锁。

十五、区段故障解锁

试验方法：区段在开机、停电恢复或因故障锁闭时，在检查区段未排列在进路中且区段空闲后，可实行区段故障解锁。

十六、进路故障解锁

试验方法：调车进路在使用中由于轨道电路故障而不能正常解锁时，在轨道电路故障已经排除并检查车列已经通过进路后，可实行故障解锁。当调车进路已部分解锁时，只可对进路的其他区段逐个故障解锁；当调车进路全部未解锁时，可对进路实行进路故障解锁或逐个区段故障解锁。进路或区段不延时解锁。

十七、调车中途返回解锁

试验方法:办理好调车进路,模拟接近区段和进路上轨道区段依次占用,再依次中途折返退出进路区段和接近区段,观察进路一次性解锁。

十八、防护道岔检查

试验方法:防护道岔不在规定位置或失去表示,其所防护的进路不能办理。信号开放后,防护道岔失去表示,信号应关闭。进路锁闭后,防护道岔应被锁闭在规定位置。

十九、侵限绝缘检查

(一)试验目的

为防止调车时出现侧面冲突,侵限区段占用时调车信号不能开放,信号开放后,侵限区段占用信号自动关闭。如图 6-12 所示,当办理通过 347 号道岔反位的进路时,349DG(或 DG1)为侵限区段,该侵限区段占用时,进路无法办理。如果进路已办理,信号已开放,分路侵限区段时,信号自动关闭。

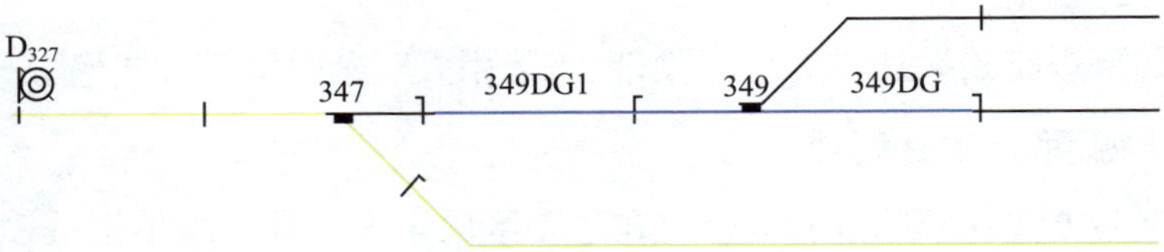

图 6-12　侵限绝缘检查说明

(二)试验方法

1. 该进路上的所有侵限区段中任何一个占用,进路均无法办理。对联锁表上所有侵限区段逐一试验。

2. 办理进路、开放信号机后,该进路上的任何一个侵限区段占用,信号关闭。对联锁表上所有侵限区段逐一试验。

二十、防止迎面解锁

(一)定义

在列车运行前方的道岔区段提前错误解锁,称为列车迎面错误解锁。

（二）试验方法

峰上及迂回线调车进路，试验时模拟车列按正常方式运行，从压入信号机内方第一个区段起，对前方未占用区段进行故障解锁，这些区段应不能解锁。

第五节　驼峰线束调车

驼峰线束调车又称为驼峰峰下调车或机车上下峰调车进路，虽然与6502电气集中联锁有相似的技术特点，但根据驼峰的作业需要，具有特殊的技术要求，例如，与溜放进路联锁、不检查区段占用、线路表示器带动开放等。其试验项目见“信号联锁关系试验检查表（线束调车进路）”（郑信联表6-6）。

一、进路名称

联锁表中的进路名称。

二、正常开放信号

试验方法：依次按压调车始端和终端，线束调车信号机开放。如果是办理的是自某股道的上峰进路，则该股道的线路表示器点亮白灯。

三、道岔位置不对不能开放信号

（一）试验目的

办理调车进路时，计算机系统会将进路上相关道岔自动扳至所需位置，再锁闭进路、开放信号。如果其中有道岔因故无法转换至所需位置时，调车信号不能开放。

（二）试验方法

分别将进路上各组道岔置于与进路相反的位置并单独锁闭（或手柄置于相反位置、或断开启动保险等），再办理进路，调车信号不能开放。

四、道岔无表示关闭信号

试验方法：信号开放后，断开进路上的任一道岔表示时，信号自动关闭，恢复道岔表示后，信号不能自动开放。如果是上峰线束调车信号，则相应的线路表示器也应立即关闭。

五、进路区段红光带不检查试验

试验方法:模拟区段红光带后,办理经过该红光带区段的线束调车进路,进路能够正常办理、信号能够正常开放。

六、侵限绝缘检查

(一)试验目的

为防止调车时出现侧面冲突,侵限区段占用时调车信号不能开放,信号开放后,侵限区段占用信号自动关闭。如图 6-13 所示,当办理通过 347 号道岔反位的进路时,349DG(或 DG1)为侵限区段,该侵限区段占用时,进路无法办理。如果进路已办理,信号已开放,占用侵限区段时,信号自动关闭。

(二)试验方法

1. 该进路上的所有侵限区段中任何一个占用,进路均无法办理。对联锁表上所有侵限区段逐一试验。

2. 办理进路、开放信号机后,该进路上的任何一个侵限区段占用,信号关闭。对联锁表上所有侵限区段逐一试验。

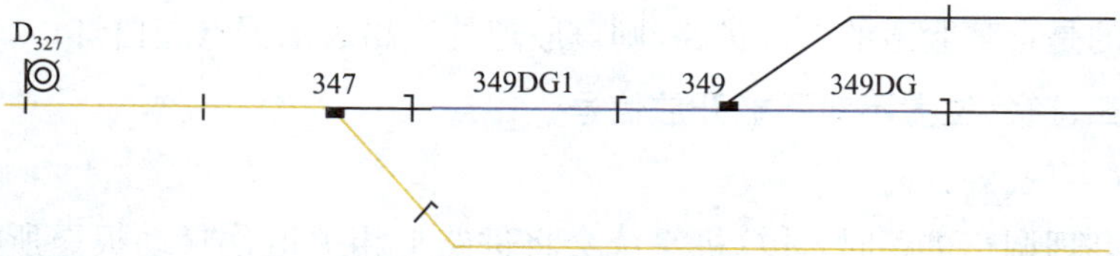

图 6-13　侵限绝缘检查说明

七、敌对信号

(一)试验目的

相敌对的进路禁止同时办理。

(二)试验方法

办理好调车进路,试验联锁表上所有的敌对进路均不能建立;联锁表上任意 1 条敌对进路建立后,试验该调车进路均不能建立。对联锁表上的所有敌对进路逐一试验。

八、信号开放后锁闭道岔

(一)试验目的

调车进路办理后,该进路上的道岔应全部处于进路锁闭状态。

(二)试验方法

办理好调车进路,单独操纵进路上的每组道岔,均不能转换。

九、随时关闭信号

(一)试验目的

在特殊情况下,值班员可以采用多种方式关闭信号,命令停车。

(二)试验方法

开放调车信号,分别采用总取消、总人工解锁、区段故障解锁等方式,可以随时将信号关闭。

十、进路正常解锁

试验方法:开放调车信号,模拟正常行车时顺序占用、出清进路上区段,观察进路一次性解锁。

十一、取消进路解锁

(一)试验方法

办理线束调车进路并锁闭,信号未开放或信号已开放但未构成接近锁闭时,采取按压总取消按钮和进路始端按钮的方式(计算机联锁为在始端使用总取消命令)办理取消进路手续,进路应能立即解锁。

(二)注意事项

线束调车进路外方存在无轨道电路区段时解锁方式以联锁厂家提供的使用说明书为准。

十二、进路故障解锁

试验方法:调车进路在使用中由于轨道电路故障而不能正常解锁时,在轨道电路故障已经排除并检查车列已经通过进路后,可实行故障解锁。当调车进路已部分解锁时,只可对进路的其他区段逐个故障解锁;当调车进路全部未解锁时,可对进路实行进路故障解锁或逐个区段故障解锁。进路或区段不延时解锁。

十三、接近锁闭延时解锁

试验方法：线束调车信号开放后，接近区段红光带，使用总取消命令只能关闭信号进路不解锁，使用总人工解锁命令进路延时解锁。

十四、上峰调车信号未开放时，线路表示器不能开放

（一）试验说明

线路调车表示器的开放，是根据股道外方第一架上峰调车信号机开放条件和相关道岔位置条件，在该上峰信号机未开放时，线路表示器不能开放；线路表示器开放后，如果该上峰信号机因故关闭，则线路表示器立即关闭。

（二）试验方法

如图 6-14 所示，D_{220}为股道外方第一架上峰信号机。其开放后，根据后级道岔的位置，而点亮股道表示器 B_{21}～B_{25}中的之一。图例中由于 210 号道岔和 214 号道岔的位置开通 21 道，所以 B_{21}股道表示器点亮白灯。试验在 D_{220}未开放时，B_{21}～B_{25}均不能开放。D_{220}因故关闭时，点亮的股道表示器立即灭灯。对各股道依次进行试验。

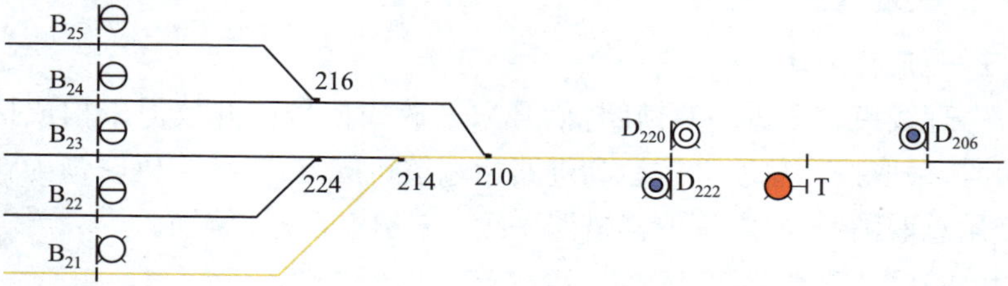

图 6-14 线路表示器开放说明

第六节 驼峰主体信号

驼峰主体信号机设置在驼峰峰顶，每个峰设置 1 架（不包括复示信号机），同时具备调车进路和溜放进路功能，并与到达场推送进路发生联锁。其试验项目见“信号联锁关系试验检查表（驼峰主体信号）”（郑信联表 6-7）。

一、信号机名称

填写方法：填写驼峰主体信号机、驼峰主体复示信号机、驼峰辅助信号机、驼峰辅助复示信号机名称，每架信号机填写1行。

二、信号开放后有关道岔锁闭

试验方法：开放驼峰信号后，推送进路上或调车进路上道岔锁闭，不能单独操纵。试验时，开放驼峰信号后，单操相关道岔应不能转换。

三、信号开放后带动同方向调车信号

（一）试验目的

为便于司机瞭望，当主体信号开放时，驼峰部分调车信号随之被带动开放。

（二）试验方法

1. 开放驼峰信号后（溜放信号），核对推送进路上的同方向调车信号被带动开放。如图6-15中D_{303}信号机，办理溜放作业时被带动开放。

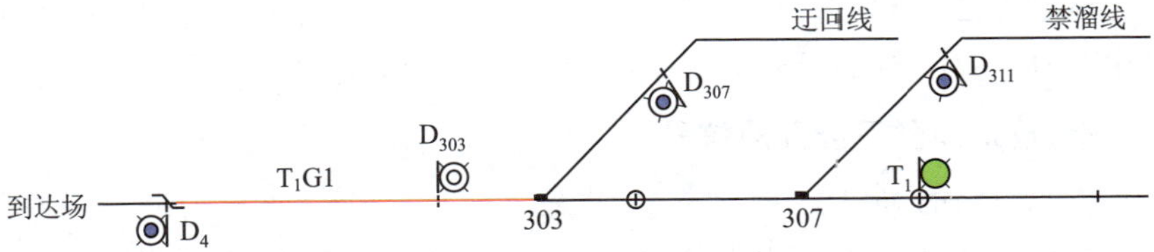

图6-15 溜放作业时D_{303}信号机被带动开放

2. 办理自迂回线或禁溜线的后退作业，开放红闪信号机时，核对迂回线或禁溜线上同方向调车信号机被带动开放。如图6-16所示，自迂回线后退时D_{307}被带动开放；图6-17中，自禁溜线后退时D_{311}被带动开放。

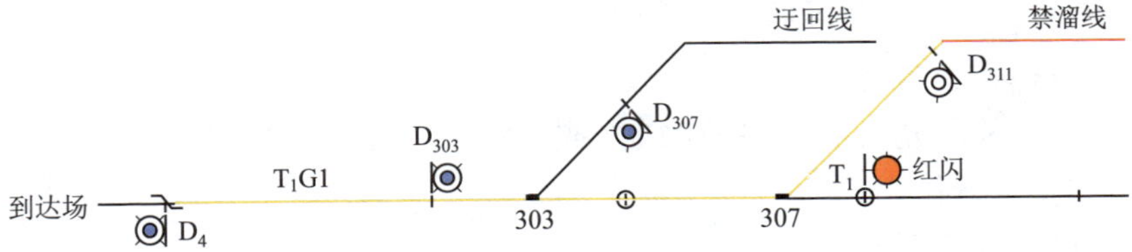

图6-16 自迂回线后退时D_{307}信号机被带动开放

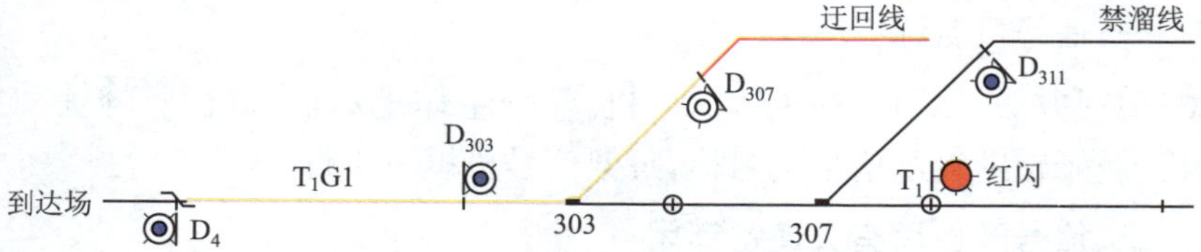

图 6-17　自禁溜线后退时 D_{311} 信号机被带动开放

四、道岔位置不对不能开放信号

试验方法：主体信号调车进路或溜放进路上相关道岔位置不对时，主体信号不能开放。

五、道岔无表示关闭信号

试验方法：主体信号调车进路或溜放进路上相关道岔失去表示时，开放的主体信号应立即关闭。

六、信号开放后进路顺序占用不关闭信号

试验方法：推峰进路建立驼峰主体信号开放，溜放车列自到达场股道推出，顺序占用推峰进路，驼峰主体信号不会自动关闭。

七、红灯断丝不能开放信号

（一）试验目的

驼峰主体信号机开放信号前，应检查红灯灯丝处于完好状态，红灯断丝不允许开放任何信号。

（二）试验方法

拔掉室外信号机红灯灯泡，办理主体信号调车或溜放进路，核对主体信号均不能开放。

八、闪光电源故障时信号关闭

（一）试验目的

当驼峰闪光信号电路故障时（或 SNJ 落下），主体信号必须改点红灯，禁止进行作业。

（二）试验方法

该驼峰主体信号机各种闪光信号逐一进行开放时（LS、US、BS、

HS)，模拟闪光电路故障，驼峰主体信号应及时转为红灯停车显示。

九、侵限绝缘检查

试验方法：侵限绝缘的情况比较复杂，分为条件侵限绝缘和无条件侵限绝缘，要根据站场平面进行仔细分析。

1. 无条件侵限绝缘就是当办理经由侵限绝缘一边的某一道岔区段的进路时，必须无条件检查相邻轨道区段是否空闲。

试验时，一是在相邻轨道区段占用的条件下，该进路不能够办理，信号不能开放；二是待进路办理且信号开放后，占用相邻轨道区段，已开放的信号应立即关闭。

2. 条件侵限绝缘就是当办理经由侵限绝缘一边的某一轨道区段的进路时，根据相邻道岔位置条件决定是否检查相邻轨道区段的空闲状态。

十、敌对信号

(一)试验目的

驼峰主体信号机的开放应检查所有与其敌对的进路不能建立，敌对信号不能开放。

(二)试验方法

根据联锁表，试验主体信号开放时，所有敌对进路无法建立；敌对信号开放时，主体信号无法开放。对每个敌对信号均进行试验。

十一、敌对照查

(一)试验目的

驼峰主体信号机开放后退信号时，应检查到达场的照查继电器处于吸起状态。

(二)试验方法

1. 到达场不向场间无岔区段办理调车进路，观察相关照查继电器吸起，驼峰主体信号可以开放红闪后退信号。

2. 到达场向场间无岔区段办理调车进路，观察相关照查继电器落下，驼峰主体信号不能开放红闪后退信号。

(三)注意事项

如果到达场办理的是推送进路，并占用推送进路时，不影响后退信号开放。

十二、道岔手动状态不能开放信号(应急盘及计算机手动)

(一)试验目的

驼峰主体信号机开放溜放信号,需要检查与溜放进路有关的道岔的应急盘手柄位置均在中间位,即道岔的 SZJ 处于吸起状态。

(二)试验方法

将与溜放进路有关的任何 1 组分路道岔手柄不放在中间位置时,点击溜放开始命令,驼峰主体信号不能开放,且给出报警提示(核对与控制系统软件设计相符)。

十三、使用按钮柱关闭信号

(一)试验目的

在峰顶每条推送股道旁设有 1 个或多个关闭信号按钮柱,在紧急情况下,按压该按钮,将驼峰信号关闭。

(二)试验方法

开放主体信号,按压峰顶按钮柱上的按钮,驼峰信号关闭。

十四、控制台切断按钮关闭信号

(一)试验目的

室内操纵台上设有信号切断按钮,在紧急情况下,按压该按钮,将驼峰信号关闭。

(二)试验方法

开放主体信号,按压控制台的关闭(或切断)信号按钮,驼峰信号关闭。

十五、开放红闪信号检查到达场照查条件

(一)试验说明

1. 到达场未向驼峰建立敌对的推送进路或调车进路时,驼峰信号机可开放后退信号。

2. 到达场已向驼峰排列推送进路且占用推送进路时,驼峰信号机也可开放后退信号。

(二)试验方法

1. 到达场推送进路未建立、或推送进路已建立且占用推送进路的情况下,试验后退信号(HS)能开放。

2. 到达场推送进路建立且车辆未占用推送进路的情况下，试验后退信号不能开放。

十六、碰倒限界检查器时允许信号关闭

(一)试验目的

推送线设有限界检查器，当超限车辆碰倒该检查器时，驼峰信号关闭。

(二)试验方法

开放溜放允许信号，室外推倒限界检查板，主体信号转为红灯。

十七、驼峰主体(辅助、复示)信号机灯位及显示核对

(一)试验目的

核对驼峰主体、辅助信号机及其复示信号机显示正确。

(二)试验方法

1. 驼峰复示信号机在未办理驼峰推送作业时应处于关闭状态，只有办理驼峰推送作业后才允许开放，其显示内容与驼峰主体信号一致。

2. 驼峰辅助信号机在办理预推作业时，显示黄灯。办理允许推送作业时(主推)，其灯位、显示内容与驼峰主体信号一致。驼峰辅助信号机的点灯电路设置在到达场，四灯八显示。

3. 驼峰主体、辅助信号机及其复示信号机显示含义如下。

(1)显示黄灯时，指示机车进行预推作业。

(2)显示绿灯时，指示机车按规定速度进行主推作业。

(3)显示绿闪时，指示机车加速进行主推作业。

(4)显示黄闪时，指示机车减速进行主推作业。

(5)显示白闪时，指示机车去迂回线(禁溜线)。

(6)显示白灯时，指示机车下峰作业。

(7)显示红灯时，指示机车停车。

(8)显示红闪时，指示机车后退。

十八、灯丝转换及断丝检查

(一)灯丝转换

装有灯丝转换装置的信号机，断开点灯状态的主丝，应能自动点亮副丝；设有断丝报警装置的信号机，点灯状态的主丝断开，控制台应给出声

光报警。

试验方法:可根据各种不同项目,断开主丝,分别检查应符合要求。

(二)断丝检查

驼峰信号机禁止灯光灭灯时控制台对应的信号复示器打叉,其他灯光灭灯时应转红灯。驼峰主体信号机不能点亮时,对应的驼峰复示信号机应不能点亮;上峰调车信号未开放时,对应的线路表示器不能开放。

试验方法:可根据各种不同项目,拔掉室外信号机各灯位灯泡,分别检查应符合要求。

十九、灯光转移

驼峰主体信号机开放后,灯光灭灯应转点禁止灯光红灯;上峰调车信号开放后,上峰调车信号白灯灭灯,对应的线路表示器应转点禁止灯光(灭灯);调车信号机开放后,白灯灭灯应转点禁止灯光。可拔掉室外各信号机灯泡或断开室内信号机熔丝(或拉断断路器)进行试验。

试验方法:试验时可拔掉室外各信号机灯泡进行试验。

二十、迂回线(禁溜线)联锁试验

(一)试验目的

核对办理去往迂回线或禁溜线作业时,逻辑的正确性。

(二)试验方法

1. 自动办理

(1)去迂回线(禁溜线)的命令储存在调车作业计划中,命令为第一钩时,办理溜放开始后,相关道岔自动转换到迂回线(禁溜线),驼峰信号机开放白闪信号。

(2)去迂回线(禁溜线)的计划不是第一钩时,前面车辆溜放完毕,先关闭驼峰信号,再自动开放红闪(HS)指示推峰机车后退,使去往迂回线(禁溜线)的进路联锁条件满足,自动选排进路,开放白闪(BS)。

车列完全进入迂回线(禁溜线)后,自动将 BS 切换到 HS,指示车列后退,继续后续的溜放作业。

如果车列没有完全进入迂回线(禁溜线),需要中途折返退出迂回线(禁溜线),则须作业员人工关闭驼峰信号,再开放 HS,指示车列后退。

(3)注意事项:在自动办理作业状态下,进路的自动"解锁→选路→再锁闭"须在驼峰信号关闭后延时 15～30 s,再进行下一步。

2. 手动办理

按办理峰上调车进路的操作方法,人工办理去迂回线(禁溜线)进路,驼峰信号机开放白闪信号(BS);退出迂回线(禁溜线)时,人工办理后退信号(HS)。

3. 调车信号机带动开放

推送进路上的调车信号机,应随驼峰信号机开放或关闭而自动开放或关闭。如图 6-18 中,开放 HS 信号自迂回线后退时,D_{307} 被带动开放;开放 HS 信号自禁溜线后退时,D_{311} 被带动开放。

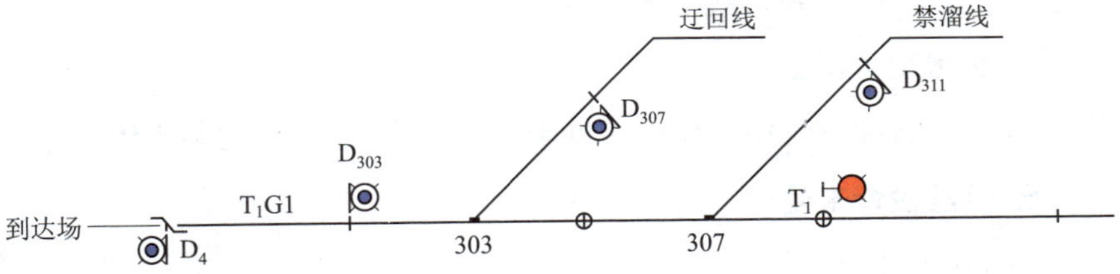

图 6-18　后退信号带动 D_{307} 或 D_{311} 开放

二十一、关闭信号峰顶电铃鸣响

(一)试验目的

峰顶设置电铃,当驼峰主体信号机由允许信号转为红灯时,电铃能随之鸣响,用以提醒峰顶作业人员。

(二)试验方法

驼峰主体信号由允许信号改为红灯时,检查峰顶电铃应鸣响,鸣响持续时间与电路设计基本一致。

第七节　驼峰信号自动关闭时机

试验项目见"信号联锁关系试验检查表(驼峰信号自动关闭时机)"(郑信联表 6-8)。

一、溜放中发生途停

试验方法：正常开放溜放信号，模拟相关区段有车占用，让钩车在进路任一区段长时间占用，即产生“途停”报警并切断主体信号。

二、溜放中发生堵门

试验方法：正常开放溜放信号后，模拟占用警冲标区段，主窗体报警“××道堵门封锁”，并切断主体信号。

三、发生道岔恢复

试验方法：将溜放进路上分路道岔要转换位置的表示保险断开，正常开放溜放信号，命令传递至该道岔，该道岔发生道岔恢复，主窗体报“××道岔发生道岔恢复”并切断主体信号。

四、头岔发生挤岔

试验方法：溜放时使用模拟条件断开头岔表示，自动切断主体信号。

五、灯丝检查未通过

（一）试验目的

驼峰主体信号机开放信号前，应检查红灯灯丝处于完好状态，红灯断丝不允许开放任何信号。

（二）试验方法

使用模拟条件使红灯灭灯，办理主体信号调车或溜放进路，核对主体信号均不能开放。

六、发生轻车跳动

试验方法：溜放过程中，钩车通过分路道岔时，反复模拟占用轨道电路，瞬间跳动，系统发出“轻车跳动”报警（溜放小车显示红色闪动）并及时关闭驼峰信号机。

七、闪光电源故障

（一）试验目的

当驼峰闪光信号电路故障时（或 SNJ 落下），主体信号必须改点红灯，禁止进行作业。

（二）试验方法

该驼峰主体信号机各种闪光信号逐一进行开放时（LS、US、BS、HS），模拟闪光电路故障，驼峰主体信号应及时转为红灯停车显示。

八、熔丝报警

试验方法：正常开放溜放信号，使用模拟条件，使熔丝报警继电器吸起，切断主体信号。（该项不适用所有驼峰，根据厂家提供的说明进行试验。）

九、有计划去往封锁股道

试验方法：调车作业计划中去往被封锁股道计划的前一钩压入第一分路道岔时报警，关闭主体信号。

十、发生摘错钩

试验方法：占用头岔区段，在主体信号机上鼠标点踏板计轴，鼠标点与实际辆数不符的轴数，后开始溜放，出清第一分路道岔区段后报摘错钩，并切断主体信号。

十一、发生追钩

试验方法：开放信号后，第一钩车模拟正常区段占用，停在进路上任一区段，第二钩车开始溜放，当溜放至与第一钩车相邻区段时，第一钩车向下占用一个区段，第二钩车依次出清区段，即出现追钩，并切断主体信号。

十二、限界检查报警

试验方法：开放溜放允许信号，使用模拟条件，使限界检查继电器落下，主体信号转为红灯。

十三、轨道停电

试验方法：将能排列的所有调车或列车进路办好，模拟全站轨道电路供电电源停电再恢复，此时进路不应解锁。

十四、风压报警

试验方法：正常开放溜放信号，使用模拟条件，使风压报警继电器落下，切断主体信号，锁闭所有分路道岔。

十五、股道封锁被破坏

试验方法:股道封锁状态下,使用模拟条件断开锁定道岔的表示,显示股道封锁状态不正确,关闭主体信号。

第八节　驼峰预推、允许推送

驼峰推送作业分预先推送(预推)和允许推送(主推)两种方式,是驼峰场与到达场之间逻辑关系的主要部分(中小能力驼峰一般不设计预推逻辑)。驼峰推送线的预推和允许推送的联锁关系检查试验项目见“信号联锁关系试验检查表(预推、允许推送)”(郑信联表 6-9)。

一、推送线(峰别)名称

填写要进行试验的峰别(T_1、T_2 等)。

二、正常办理预推作业

(一)试验目的

驼峰场办理预推作业后,到达场才能排列推送进路,驼峰辅助信号机点黄灯。

(二)试验方法

1. 驼峰场不办理预推作业,到达场所有股道均不能排列推送进路。

2. 驼峰场办理预推作业,到达场可排列某股道的推送进路,该股道的驼峰辅助信号机点亮黄灯。试验时,对到达场的每个股道逐一进行试验。

三、预推信号核对

试验方法:驼峰场办理预推作业,核对到达场驼峰辅助信号机亮黄灯。

四、办理推峰进路后锁闭道岔

(一)试验目的

办理预推作业后,核对驼峰推送线上的有关道岔处于锁闭状态。

(二)试验方法

驼峰办理预推作业,检查与禁溜线和迂回线的相关道岔应处于锁闭状态，无法扳动。即图6-19中的303号和307号道岔，在驼峰办理预推作业后被锁闭在定位。

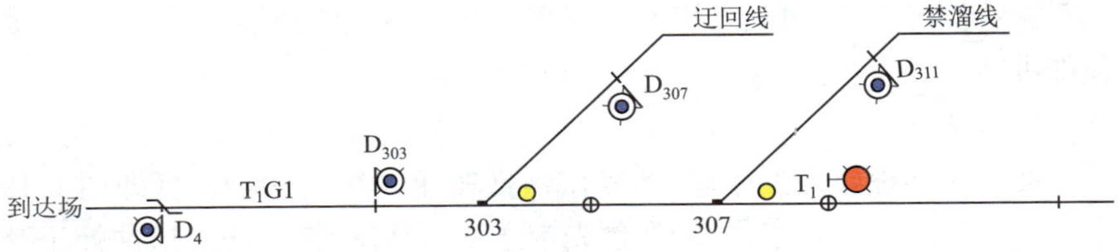

图6-19　办理预推作业后锁闭推送线上的有关道岔

五、峰上道岔位置不对不能办理

(一)试验说明

驼峰场推送线上的道岔位置不对(不在定位)，该推送线不能办理预推作业。

(二)试验方法

1. 对于TW系列控制系统，将推送线上的道岔人为扳至反位并单独锁闭(即图6-19中的303号或307号道岔)，场间无岔区段至主体信号机的进路不能办理，所以无法办理预推作业。

2. 对于TBZK系列控制系统，将推送线上的道岔(即图6-19中的303号或307号道岔)人为扳至反位并单独锁闭后，办理预推作业无法自动将道岔转换至定位，所以无法办理预推作业。

(三)注意事项

对于特殊的软件设计，依据软件技术要求进行试验。

六、推送线区段占用不能办理

(一)试验说明

推送线有车占用或轨道电路故障时，该推送线不能再办理预推作业。

(二)试验方法

1. 将推送线上的区段分别占用，均不能办理该推送线上的预推作业。

2. 预推作业办理后，模拟占用推送线上的区段，预推作业自动取消。

七、人工办理预推预先锁闭

(一)试验目的

特殊情况下,值班员可以通过操作预推按钮关闭预推信号,但不解锁预推进路。

(二)试验方法

推送线办理好预推作业,再操作预推按钮,峰上有关道岔(即图 6-19 中的 303 号和 307 号道岔)转到预先推送锁闭状态,核对峰上道岔处于锁闭状态不能扳动,同时核对驼峰辅助信号机由黄灯变为红灯。

八、预推提前转允许推送

试验方法:驼峰办理预推作业,在溜放车列未到达预推停车点前,随时可转为允推作业。

九、取消预推作业(车列未推出股道,延时 30 s 进路解锁)

(一)试验说明

车列未占用到达场推送进路时,可以取消预推作业。

(二)试验方法

驼峰场办理预推后,到达场建立好推送进路。当车列未推出到达场股道时,驼峰场办理取消预推作业,核对到达场的推送进路在 30 s 后解锁。

十、到达场预推停车点占用表示核对

试验方法:驼峰办理预推作业,车列到达预推停车点,驼峰控制台或工作站界面显示到达场预推停车区段红光带。

十一、车列到达预推停车点预推信号自动关闭

(一)试验目的

验证软件设计的预推停车点的正确性。

(二)试验方法

驼峰场办理预推作业,到达场建立推送进路。模拟车列依次占用轨道区段,推送至预推停车点后(停车点依据设计说明),预推作业自动结束,到达场驼峰辅助信号由黄灯变为红灯,推送进路保持锁闭状态,推送

线由预推状态改为预锁状态。

十二、长、短预推切换

试验方法：办理短预推作业后，在“允许预推”状态下需要改为长预推时，可通过人工补办至峰顶的推送进路来实现。

办理短预推作业后，在预推到位进入“预推锁闭”状态时，由人工补办至峰顶的推送进路后可二次办理“允许预推”。

十三、正常办理允推作业

试验方法：对横列式站场，推送进路的始端选择牵出线处的无岔区段；对纵列式站场，推送进路的始端选择驼峰场和到达场之间的场间无岔区段；推送进路的终端为驼峰信号机或禁溜线、迂回线上开向峰上的调车信号机。

十四、允推信号核对

试验方法：办理允许推峰进路后，开放驼峰信号，核对到达场驼峰辅助信号机显示与驼峰信号机显示一致。

十五、取消允许推送

（一）试验说明

车列未占用到达场推送进路时，可以取消允许推送作业。

（二）试验方法

1. 推送线办理好允许推送作业，到达场建立推送进路。试验在车列未占用到达场推送进路时，可以人工办理取消允许推送作业。

2. 推送线办理好允许推送作业，到达场建立推送进路。模拟车列占用到达场推送进路，试验允许推送作业无法取消。

十六、车列出股道后推峰进路不能取消和人工解锁

试验方法：办理推峰作业，到达场车列推出股道占用推峰进路后，推峰进路使用总取消或总人工解锁不能解锁。

十七、推送进路正常解锁

试验方法：推峰车列完全出清到达场推峰进路进入驼峰场，推峰进路能正常解锁。

十八、多条推送线时平行作业办理

(一)试验目的

在具有2条及以上推送线的驼峰,可以同时进行作业,提高效率。

(二)试验方法

核对双峰同时办理预推、推送或调车作业时的信号显示、进路锁闭和解锁正确(只有一条推送线的驼峰场不做此试验)。

十九、推峰股道核对

试验方法:驼峰办理预推或允推作业,到达场办理进路后在驼峰场控制台或工作站界面上有相应推峰股道的显示。

第九节　场间联系

试验项目见“信号联锁关系试验检查表(场间联系)”(郑信联表6-10)。

一、对方场名

按照对方实际场名进行填写。

二、峰上联系

(一)场联区段、调车照查

试验方法:场联区段红光带,不允许两个场向该区段办理进路,场联区段空闲,不允许两个场同时向该区段办理进路。

(二)场联轨道复示

试验方法:占用场联轨道区段,在对方场有该区段的占用、空闲表示。

(三)场联道岔复示

试验方法:场联道岔,在对方场有该道岔表示显示。

(四)场联调车复示

试验方法:场联调车信号机,在对方场有该信号机的开放、关闭显示。

(五)授权动岔

试验方法:办理交权手续后,对方场能操作本场道岔。

(六)授权调车

试验方法:驼峰场办理授权调车作业,按压授权按钮后,到达场可以办理跨驼峰场的调车进路,带动开放驼峰场调车信号机。

三、编发线联系

(一)编发线名称

按照编发线实际名称进行填写。

(二)锁闭道岔的号码及开通位置

试验方法:连接编发线的道岔号码,办理股道封锁后该道岔锁闭的位置。

(三)发车进路未建立可人工解锁股道

试验方法:驼峰办理股道封锁作业后,在对方场未办理发车进路时,可随即解锁股道。

(四)发车进路建立后不能人工解锁股道

试验方法:驼峰办理股道封锁后,对方场办理发车进路后开放信号,不能解锁封锁的股道。

(五)发车进路已建立人工强制解除股道封锁

试验方法:驼峰办理股道封锁后,对方场办理发车进路后开放信号,通过强制解除股道封锁命令解锁封锁的股道。

(六)编发线正常解锁

试验方法:驼峰办理股道封锁后,对方场办理发车进路后开放信号,进路解锁后编发线封锁的股道正常解锁。

(七)编尾信号开放显示核对

试验方法:驼峰办理股道封锁后,对方场办理发车进路开放信号,驼峰封锁的股道显示绿色光带。

第十节 7024 储存环节

试验项目见“信号联锁关系试验检查表(7024 储存环节)”(郑信联表 6-11)。

一、正常储存进路命令

试验方法:在控制台按压进路按钮,最多储入 24 钩进路命令。

二、防止重复储存命令

试验方法：长时间按压进路按钮，不会出现进路命令重复储存几个单元。

三、储存命令取消

试验方法：在储存过程中，发现命令存错时，按压储存取消按钮，可取消刚储入的进路命令，不影响其他命令。连续按压储存取消按钮，可依次逐钩取消单元内最末尾的进路命令。

四、储存命令清零

试验方法：拉出清零按钮，可取消单元内所存的全部命令。

五、自动检查命令

试验方法：按压检查按钮，可对单元内所存的进路命令进行连续检查。

六、自动检查停止

试验方法：拉出检查按钮，检查停止。

七、手动检查命令

试验方法：按压进位按钮，检查一钩进路命令，直至检查完毕，拉出进位按钮。

八、检查中变更命令

试验方法：在检查中发现错误，按下检查停位按钮，再按下储存取消按钮取消命令，然后存入正确命令。

九、溜放命令取消

试验方法：在溜放过程中发现进路命令有错时，拉出溜放取消按钮 LQA，可取消即将发送的进路命令。

十、溜放命令增加

试验方法：在溜放过程中需增加一钩车组的进路命令时，按下增加按钮 ZJA 可进行增加作业。

十一、24 钩以上连续储存

试验方法：溜放过程中部分命令输出后，可将超过 24 钩外的其余命令储入。

十二、未清零不能储存命令

试验方法:控制台不拉出清零按钮,按压进路按钮不能存入命令。

十三、储存钩序显示

试验方法:在储存、检查中核对显示正确。

十四、储存进路显示

试验方法:在储存、检查中核对显示正确。

第十一节　溜放命令传递

试验项目见“信号联锁关系试验检查表(溜放命令传递)”(郑信联表6-12)。

一、传递环节

填写命令经过的道岔和岔间环节名称。

二、正常传递命令

本环节能正常将进路命令传递到下一环节。

三、正常接受命令

记录上一环节送来的命令并将其存放起来。

四、道岔位置不对不能传递命令

将道岔手柄扳死至命令相反位置,进路命令传递至该环节,因道岔位置不对,进路命令在该环节会被取消,不再向下传递。

五、手动状态不能传递命令

控制台按下手动按钮,各环节不能自动传递进路命令。

六、手动状态不能接受命令

控制台按下手动按钮,各环节不能接受进路命令。

七、道岔按命令自动转换

在道岔区段无车占用的情况下控制道岔按命令转换至定位或反位。

八、提前接受命令

道岔区段有车占用未出清时，能提前接受下一钩进路命令。上一道岔区段占用命令向本环节传递，本道岔也占用，待区段出清，道岔按命令自动转换。

九、道岔转换过程中命令保持

在道岔的转换过程中命令不能丢失，BHJ 不落下。

十、下一环节不空闲时命令保持

下一环节不空闲时，将进路命令在本环节暂存，待下一环节空闲时发送命令。末岔环节无此试验项目。

十一、命令自动取消

命令执行完毕后本环节能自动取消进路命令。

十二、道岔故障不能执行命令

发生道岔恢复故障，该道岔环节不能接受和传递命令，故障恢复人工确认后才能正常接受和传递进路命令。

十三、命令不符不能接受命令

本传递环节在接受进路命令时要核对与上一环节发送命令是否一致，不一致时本环节 BHJ 不吸起。

十四、跟钩强行取消

发生追钩时，系统将追钩车的溜放命令强行取消并伴有“追钩”报警。

十五、向减速器传递命令

减速器能接受进路命令。

十六、溜放钩序显示

在溜放过程中核对溜放钩序显示的正确性。

十七、溜放进路显示

在溜放过程中核对溜放进路显示的正确性。

第十二节　驼峰控制台功能及显示

驼峰场的溜放及调车作业由行车室控制台的作业终端来完成，包括存储作业计划、办理场间取送车和发车、操纵各种设备、显示站场状态等。工程开通前需要对控制台的各类功能进行逐一试验，其试验项目见“信号联锁关系试验检查表(驼峰控制台功能及显示)”(郑信联表6-13)。

一、作业单管理

(一)试验目的

验证调车作业计划的自动储存功能和人工储存功能的有效性(以TW-2型驼峰自动控制系统为例)。

(二)试验方法

1. 自动储存方式

由编组站现车管理系统或调车传输系统将解体计划直接储存到控制系统中，并将车次号显示在调车单窗的车次列表区。

2. 人工储存方式

在调车单窗首先办理“新建计划”建立新计划，在该窗的车次列表区人工输入解体车次号，然后自动进入储存状态(光标进入计划窗)，等待输入。每钩计划内容包括钩序、场别、股道、方式、辆数、状态、注释等栏目。在输入过程中将按照填表方式引导操作人员按规定的格式输入作业计划，钩序自动生成。

调车单窗可通过拉动滚动条前后翻动调车计划进行查看。该计划输入完毕后，选择“计划保存”结束。在车次列表区用鼠标点中所要检查的车次，在调车单中将自动列表显示该车次的计划内容，通过拉动滚动条前后翻动可进行检查，检查过程中发现有误可直接将光标选到相应的栏目进行直接变更(即全屏幕编辑)，或者用“插入钩”“删除钩”“股道替代”等钩编辑选项进行必要的修改。检查中若发生了修改要重新选择“计划保存”保存修改后的计划。取消该计划用“计划取消”选项。

3. 调车作业单修改

在调车作业单窗口，可对调车作业单进行编辑。

二、工作站操作

(一)试验目的

核对操作权限设置的正确性和作业过程中各类站场动态、设备状态等显示的正确性。

(二)试验方法

1. 工作站操作权限设置核对

图形窗通过主窗体打开,只有调车长工作站对该窗口的进路具有操作权,只有调速工作站对该窗口的减速器具有操作权,其他工作站只有监督权。

2. 屏幕刷新

在图形窗使用鼠标点到"命令操作"这一项,在选项中点击"屏幕刷新"命令重新刷新图形窗中各设备的状态显示。

3. 股道封锁解封

在图形窗鼠标点击股道选中后,右键弹窗可进行股道封锁解封操作,股道封锁后,连接该股道的末岔自动锁到开通另一股道的位置。

4. 半自动定速试验

鼠标选中减速器,右键弹窗中选择人工定速,在减速器入口处显示红色定速值。

5. 清除残留命令

在图形窗使用鼠标点到"命令操作"这一项,在选项中点击"清除残留"命令,用于清除由于作业不当或外部设备工作不正常而残留在已溜放过的峰下设备中的溜放命令。

三、图形窗显示(含报警)

(一)试验目的

以图形方式显示整个驼峰场道岔、信号机、区段、减速器等设备的平面示意图,在溜放过程中适时地显示命令传递情况,信号开放、道岔转换、区段占用情况及减速器的制动、缓解状态,以及测长值和测长、雷达、测重、踏板是否发生故障,并给出熔丝报警、主副电源报警、风压报警等报警信息。

（二）试验方法

分别检查对应设备显示是否正确，报警提示是否正确。

第十三节　自动化设备

自动化设备试验项目见“信号联锁关系试验检查表（自动化设备）”（郑信联表 6-14）。

一、雷达测速试验

试验方法：人工定速检测。室外使用雷达测试仪，放置在雷达箱前方 10 m 减速器出口轨道中心处并对准雷达，高度保持与车辆车钩一致，人为设定速度，模拟车辆进入减速器区段，雷达开始进行测速，在电务维修机上查看雷达速度和通道显示正确。

1. T·CL 型雷达。分别发送 3 km/h、6 km/h、12 km/h、24 km/h 调试信号；雷达输出端应接收到 195 Hz、390 Hz、780 Hz、1 560 Hz 频率信号；对应计算速度为 3 km/h、6 km/h、12 km/h、24 km/h。

2. T·CL1 型雷达。分别发送 3.7 km/h、7.4 km/h、14.8 km/h、29.6 km/h调试信号；雷达输出端应接收到 256 Hz、512 Hz、1 024 Hz、2 048 Hz频率信号；对应计算速度为 3.7 km/h、7.4 km/h、14.8 km/h、29.6 km/h。

3. TCL-2A 型雷达。分别发送 3.9 km/h、7.8 km/h、15.7 km/h 调试信号；雷达输出端应接收到 256 Hz、512 Hz、1 024 Hz 频率信号；对应计算速度为 3.9 km/h、7.8 km/h、15.7 km/h。

二、踏板计轴试验

1. 计轴方向核对

试验方法：使用金属部件在车轮传感器上方模拟车辆轮对运行方向滑动，使用万用表直流 2 V 挡在 C1＋、C2－端子（以设计为准）测试，电压显示先负后正脉冲，确定方向正确。

2. 计轴数量核对

试验方法：使用金属部件在车轮传感器上方模拟车辆轮对运行方向

滑动，在维修机上查看计轴数量与滑动次数一致。

3. 位置和通道

试验方法：使用金属部件在车轮传感器上方模拟车辆轮对运行方向滑动，在维修机上查看对应的传感器计轴数量、名称与实际计轴传感器一致。

三、测长精度校核

(1)模拟占用试验

试验方法：在测长轨道 0 m(满线)、50 m、100 m、200 m、300 m、400 m、500 m、600 m、700 m 等位置，使用 0.01 Ω 标准分路线人工分路轨道电路(可靠接触)，在操作显示界面上观察溜放股道空闲长度数值，与室外人工分路股道空闲长度数值进行对比、校核。

(2)实车占用试验

试验方法：根据溜放停留车辆实际占用位置，室外测量溜放股道空闲长度数值与操作显示界面上溜放股道显示的数值进行对比、校核。

四、测重校核

试验方法：采用真车试验的方式，利用单机和平板车试验，当空车通过传感器时，显示 23 t 左右；当重车通过传感器时，显示 80 t 左右。轻车不丢轴、重车不冒轴。

五、上位机正常倒机试验

试验方法：在电务维修机信息窗点击“维护操作”按钮，选择“倒机”项，可进行正常倒机操作。

六、上位机故障倒机试验

试验方法：复位下层控制板可进行故障倒机试验。

第十四节　报警验证

报警验证试验项目见“信号联锁关系试验检查表(报警验证)”(郑信联表 6-15)。

(一)试验目的

验证系统报警功能。

(二)试验方法

按照试验项目逐项验证报警是否正确。

第十五节　驼峰实车溜放

驼峰工程开通前,仿真试验和模拟试验无法完成的各类试验,需要进行实车溜放试验来完成,以验证驼峰控制系统的各类逻辑功能和异常状态下的控制情况。试验过程中所需要的机车、车辆由车务提前组织好,并且拉空部分试验股道。

试验用的车辆一般采用空、重车混编方式,根据具体试验步骤编制空、重车编排次序,试验前停留在驼峰某个试验股道。试验开始时机车下峰取车的过程中,可以借机调试测重参数、观察踏板计轴、核对测长变化等。试验期间的办理溜放和调车作业由行车人员负责操作。驼峰实车溜放试验项目见“信号联锁关系试验检查表(驼峰实车溜放)”(郑信联表 6-16)。

一、溜放进路

编辑作业单,覆盖所有溜放股道,验证进路正确性。

二、减速器控制速度精度

各种车型通过各部位减速器,观察减速器制动控车情况,对比定速和出口速度值。

三、钓鱼处理

(一)试验目的

在溜放作业中,峰顶作业员没有及时摘开钩时,可以反牵回峰顶,命令随之收回,再重新摘钩,继续溜放,确认后续作业计划命令传递无误。

(二)试验方法

不摘开溜放钩车,车列前方进入分路道岔区段,再反方向牵回峰顶。观察当出清道岔区段时系统发出“钓鱼”报警,并将命令从分路道岔收回;反牵出清一分路时该钩车计划保留在溜放窗,可以继续原钩车计划溜放。

四、峰下摘钩

(一)试验目的

在溜放作业中,峰顶作业员没有及时摘开钩时,在就近的峰下摘开钩,该钩车可以正确选路至股道。

(二)试验方法

机车推送车列,越过第一分路道岔,提钩员在一、二级分路道岔间摘钩。观察该钩车出清第二级分路道岔时,系统发出“峰下摘钩”报警,并将后钩命令下传至第二级分路道岔。

(三)注意事项

为保证后续溜放的正确性,剩余车辆可以反牵退出第一分路,再继续溜放。

五、“D模式”

单独溜放模式,“D”表明该钩为手动单溜钩,按手动单钩溜放控制;溜放当前钩为手动单溜钩时先关闭驼峰信号,检查进路上有关区段轨道出清且无溜放钩车时,发出道岔转换命令。若30 s内进路未完成锁闭,则自动取消选路操作。在规定时间内道岔转换到规定位置后,即对有关道岔实施锁闭。

调车长确认进路锁闭后人工开放驼峰信号;判断出钩车分钩后系统不自动关闭信号,由调车长人工关闭信号,确认进路解锁后方可重新开放信号,继续溜放,在此过程中车站应保证不提开下一钩。

单溜进路使用完毕后不自动解锁,由调车长确认并通过溜放窗对该钩计划实施“删除钩”操作。

六、满线处理(打靶距离不够)

(一)试验说明

在溜放过程中,钩车在三部位减速器上停车,或在三部位减速器前停车(已经离开警冲标区段),系统报警并自动封锁该股道,使后续可能进入该股道的钩车强迫改道,避免发生撞车。通过人工办理解锁股道可以解除对该股道的封锁,进行机车下峰整理。

（二）试验方法

采用1辆钩车的连续2个作业计划，均溜向同一股道，溜放时采用较长摘钩间隔时间保证安全。前钩车人工干预夹停在三部位减速器上，核对系统自动封锁股道及报警信息正确，后钩车溜向错误股道。如图6-20所示，前钩车出清了22G且被夹停在22道减速器上，则224号道岔被锁闭在开通23道位置，防止后续钩车进入，发生撞车。

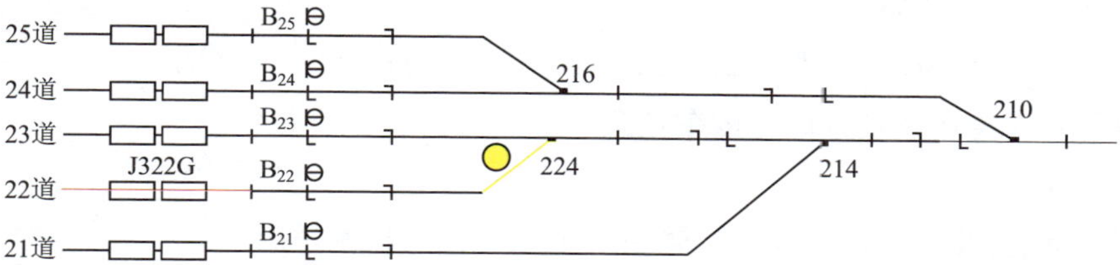

图6-20　满线逻辑示意

七、测长故障处理

（一）试验目的

试验溜放过程中测长故障情况下系统速度控制情况。

（二）试验方法

选择1辆钩车溜放时模拟该股道测长区段故障（一般模拟开路故障或测长关机），核对系统报警信息，并对溜放钩车按系统设定的安全速度进行控制。

八、测重故障处理

（一）试验目的

试验溜放过程中测重故障情况下系统速度控制情况。

（二）试验方法

选择1钩车溜放时模拟测重故障（可以测重关机），核对在钩车通过后的系统报警信息，并按系统设计的重量参数进行速度控制。

（三）注意事项

测重故障后，根据不同的控制系统，选择按作业计划的重量或软件设计的重量参数进行控制。

九、雷达故障处理

(一)试验目的

试验溜放过程中雷达故障情况下系统速度控制情况。

(二)试验方法

选择1辆钩车溜放时模拟该股道雷达故障(可以雷达关机),核对系统报警信息,并观察系统速度控制情况符合设计要求。

(三)注意事项

雷达故障后,一般控制系统按作业计划进行粗略控制速度。

十、踏板故障减速器控车处理

(一)试验目的

试验溜放过程中踏板故障情况下系统速度控制情况。

(二)试验方法

溜放过程中,模拟减速器前踏板故障,核对系统报警信息和停止放头拦尾的控制情况。

十一、长钩车减速器放头拦尾处理

(一)试验目的

用于测试计算机系统对于多辆车组成的长钩车的放头拦尾控制。

(二)试验方法

观察长钩车进入减速器后一部分才开始进入制动状态,以利于减少钩车在减速器上的通过时间,提高作业效率。

十二、摘错钩处理

(一)试验目的

当实际摘钩辆数与计划不符时(多摘或少摘)系统报警,少摘时自动调整钩车通过减速器的放头拦尾量。

(二)试验方法

摘钩时摘开数量与计划不一致,观察系统对钩车辆数的判断及报警,以及对放头拦尾控制的调整符合设计要求。

十三、错道跟踪

在溜放控制过程中,人为将溜放进路上道岔安全接点断开制造错道。

钩车将按道岔的自然位置或人工抢扳位置随机错往其他股道。利用钩车软件跟踪的原理能对错道车进行跟踪直至股道,并处理跟踪过程中其他可能发生的情况,最终通过报警通知操作人员钩车去向,并向减速器控制提供改变方向后的跟踪信息。

十四、报告、实时信息查询

通过电务维修机信息窗信息检索功能可查询报告、实时信息。

十五、溜放过程回放功能

通过电务维修机信息窗的信息检索功能可回放溜放过程。

附件一　信号联锁关系试验检查表

信号联锁关系试验检查表目录

序号	项　目	表格编号	表格名称
一	车站基本联锁关系检查试验	郑信联表 1-1	信号联锁关系试验检查表(进路-普铁)
		郑信联表 1-2	信号联锁关系试验检查表(进路-高铁)
		郑信联表 1-3	信号联锁关系试验检查表(计算机联锁功能按钮及显示)
		郑信联表 1-4	信号联锁关系试验检查表(驱动、采集点对点)
		郑信联表 1-5	信号联锁关系试验检查表(延续进路)
		郑信联表 1-6	信号联锁关系试验检查表(站间联系电路)
		郑信联表 1-7	信号联锁关系试验检查表(场间联系电路)
		郑信联表 1-8	信号联锁关系试验检查表(机务段同意)
		郑信联表 1-9	信号联锁关系试验检查表(非进路调车)
		郑信联表 1-10	信号联锁关系试验检查表(到发线中间出岔)
		郑信联表 1-11	信号联锁关系试验检查表(轨道停电监督电路)
		郑信联表 1-12	信号联锁关系试验检查表(局部控制电路)
		郑信联表 1-13	信号联锁关系试验检查表(道口通知及遮断试验)

续上表

序号	项　　目	表格编号	表格名称
二	单项设备联锁关系检查试验	郑信联表 2-1	信号联锁关系试验检查表(信号机)
		郑信联表 2-2	信号联锁关系试验检查表(轨道电路)
		郑信联表 2-3	信号联锁关系试验检查表(道岔转换设备-直流)
		郑信联表 2-4	信号联锁关系试验检查表(道岔转换设备-交流)
		郑信联表 2-5	信号联锁关系试验检查表(道岔总表示、分表示纳入联锁核对)
三	车站电码化设备联锁关系检查试验	郑信联表 3-1	信号联锁关系试验检查表(ZPW-2000 系列轨道电路电码化显示与低频信息一致性核对)
		郑信联表 3-2	信号联锁关系试验检查表(ZPW-2000 系列轨道电路预叠加电码化发送通道)
		郑信联表 3-3	信号联锁关系试验检查表(同制式轨道电路)
四	区间闭塞设备联锁关系检查试验	郑信联表 4-1	信号联锁关系试验检查表(接车口 ZPW-2000 区间信号显示与低频信息一致性核对)
		郑信联表 4-2	信号联锁关系试验检查表(发车口 ZPW-2000 区间信号显示与低频信息一致性核对)
		郑信联表 4-3	信号联锁关系试验检查表(一般区段 ZPW-2000 区间信号显示与低频信息一致性核对表)
		郑信联表 4-4	信号联锁关系试验检查表(ZPW-2000 型移频自动闭塞)
		郑信联表 4-5	信号联锁关系试验检查表(区间自闭结合电路)
		郑信联表 4-6	信号联锁关系试验检查表(四线制方向电路)
		郑信联表 4-7	信号联锁关系试验检查表(半自动闭塞电路)
		郑信联表 4-8	信号联锁关系试验检查表〔站(场)联电路继电器状态一致性核对〕
五	区间逻辑检查设备联锁关系检查试验	郑信联表 5-1	信号联锁关系试验检查表(自动闭塞区间继电式逻辑检查设备)
		郑信联表 5-2	信号联锁关系试验检查表(区间综合监控系统逻辑检查设备)
		郑信联表 5-3	信号联锁关系试验检查表〔区间综合监控系统逻辑检查(人解盘)〕

续上表

序号	项　　目	表格编号	表格名称
六	驼峰设备联锁关系检查试验	郑信联表 6-1	信号联锁关系试验检查表(ZK4 型电空分路道岔)
		郑信联表 6-2	信号联锁关系试验检查表(ZD7 型电动分路道岔)
		郑信联表 6-3	信号联锁关系试验检查表(驼峰轨道电路)
		郑信联表 6-4	信号联锁关系试验检查表(驼峰车辆减速器)
		郑信联表 6-5	信号联锁关系试验检查表(驼峰峰上调车进路)
		郑信联表 6-6	信号联锁关系试验检查表(线束调车进路)
		郑信联表 6-7	信号联锁关系试验检查表(驼峰主体信号)
		郑信联表 6-8	信号联锁关系试验检查表(驼峰信号自动关闭时机)
		郑信联表 6-9	信号联锁关系试验检查表(预推、允许推送)
		郑信联表 6-10	信号联锁关系试验检查表(场间联系)
		郑信联表 6-11	信号联锁关系试验检查表(7024 储存环节)
		郑信联表 6-12	信号联锁关系试验检查表(溜放命令传递)
		郑信联表 6-13	信号联锁关系试验检查表(驼峰控制台功能及显示)
		郑信联表 6-14	信号联锁关系试验检查表(自动化设备)
		郑信联表 6-15	信号联锁关系试验检查表(报警验证)
		郑信联表 6-16	信号联锁关系试验检查表(驼峰实车溜放)

信号联锁关系试验检查表(进路-普铁)

电务段:__________　站名:__________　联锁类型:__________　年　月　日　郑信联表 1-1

进路号码	进路始端	进路变通	进路终端	正常开放信号	道岔位置不对不能开放信号	道岔无表示关闭信号	区段占用不能开放信号	超限绝缘条件	带动道岔	防护道岔	信号开放后锁闭道岔	敌对信号	敌对照查	随时关闭信号	取消进路解锁	接近锁闭及区段核对	区段人工解锁	防止自动重复开放信号	进路正常解锁	改变运行方向	进路表示器	排列长调车进路	调车中途返回解锁	信号非正常关闭报警	人工延时解锁	自动闭塞离去区段占用或区间空闲检查	半自动闭塞(自动站间闭塞)	机务段同意	非进路调车	到发线中间出岔	局部控制	道口通知及遮断	引导信号	调车信号白灯保留	6‰下坡道(延续进路)	防止迎面解锁	联锁试验类别
1	2	3	4	5	6	7	8	9	10	11	12	13	14	15	16	17	18	19	20	21	22	23	24	25	26	27	28	29	30	31	32	33	34	35	36	37	
				●	●	●	●	●	●	●	●	●	●	●	●	●	●	●	●	●	●	●	●	●	●	●	●	●	●	●	●	●	●	●	●	●	工程(仿真)
				●	●	●	●	●	●	●	●	●	●	●	●	●	●	●	●	●	●	●	●	●	●	●	●	●	●	●	●	●	●	●	●	●	工程(模拟)
				●	●	●	●	●	●	●	●	●	●	●	●	●	/	●	/	●	/	/	/	/	/	●	●	/	/	/	/	●	●	●	●	/	年度(继电联锁)

试验人:__________　监护人:__________

说明:1. 根据不同联锁试验类别,表中“●”表示需要试验项目,“/”表示不需要试验项目,制作联锁试验表时,“/”对应项目可不列出。

2. 表中试验项目“√”表示正确,“×”表示不对,“△”表示无此条件,“○”表示未试验的项目。

3. 新线开通、大修(站场无变化)模拟试验必须按进路方式进行基本联锁关系检查试验。

4. 年度联锁试验(继电联锁车站)每 5 年一次。继电联锁模块化网络电路,年度试验以道岔、信号机、轨道电路模块为单位进行相关年度试验,每条进路每项最少试验一个模块,每个模块每项最少试验一个条件,确保每条进路每个模块每项都要试验到,不漏项。

信号联锁关系试验检查表(进路-高铁)

电务段:__________ 站名:__________ 联锁类型:__________ 年 月 日 郑信联表 1-2

进路号码	进路始端	进路变通	进路终端	正常开放信号	道岔位置不对不能开放信号	道岔无表示关闭信号	区段占用不能开放信号	超限绝缘条件	带动道岔	防护道岔	信号开放后锁闭道岔	敌对信号	敌对照查	随时关闭信号	取消进路解锁	接近锁闭及区段核对	区段人工解锁	防止自动重复开放信号	进路正常解锁	改变运行方向	进路表示器	排列长调车进路	调车中途返回解锁	信号非正常关闭报警	人工延时解锁	自动闭塞离去区段占用或区间空闲检查	引导信号	调车信号白灯保留	全站轨道停电恢复	列车股道40 s停稳试验	点灯(含引导)及反方向灭灯发车区间空闲检查	点灯或灭灯条件检查	点灯状态进路内方第一区段解锁时灭灯	点灯状态向股道接车或调车出站自动点亮红灯	允许灯光灯丝断丝转点红灯检查	点灯进站时出站红灯断丝进站关闭	点灯下立折发车或调车进路解锁且股道出清后出站灯光灭灯	临时限速降级信号显示	落物试验	6‰下坡道(延续进路)	防止迎面解锁	联锁试验类别
1	2	3	4	5	6	7	8	9	10	11	12	13	14	15	16	17	18	19	20	21	22	23	24	25	26	27	28	29	30	31	32	33	34	35	36	37	38	39	40	41	42	
				●	●	●	●	●	●	●	●	●	●	●	●	●	●	●	●	●	●	●	●	●	●	●	●	●	●	●	●	●	●	●	●	●	●	●	●	●	●	工程(仿真)
				●	●	●	●	●	●	●	●	●	●	●	●	●	●	●	●	●	●	●	●	●	●	●	●	●	●	●	●	●	●	●	●	●	●	●	●	●	●	工程(模拟)

试验人:__________ 监护人:__________

说明:1. 根据不同联锁试验类别,表中"●"表示需要试验项目,"/"表示不需要试验项目,制作联锁试验表时,"/"对应项目可不列出。

2. 表中试验项目"√"表示正确,"×"表示不对,"△"表示无此条件,"○"表示未试验的项目。

3. 新线开通、大修(站场无变化)模拟试验必须按进路方式进行基本联锁关系检查试验。

信号联锁关系试验检查表(计算机联锁功能按钮及显示)

电务段:__________ 站名:__________ 联锁类型:__________ 年 月 日 郑信联表 1-3

试验设备名称	单锁、单解道岔是否有效	单封、解封道岔是否有效	引导总锁闭不能扳动道岔	上电锁闭试验	站场图形显示核对	试验设备名称	钮封、钮解	站场图形显示核对	试验设备名称	区段前后接点校核正确	分路不良设置	无网区段核对	站场图形显示核对	试验设备名称	报警及延时信息	试验设备名称	设备文字显示正确	试验设备名称	双机切换	联锁试验类别
1	2	3	4	5	6	1	2	3	1	2	3	4	5	1	2	1	2	1	2	
	●	●	●	●	●		●	●		●	●	●	●	报警及延时	●	盘面显示	●	操表机/联锁机	/	工程(仿真)
	/	/	/	/	/		/	/		/	/	/	/		/		/		●	工程(模拟、开通)

试验人:__________ 监护人:__________ 施工负责人:__________

说明:1. 根据不同联锁试验类别,表中“●”表示需要试验项目,“/”表示不需要试验项目,制作联锁试验表时,“/”对应项目可不列出。

2. 表中试验项目“√”表示正确,“×”表示不对,“△”表示无此条件,“○”表示未试验的项目。

3. 双机切换时对应试验设备名称按“操表机”“联锁机”填写;报警及延时信息对应试验设备名称按“报警及延时”填写;设备文字显示正确对应试验设备名称按“盘面显示”填写。

4. 根据设备类型可分页编制。

信号联锁关系试验检查表(驱动、采集点对点)

电务段:__________ 站名:__________ 联锁类型:__________ 年 月 日 郑信联表 1-4

位置	名称	配线核对	码位核对	线间绝缘	位置	名称	配线核对	码位核对	线间绝缘	联锁试验类别
1	2	3	4	5	1	2	3	4	5	
		/	●	/			/	●	/	工程(仿真)
		●	●	●			●	●	●	工程(模拟)

试验人:__________ 监护人:__________

说明:1. 根据不同联锁试验类别,表中“●”表示需要试验项目,“/”表示不需要试验项目,制作联锁试验表时,“/”对应项目可不列出。

2. 表中试验项目“√”表示正确,“×”表示不对,“△”表示无此条件,“○”表示未试验的项目。

3. 线间绝缘以验收测试记录为准。

4. 此表同时适用于区间综合监控系统(QJK)。

信号联锁关系试验检查表(延续进路)

电务段:__________　站名:__________　联锁类型:__________　年　月　日　郑信联表 1-5

进路名称	正常排列延续进路	延续进路未建立进站信号不能开放	信号开放后延续进路上道岔锁闭	道岔位置不对延续进路不能排列	延续进路区段占用进路不能排列	延续进路敌对信号	接车进路未锁闭延续进路不锁闭	正常接车延续进路 3 min 解锁	正常接车延续进路坡道解锁立即解锁	取消解锁	人工解锁	办理延续进路的出发信号			联锁试验类别
												列车接近时	列车压入进路内方第一区段	列车压入股道时	
1	2	3	4	5	6	7	8	9	10	11	12	13	14	15	
	●	●	●	●	●	●	●	●	●	●	●	●	●	●	工程(仿真)
	●	●	●	●	●	●	●	●	●	●	●	●	●	●	工程(模拟)

试验人:__________　监护人:__________

说明:1. 根据不同联锁试验类别,表中“●”表示需要试验项目,“/”表示不需要试验项目,制作联锁试验表时,“/”对应项目可不列出。

2. 表中试验项目“√”表示正确,“×”表示不对,“△”表示无此条件,“○”表示未试验的项目。

信号联锁关系试验检查表(站间联系电路)

电务段:__________ 站名:__________ 联锁类型:__________ 年 月 日 郑信联表 1-6

站间电路名称	正常排列进路	取消进路	进路正常解锁	列车未完全到达邻站不能重复开放出发信号	相邻两信号机重复显示	相邻两信号机禁止灯光重复显示	接近区段延长至邻站出站信号机检查	单线区间有车不能改变运行方向	单线区间改变运行方向发车站必须先改为接车站后方能改变	邻站信号开放表示	接近区段占用表示及电铃	单线运行方向表示	联锁试验类别
1	2	3	4	5	6	7	8	9	10	11	12	13	
	●	●	●	●	●	●	●	●	●	●	●	●	工程(仿真)
	●	●	●	●	●	●	●	●	●	●	●	●	工程(模拟)

试验人:__________ 监护人:__________

说明:1. 根据不同联锁试验类别,表中“●”表示需要试验项目,“/”表示不需要试验项目,制作联锁试验表时,“/”对应项目可不列出。

2. 表中试验项目“√”表示正确,“×”表示不对,“△”表示无此条件,“○”表示未试验的项目。

信号联锁关系试验检查表（场间联系电路）

电务段：__________　站名：__________　联锁类型：__________　年　月　日　郑信联表 1-7

联络线标准场联电路									衔接道岔场联电路									联锁试验类别
联系电路名称	正常排列进路	取消进路	进路正常解锁	联络线占用排列列车进路	联络线占用排列调车进路	联络线敌对照查	关联信号机显示核对	联络线占用表示灯	道岔号码	场联道岔表示	同意动岔办理及表示	同意道岔封锁办理及表示	邻场的照查条件检查	邻场信号开放条件检查	信号显示一致性核对	邻场轨道表示	同意动岔手续一次有效检查	
1	2	3	4	5	6	7	8	9	1	2	3	4	5	6	7	8	9	
	●	●	●	●	●	●	●	●		●	●	●	●	●	●	●	●	工程（仿真）
	●	●	●	●	●	●	●	●		●	●	●	●	●	●	●	●	工程（模拟）

试验人：__________　监护人：__________

说明：1. 根据不同联锁试验类别，表中"●"表示需要试验项目，"/"表示不需要试验项目，制作联锁试验表时，"/"对应项目可不列出。

2. 表中试验项目"√"表示正确，"×"表示不对，"△"表示无此条件，"○"表示未试验的项目。

3. 场间联系电路连通，开通试验按照郑信联表 4-8 进行试验。

信号联锁关系试验检查表(机务段同意)

电务段:__________　站名:__________　联锁类型:__________　年　月　日　郑信联表 1-8

机务段同意名称	未办好手续向机务段排列调车进路	机务段按下自复式同意按钮 JTA	松开同意按钮 JTA	排列向机务段的调车进路	车列正常驶入机务段,出清进路区段	复原后排列向机务段的调车进路	办理取消	联锁试验类别
1	2	3	4	5	6	7	8	
	●	●	●	●	●	●	●	工程(仿真)
	●	●	●	●	●	●	●	工程(模拟)
	/	●	●	●	/	/	●	工程(连通、开通)

试验人:__________　监护人:__________　施工负责人:__________

说明:1. 根据不同联锁试验类别,表中“●”表示需要试验项目,“/”表示不需要试验项目,制作联锁试验表时,“/”对应项目可不列出。
2. 表中试验项目“√”表示正确,“×”表示不对,“△”表示无此条件,“○”表示未试验的项目。

信号联锁关系试验检查表(非进路调车)

电务段:＿＿＿＿　站名:＿＿＿＿　联锁类型:＿＿＿＿　年　月　日　郑信联表 1-9

进路号码	非进路调车表示灯显示	信号开放	带动道岔	锁闭道岔	道岔位置不正确不能开放信号	道岔区段占用不能开放信号	敌对信号	正常调车不关闭信号	取消进路经30 s延时解锁	区段占用不能解锁	区段故障人工解锁	超限绝缘检查	联锁试验类别
1	2	3	4	5	6	7	8	9	10	11	12	13	
	●	●	●	●	●	●	●	●	●	●	●	●	工程(仿真)
	●	●	●	●	●	●	●	●	●	●	●	●	工程(模拟)

试验人:＿＿＿＿　监护人:＿＿＿＿

说明:1. 根据不同联锁试验类别,表中"●"表示需要试验项目,"/"表示不需要试验项目,制作联锁试验表时,"/"对应项目可不列出。

2. 表中试验项目"√"表示正确,"×"表示不对,"△"表示无此条件,"○"表示未试验的项目。

信号联锁关系试验检查表(到发线中间出岔)

电务段:________　站名:________　联锁类型:________　年　月　日　郑信联表 1-10

进路号码	正常开放信号	带动中岔	锁闭中岔	中岔位置不正确不能开放信号	中岔部分的敌对信号	取消和人工解锁	股道不留车发车正常解锁	股道留车发车正常解锁	接车未占用中岔解锁	接车压留中岔解锁	接车出清中岔解锁	停电恢复故障解锁	联锁试验类别
1	2	3	4	5	6	7	8	9	10	11	12	13	
	●	●	●	●	●	●	●	●	●	●	●	●	工程(仿真)
	●	●	●	●	●	●	●	●	●	●	●	●	工程(模拟)

试验人:________　监护人:________

说明:1. 根据不同联锁试验类别,表中"●"表示需要试验项目,"/"表示不需要试验项目,制作联锁试验表时,"/"对应项目可不列出。

2. 表中试验项目"√"表示正确,"×"表示不对,"△"表示无此条件,"○"表示未试验的项目。

信号联锁关系试验检查表（轨道停电监督电路）

电务段：________ 站名：________ 联锁类型：________ 年 月 日 郑信联表 1-11

轨道停电名称	轨道停电范围核对	轨道停电恢复后进路不能正常解锁	轨道停电报警核对（计算机联锁）	断电快、恢复慢核对（6502 电气集中联锁）	KZ-GDJ 电源核对（6502 电气集中联锁）	轨道停电关闭驼峰主体信号	备注	联锁试验类别
1	2	3	4	5	6	7	8	
	/	●	●	/	/	●		工程（仿真）
	●	●	●	●	●	●		工程（模拟）

试验人：________ 监护人：________

说明：1. 根据不同联锁试验类别，表中“●”表示需要试验项目，“/”表示不需要试验项目，制作联锁试验表时，“/”对应项目可不列出。

2. 表中试验项目“√”表示正确，“×”表示不对，“△”表示无此条件，“○”表示未试验的项目。

3. 轨道停电关闭驼峰主体信号根据设计特殊说明按需进行试验。

信号联锁关系试验检查表(局部控制电路)

电务段:＿＿＿＿　站名:＿＿＿＿　联锁类型:＿＿＿＿　年　月　日　郑信联表 1-12

局控道岔名称	同意局控(按下局控按钮)			通知局控	局控收回		接收局控		局控锁闭条件检查					局控锁闭			局控锁闭			局控后满足条件检查			局控道岔操纵			局控后局控进路信号开放		局控交权							局控故障解锁条件		联锁试验类别
	控制台局控灯闪光	局控道岔动作至定位位置	局控进路中的其他道岔动作至规定位置	控制台按压电笛按钮，局控盘电笛鸣响	局控同意权利(拉出局控按钮)	局控盘接收局控任务前控制台可收回	局控盘接收局控任务，按下接收局控按钮	控制台无权收回	局控进路中道岔在规定位置	局控道岔在定位位置	局控进路道岔区段空闲	道岔没有锁闭	局控连接股道没有办理列车进路	控制台局控灯稳光	锁闭局控进路中的道岔(局控道岔除外)	局控进路不能排列进路	控制台局控灯稳光	锁闭局控进路中的道岔(局控道岔除外)	局控进路不能排列进路	局控进路中道岔在规定位置	局控进路道岔锁闭	局控连接股道不能办理列车进路	局控盘能够操纵	控制台能操纵	局控道岔操纵不受区段锁闭控制	局控道岔岔后调车跟随道岔位置开放	局控进路中的其他调车带动开放	局控道岔区段及与股道编组场相连的道岔区段空闲		局控道岔恢复定位位置	控制台拉出局控按钮	局控盘拉出局控接收按钮	控制台局控灯闪光	局控解锁后，控制台局控灯灭灯	局控进路中的道岔区段故障	局控交权后	
1	2	3	4	5	6	7	8	9	10	11	12	13	14	15	16	17	18	19	20	21	22	23	24	25	26	27	28	29	30	31	32	33	34	35			
	●	●	●	●	●	●	●	●	●	●	●	●	●	●	●	●	●	●	●	●	●	●	●	●	●	●	●	●	●	●	●	●	●	●			工程(仿真)
	●	●	●	●	●	●	●	●	●	●	●	●	●	●	●	●	●	●	●	●	●	●	●	●	●	●	●	●	●	●	●	●	●	●			工程(模拟)

试验人:＿＿＿＿　监护人:＿＿＿＿

说明:1. 根据不同联锁试验类别,表中“●”表示需要试验项目,“/”表示不需要试验项目,制作联锁试验表时,“/”对应项目可不列出。

2. 表中试验项目“√”表示正确,“×”表示不对,“△”表示无此条件,“○”表示未试验的项目。

信号联锁关系试验检查表(道口通知及遮断试验)

电务段:__________　站名:__________　道口类型:__________　年　月　日　郑信联表 1-13

顺号	列车情况		试验项目																	
			道口控制盘									道口信号机						室外音响器		遮断试验
			A复示器		B复示器		上接表灯	下接表灯	电源表灯	音响器	计数器	A			B					
			白灯	红灯	白灯	红灯						白灯	红灯	红灯	白灯	红灯	红灯	A	B	
1	无列车接近道口																			
2	下行列车	未按确认按钮																		
	接近道口	按压确认按钮																		
3	下行列车出清道口																			
4	上行列车	未按确认按钮																		
	接近道口	按压确认按钮																		
5	上行列车出清道口																			
6	设备故障(XTJ↓STJ↓→YJ↓→DKJJ↓)																			
7	按压故障按钮(GZA)																			
8	电源停电																			
9	按压复原按钮(FUA)																			
10	列车追踪																			

试验人:__________　监护人:__________　施工负责人:__________

说明:1. 表中试验项目"√"表示正确,"×"表示不对,"△"表示无此条件,"○"表示未试验的项目。

2. 本表所有试验项目适用于模拟、开通。

3. 非标道口按照实际功能编制联锁试验表。

信号联锁关系试验检查表(信号机)

电务段:＿＿＿＿＿　站名:＿＿＿＿＿　联锁类型:＿＿＿＿＿　年　月　日　郑信联表 2-1

信号机名称	信号机类型	信号机位置朝向核对	灯位及显示核对 L	LU(L)	U	H	UU	USU	HB	B	A	进站复示	进路表示器	灯丝转换/断丝检查 L	U	H	2U	YB	红灯断丝不能开放信号	灯光转移试验	室外配合人	联锁试验类别
			灯位	灯位	灯位	灯位	灯位	灯位	灯位	灯位	灯位	灯位	灯位						能 / 不能			
1	2	3	4	5	6	7	8	9	10	11	12	13	14	15	16	17	18	19	20	21		
	/	/	●	●	●	●	●	●	●	●	●	●	●	● /	● /	● /	● /	● /	/	/		施工(涉及改动配线的更换室外信号机构、点灯单元、变压器)
	●	●	●	●	●	●	●	●	●	●	●	●	●	● ●	● ●	● ●	● ●	● ●	●	●		工程(连通)
	●	●	●	●	●	●	●	●	●	●	●	●	●	/	/	/	/	/	/	/		工程(开通)
	/	/	●	●	●	●	●	●	●	●	●	●	●	/	/	/	/	/	/	/		年度

指挥人:＿＿＿＿＿　操作人:＿＿＿＿＿　监护人:＿＿＿＿＿　施工负责人:＿＿＿＿＿

说明:1. 根据不同联锁试验类别,表中“●”表示需要试验项目,“/”表示不需要试验项目,制作联锁试验表时,“/”对应项目可不列出。不同类型信号机可单独制表。“灯位”预制表格时按实际灯位“1、2、3、4、5 位”或组合填写;出站信号机灯位前增加左或右填写;进站复示灯位上、左、右填写;单灯位进路表示器灯位按“NB”填写;进路表示器组合显示的,“灯位”按左 B、中 B、右 B 或上左 B、上中 B、上右 B、或下左 B、下中 B、下右 B 分别填写。

2. 表中试验项目“√”表示正确,“×”表示不对,“△”表示无此条件,“○”表示未试验的项目。

3. 年度联锁试验时,4～14 栏可结合列车运行、维修作业观察记录,其中出站复示结合维修测试确认不再试验,两个方向以上的出站信号机,由室外配合人员现场核对。结合列车运行、维修作业观察记录时不核对信号机灯位。整站信号联锁改造首次年度联锁试验,需进行现场灯位核对,不允许结合列车运行、维修作业观察记录试验。年度联锁试验人员填写操作人、室外配合人(结合列车运行、维修作业观察记录的项目只填写操作人),车间联锁工程师(首年为段联锁工程师)审核签字。

信号联锁关系试验检查表(轨道电路)

电务段：________ 站名：________ 联锁类型：________ 年 月 日 郑信联表 2-2

轨道区段名称	轨道电路位置核对	核对占用表示	占用各分支及残压测试	极性交叉检查	一送多受对位检查	绝缘节侵限检查	继电器状态核对			测试盘核对	轨道电源核对	局部电源核对	室外配合人	联锁试验类别
							二元	联锁复示	电码化复示					
1	2	3	4	5	6	7	8	9	10	11	12	13	14	
	●	●	/	●	/	/	/	/	/	/	/	/		施工(涉及改动配线的更换室外轨道器材)
	●	●	/	/	●	/	●	●	●	●	/	●		工程(模拟)
	●	●	●	/	●	●	●	/	/	/	●	/		工程(连通)
	●	●	/	/	●	/	/	/	/	/	/	/		工程(开通)
	/	●	/	/	/	/	/	/	/	/	/	/		年度

试验人：________ 监护人：________ 施工负责人：________

说明：1. 根据不同联锁试验类别，表中“●”表示需要试验项目，“/”表示不需要试验项目，制作联锁试验表时，“/”对应项目可不列出。

2. 表中试验项目“√”表示正确，“×”表示不对，“△”表示无此条件，“○”表示未试验的项目。

3. 年度联锁试验时，3 栏可结合列车运行、维修作业观察记录。年度联锁试验人员填写操作人、室外配合人(结合列车运行、维修作业观察记录的项目只填写操作人)，车间联锁工程师(首年为段联锁工程师)审核签字。

4. 工程开通时，极性交叉检查以电气特性测试记录为准。

信号联锁关系试验检查表(道岔转换设备-直流)

电务段:__________ 站名:__________ 联锁类型:__________ 年 月 日 郑信联表 2-3

道岔号码	转辙机类型	定位闭合接点	核对位置 定位 直向	核对位置 定位 侧向	核对位置 反位 直向	核对位置 反位 侧向	断表示接点 定位 Ⅰ	断表示接点 定位 Ⅱ	断表示接点 定位 Ⅲ	断表示接点 反位 Ⅰ	断表示接点 反位 Ⅱ	断表示接点 反位 Ⅲ	JM-A试验	断移位接触器 定位	断移位接触器 反位	第一牵引点4 mm不锁闭 定位	第一牵引点4 mm不锁闭 反位	第二牵引点6 mm不锁闭 定位	第二牵引点6 mm不锁闭 反位	道岔被阻后转换试验 定位	道岔被阻后转换试验 反位	液压道岔续动试验 定位	液压道岔续动试验 反位	断启动接点 定位	断启动接点 反位	一动不到位时二动不动 定位	一动不到位时二动不动 反位	断遮断器(安全接点) 定位	断遮断器(安全接点) 反位	断启动熔丝道岔不能扳动 定位	断启动熔丝道岔不能扳动 反位	2DQJ、DBJ(FBJ)及道岔位置一致 定位	2DQJ、DBJ(FBJ)及道岔位置一致 反位	断表示器的表示接点 定位	断表示器的表示接点 反位	多动道岔位置、表示一致性核对 定位	多动道岔位置、表示一致性核对 反位	多动道岔各动断表示 定位	多动道岔各动断表示 反位	道岔锁闭 单独锁闭	道岔锁闭 区段锁闭	道岔锁闭 进路锁闭	道岔锁闭 引导总锁闭	道岔启动电路检查本区段轨道继电器前接点	道岔自闭电路试验	挤岔断表示报警	室外配合人	联锁试验类别
1	2	3	4	5	6	7	8	9	10	11	12	13	14	15	16	17	18	19	20	21	22	23	24	25	26	27	28	29	30	31	32	33	34	35	36	37	38	39	40	41	42	43	44	45	46	47		
		●	●	●	●	●	●	●	●	●	●	●	●	●	●	●	●	●	●	/	/	●	●	●	●	●	●	●	●	/	/	●	●	●	●	●	●	●	●	/	/	/	/	/	/	/		施工(更换道岔、转辙机)
		/	/	/	/	/	/	/	/	/	/	/	/	/	/	/	/	/	/	/	/	/	/	/	/	/	/	/	/	/	/	/	/	/	/	/	/	/	/	●	●	●	●	/	/	●		工程(仿真)
		/	/	/	/	/	/	/	/	/	/	/	/	/	/	/	/	/	/	/	/	/	/	/	/	/	/	/	/	/	/	●	●	/	/	/	/	/	/	/	/	/	/	●	/	/		工程(模拟)
		●	●	●	●	●	●	●	●	●	●	●	●	●	●	●	●	●	●	●	●	●	●	●	●	●	●	●	●	●	●	●	●	●	●	●	●	●	●	/	/	/	/	/	●	/		工程(连通)
		●	●	●	●	●	●	/	/	●	/	/	/	/	/	/	/	/	/	/	/	/	/	/	/	/	/	/	/	/	/	●	●	/	/	●	●	●	●	/	/	/	/	/	/	/		工程(开通)
		●	●	●	●	●	●	/	/	●	/	/	●	/	/	/	/	/	/	/	/	/	/	/	/	/	/	/	/	/	/	/	/	/	/	●	●	/	/	●	●	●	●	/	/	/		年度

试验人:__________ 监护人:__________ 施工负责人:__________

说明:1. 根据不同联锁试验类别,表中“●”表示需要试验项目,“/”表示不需要试验项目,制作联锁试验表时,“/”对应项目可不列出。

2. 表中试验项目“√”表示正确,“×”表示不对,“△”表示无此条件,“○”表示未试验的项目。

3. 继电联锁车站 41~44 栏年度联锁试验每 5 年 1 次,结合进路表试验同步进行。

4. 年度联锁试验人员填写操作人、室外配合人,车间联锁工程师(首年为段联锁工程师)审核签字。

5. 定位闭合接点按 1、3 闭合,2、4 闭合分别制表。断表示接点 Ⅰ、Ⅱ、Ⅲ 位置需填写具体接点。

信号联锁关系试验检查表（道岔转换设备-交流）

电务段：__________　站名：__________　联锁类型：__________　年　月　日　郑信联表 2-4

道岔号码	转辙机类型	定位闭合接点	核对位置				断表示接点								JM-A试验	断相保护			道岔被阻后的转换试验		液压道岔续动试验		断启动接点		4 mm试验		5 mm、6 mm、10 mm试验		2DQJ、DBJ（FBJ）及道岔位置一致		道岔锁闭				道岔启动电路检查本区段轨道继电器前接点	断开遮断器		多机牵引总保护		多机牵引总表示	道岔自闭电路试验	挤岔断表示报警	室外配合人	联锁试验类别
			定位		反位		定位				反位					A	B	C	定位	反位	定位	反位	定位	反位	定位	反位	定位	反位	定位	反位	单独锁闭	区段锁闭	进路锁闭	引导总锁闭		定位	反位	定位	反位					
			直向	侧向	直向	侧向	Ⅰ	Ⅱ	Ⅲ	Ⅳ	Ⅰ	Ⅱ	Ⅲ	Ⅳ																														
1	2	3	4	5	6	7	8	9	10	11	12	13	14	15	16	17	18	19	20	21	22	23	24	25	26	27	28	29	30	31	32	33	34	35	36	37	38	39	40	41	42	43	44	
		●	●	●	●	●	●	●	●	●	●	●	●	●	●	/	/	/	/	/	●	●	●	●	●	●	●	●	●	●	/	/	/	/	/	●	●	●	●	●	/	/		施工（更换道岔、转辙机）
		/	/	/	/	/	/	/	/	/	/	/	/	/	/	/	/	/	/	/	/	/	/	/	/	/	/	/	/	/	●	●	●	●	/	/	/	/	/	/	/	●		工程（仿真）
		/	/	/	/	/	/	/	/	/	/	/	/	/	/	/	/	/	/	/	/	/	/	/	/	/	/	/	●	●	/	/	/	/	●	/	/	/	/	/	/	/		工程（模拟）
		●	●	●	●	●	●	●	●	●	●	●	●	●	●	●	●	●	●	●	●	●	●	●	●	●	●	●	●	●	/	/	/	/	/	●	●	●	●	●	●	/		工程（连通）
		●	●	●	●	●	●	/	/	/	●	/	/	/	/	/	/	/	/	/	/	/	/	/	/	/	/	/	●	●	/	/	/	/	/	/	/	/	/	●	/	/		工程（开通）
		●	●	●	●	●	●	/	/	/	●	/	/	/	●	/	/	/	/	/	/	/	/	/	/	/	/	/	/	/	●	●	●	●	/	/	/	/	/	/	/	/		年度

试验人：__________　监护人：__________　施工负责人：__________

说明：1. 根据不同联锁试验类别，表中“●”表示需要试验项目，“/”表示不需要试验项目，制作联锁试验表时，“/”对应项目可不列出。

2. 表中试验项目“√”表示正确，“×”表示不对，“△”表示无此条件，“○”表示未试验的项目。

3. 39、40 栏施工室内不修改配线时不试验。

4. 继电联锁车站 32～35 栏年度联锁试验每 5 年 1 次，结合进路表试验同步进行。

5. 年度联锁试验人员填写操作人、室外配合人，车间联锁工程师（首年为段联锁工程师）审核签字。

6. 定位闭合接点按 1、3 闭合，2、4 闭合分别制表。断表示接点Ⅰ、Ⅱ、Ⅲ位置需填写具体接点。

信号联锁关系试验检查表(道岔总表示、分表示纳入联锁核对)

电务段:________ 站名:________ 联锁类型:________ 年 月 日 郑信联表 2-5

道岔号码	道岔位置	道岔分表示									道岔总表示	联锁试验类别
		J1	J2	J3	J4	J5	J6	X1	X2	X3		
1	2	3	4	5	6	7	8	9	10	11	12	
	定位	●	●	●	●	●	●	●	●	●	●	工程(仿真)
	反位	●	●	●	●	●	●	●	●	●	●	
	定位	●	●	●	●	●	●	●	●	●	●	
	反位	●	●	●	●	●	●	●	●	●	●	

试验人:________ 监护人:________

说明:1. 根据不同联锁试验类别,表中"●"表示需要试验项目,道岔分表示数量按牵引点数量确定,制作联锁试验表时,按实际列出。

2. 多牵引点联动道岔按两组试验。

3. 表中试验项目"√"表示正确,"×"表示不对,"△"表示无此条件,"○"表示未试验的项目。

信号联锁关系试验检查表（ZPW-2000 系列轨道电路电码化信号显示与低频信息一致性核对）

电务段：__________　站名：__________　电码化类型：__________　年　月　日　郑信联表 3-1

序号	发送器		载频频率核对		低频	HU		U		LU		L		L2		L3		L4		L5		UU		U2		UUS		U2S		HB		JC		GP		移频报警	备注	联锁试验类别
						26.8 Hz		16.9 Hz		13.6 Hz		11.4 Hz		12.5 Hz		10.3 Hz		23.5 Hz		21.3 Hz		18 Hz		14.7 Hz		19.1 Hz		20.2 Hz		24.6 Hz		27.9 Hz		25.7 Hz				
	名称	位置	频率	主/备	前方信号机名称	信号显示	主/备	信号显示	主/备	信号显示	主/备	信号显示	主/备	信号显示	主/备	信号显示	主/备	信号显示	主/备	信号显示	主/备	信号显示	主/备	信号显示	主/备	信号显示	主/备	信号显示	主/备	信号显示	主/备	信号显示	主/备	信号显示	主/备			
1	2	3	4	5	6	7	8	9	10	11	12	13	14	15	16	17	18	19	20	21	22	23	24	25	26	27	28	29	30	31	32	33	34	35	36	37	38	
						H	—	U	—	LU	—	L	—	L	—	L	—	L	—	L	—	L/LU/U	—	U	—	L/LU/U	—	U	—	HB	—	反向						
	●	●	●	●	●	●	●	●	●	●	●	●	●	●	●	●	●	●	●	●	●	●	●	●	●	●	●	●	●	●	●	●	●	●	●	●		工程（模拟、连通）
	●	●	●	●	●	●	/	●	/	●	/	●	/	●	/	●	/	●	/	●	/	●	/	●	/	●	/	●	/	●	/	●	/	●	/	●		工程（开通）

试验人：__________　监护人：__________　施工负责人：__________

说明：1. 根据不同联锁试验类别，表中“●”表示需要试验项目，“/”表示不需要试验项目，制作联锁试验表时，“/”对应项目可不列出。

2. 表中试验项目“√”表示正确，“×”表示不对，“△”表示无此条件，“○”表示未试验的项目。

3. 连通试验只试验一种常态低频信息，开通试验只进行主用载频、低频信息核对。

信号联锁关系试验检查表(ZPW-2000 系列轨道电路预叠加电码化发送通道)

电务段:__________ 站名:__________ 电码化类型:__________ 年 月 日 郑信联表 3-2

序号	发送器名称	载频频率	核对使用低频	JMJ/FMJ名称	JMJ/FMJ励磁核对	预叠加顺序核对	切码时机核对	发码灯核对	电码化区段通道核对																		备注	联锁试验类别
									区段名称			区段名称			区段名称			区段名称			区段名称			区段名称				
									分线盘核对		室外发码端核对	分线盘核对		室外发码端核对	分线盘核对		室外发码端核对	分线盘核对		室外发码端核对	分线盘核对		室外发码端核对	分线盘核对		室外发码端核对		
									主	备		主	备		主	备		主	备		主	备		主	备			
1	2	3	4	5	6	7	8	9	10	11	12	13	14	15	16	17	18	19	20	21	22	23	24	25	26	27	28	
	●	●	●	●	●	●	●	●	●	●	●	●	●	●	●	●	●	●	●	●	●	●	●	●	●	●		工程(模拟)
	●	●	/	/	/	/	/	/	/	/	●	/	/	●	/	/	●	/	/	●	/	/	●	/	/	●		工程(连通)

试验人:__________ 监护人:__________ 施工负责人:__________

说明:1. 根据不同联锁试验类别,表中"●"表示需要试验项目,"/"表示不需要试验项目,制作联锁试验表时,"/"对应项目可不列出。

2. 表中试验项目"√"表示正确,"×"表示不对,"△"表示无此条件,"○"表示未试验的项目。

信号联锁关系试验检查表(同制式轨道电路)

电务段:__________　站名:__________　电码化类型:__________　年　月　日　郑信联表 3-3

顺号	进路名称(始终端)	逐区段核对载频正确	逐区段FQJ位置核对	分歧处所电码核对	逐区段低频信息核对(主/备)																发送主备转换	接收主备转换	发送转换报警	接收转换报警	维护终端码序核对	灯丝双断	送受电端设置正确	联锁试验类别
					JC	GP	H	HU	HB	U	U2	U2S	UU	UUS	LU	L	L2	L3	L4	L5								
1	2	3	4	5	6	7	8	9	10	11	12	13	14	15	16	17	18	19	20	21	22	23	24	25	26	27	28	
	●	●	●	●	●	●	●	●	●	●	●	●	●	●	●	●	●	●	●	●	●	●	●	●	●	●	●	工程(模拟、连通)
	●	●	●	●	●	●	●	●	●	●	●	●	●	●	●	●	●	●	●	●	●	●	●	●	●	●	●	工程(开通)

试验人:__________　监护人:__________　施工负责人:__________

说明:1. 根据不同联锁试验类别,表中“●”表示需要试验项目,“/”表示不需要试验项目,制作联锁试验表时,“/”对应项目可不列出。

2. 表中试验项目“√”表示正确,“×”表示不对,“△”表示无此条件,“○”表示未试验的项目。

信号联锁关系试验检查表(接车口 ZPW-2000 区间信号显示与低频信息一致性核对)

电务段:＿＿＿＿　站(场)名:＿＿＿＿　闭塞类型:ZPW-2000A　年　月　日　郑信联表 4-1

进站信号机	区段/信号机名称				区段/信号机名称				区段/信号机名称				区段/信号机名称			
	载频		主备核对		载频		主备核对		载频		主备核对		载频		主备核对	
	低频(Hz)		信号显示		低频(Hz)		信号显示		低频(Hz)		信号显示		低频(Hz)		信号显示	
													占用		H	
									占用		H		26.8		U	
					占用		H		26.8	+1	U		16.9	+1	LU	
	占用		H		26.8	+1	U		16.9	+1	LU		13.6	+1	L	
H	26.8	+1	U		16.9	+1	LU		13.6	+1	L		11.4	+1	L	
HB	24.6	+1	U		16.9	+1	LU		13.6	+1	L		11.4	+1	L	
UU	18	+1	U		14.7	+1	LU		13.6	+1	L		11.4	+1	L	
正线接车 U	16.9	+1	LU		13.6	+1	L		11.4	+1	L					
进直出弯 U	14.7	+1	LU		13.6	+1	L		11.4	+1	L					
LU	13.6	+1	L		11.4	+1	L									
L	11.4	+1	L													
反方向运行	27.9	+1	灭		27.9	+1	灭		27.9	+1	灭		27.9	+1	灭	

试验人:＿＿＿＿　监护人:＿＿＿＿　施工负责人:＿＿＿＿

说明:1. 表中试验项目"√"表示正确,"×"表示不对,"△"表示无此条件,"○"表示未试验。

2. 本表所有试验项目适用于模拟、开通。

3. 开通试验只进行主用载频、低频信息核对。

信号联锁关系试验检查表(发车口 ZPW-2000 区间信号显示与低频信息一致性核对)

电务段:________ 站(场)名:________ 闭塞类型: ZPW-2000A 年 月 日 郑信联表 4-2

边界信号机	区段/信号机名称			区段/信号机名称			区段/信号机名称			区段/信号机名称		逆向进站信号机
	载频 2001.4	主备核对		载频 2601.4	主备核对		载频 1998.7	主备核对		载频 2598.7	主备核对	
	低频(Hz)		信号显示	低频(Hz)		信号显示	低频(Hz)		信号显示	低频(Hz)		
										占用		
							占用		H	26.8	+1	
				占用		H	26.8	+1	U	16.9	+1	
	占用		H	26.8	+1	U	16.9	+1	LU	13.6	+1	
H	26.8	+1	U	16.9	+1	LU	13.6	+1	L	11.4	+1	
U	16.9	+1	LU	13.6	+1	L	11.4	+1	L			
LU	13.6	+1	L	11.4	+1	L						
L	11.4	+1	L									
反方向运行	27.9	+1	灭	27.9	+1	灭	26.8	+1	灭	26.8	+1	H
							24.6	+1	灭	24.6	+1	HB
							18	+1	灭	18	+1	UU
							19.1	+1		19.1	+1	USU
							16.9	+1	灭	16.9	+1	正线接车 U
							14.7	+1	灭	14.7	+1	进直出弯 U
							13.6	+1		13.6	+1	LU
							11.4	+1	灭	11.4	+1	L
							灭	+1	灭	灭	+1	

试验人:________ 监护人:________ 施工负责人:________

说明:1. 表中试验项目“√”表示正确,“×”表示不对,“△”表示无此条件,“○”表示未试验。

2. 本表所有试验项目适用于模拟、开通。

3. 开通试验只进行主用载频、低频信息核对。

信号联锁关系模拟试验检查表（一般区段 ZPW-2000 区间信号显示与低频信息一致性核对表）

电务段：________ 站（场）名：________ 闭塞类型：ZPW-2000A 年 月 日 郑信联表 4-3

信号机（边界信号机）	区段/信号机名称			区段/信号机名称			区段/信号机名称			区段/信号机名称		
	载频	主备核对		载频	主备核对		载频	主备核对		载频	主备核对	
	低频(Hz)		信号显示	低频(Hz)		信号显示	低频(Hz)		信号显示	低频(Hz)		信号显示
										占用		H
							占用		H	26.8	+1	U
				占用		H	26.8	+1	U	16.9	+1	LU
	占用		H	26.8	+1	U	16.9	+1	LU	13.6	+1	L
H	26.8	+1	U	16.9	+1	LU	13.6	+1	L	11.4	+1	L
U	16.9	+1	LU	13.6	+1	L	11.4	+1	L			
LU	13.6	+1	L	11.4	+1	L						
L	11.4	+1	L									
反方向运行	27.9	+1	灭	27.9	+1	灭	26.8	+1	灭	26.8	+1	灭

试验人：________ 监护人：________ 施工负责人：________

说明：1. 表中试验项目“√”表示正确，“×”表示不对，“△”表示无此条件，“○”表示未试验。

2. 本表所有试验项目适用于模拟、开通。

3. 开通试验只进行主用载频、低频信息核对。

信号联锁关系试验检查表（ZPW-2000 型移频自动闭塞）

电务段：＿＿＿＿＿ 站（场）名：＿＿＿＿＿ 闭塞类型：ZPW-2000A 年 月 日 郑信联表 4-4

名称 区段	名称 信号机	正向调谐区小轨条件检查	反向调谐区小轨条件检查	表示灯核对	分割点区段核对 正向 一般分割点	分割点区段核对 正向 三接近分割点 进站开放	分割点区段核对 正向 三接近分割点 进站关闭	分割点区段核对 正向 站联分割点	分割点区段核对 反向 一般分割点	分割点区段核对 反向 1LQ分割点 进站开放	分割点区段核对 反向 1LQ分割点 进站关闭	分割点区段核对 反向 站联分割点	闭塞分区核对	接收主并机	发送报警	接收报警	红灯转移	灯位及显示核对 H 2位	灯位及显示核对 U 3位	灯位及显示核对 LU 1位、3位	灯位及显示核对 L 1位	主、副灯丝转换及报警/灯泡双断丝DJ落下 H 2位	主、副灯丝转换及报警/灯泡双断丝DJ落下 U 3位	主、副灯丝转换及报警/灯泡双断丝DJ落下 L 1位	室外配合试验人	备注
1	2	3	4	5	6	7	8	9	10	11	12	13	14	16	17	18	19	20	21	22	23	24	25	26	27	28
		●	●	●	/	/	/	/	/	/	/	/	●	●	●	●	●	/	/	/	/	/	/	/		模拟
		/	/	/	●	●	●	●	●	●	●	●	●	/	/	/	/	●	●	●	●	● ●	● ●	● ●		连通
		/	/	/	/	/	/	/	/	/	/	/	●	/	/	/	/	●	●	●	●	● /	● /	● /		开通
		/	/	/	/	/	/	/	/	/	/	/	●	/	/	/	/	●	●	●	●	/	/	/		年度

试验人：＿＿＿＿＿ 监护人：＿＿＿＿＿ 施工负责人：＿＿＿＿＿

说明：1. 表中试验项目“√”表示正确，“×”表示不对，“△”表示无此条件，“○”表示未试验。

2. 工程（开通）时灯丝转换仅试验最远端信号机常态点灯位。

3. 年度联锁试验时，14、20～23 栏可结合列车运行、维修作业观察记录，其中结合列车运行、维修作业观察记录时不核对信号机灯位。整站信号联锁改造首次年度联锁试验，需进行现场灯位核对，不允许结合列车运行跟车、维修作业观察记录试验。年度联锁试验人员填写操作人、室外配合人（结合列车运行、维修作业观察记录的项目只填写操作人），车间联锁工程师（首年为段联锁工程师）审核签字。

信号联锁关系试验检查表(区间自动闭塞结合电路)

电务段:________　　站名:________　　闭塞类型:________　　年　　月　　日　　郑信联表 4-5

自动闭塞结合口	接车				发车				接近电铃/语音核对	备注	联锁试验类别
	1JG 状态/表示核对	2JG 状态/表示核对	3JG 状态/表示核对	反向发车检查 3JGJ 区间空闲	1LQ 状态/表示核对	2LQ 状态/表示核对	3LQ 状态/表示核对	发车检查 1LQJ 区间空闲			
1	2	3	4	5	6	7	8	9	10	11	
	●	●	●	●	●	●	●	●	●		工程(模拟)
	●	●	●	/	●	●	●	/	●		工程(连通)

试验人:________　　监护人:________　　施工负责人:________

说明:1. 根据不同联锁试验类别,表中"●"表示需要试验项目,"/"表示不需要试验项目,制作联锁试验表时,"/"对应项目可不列出。

2. 表中试验项目"√"表示正确,"×"表示不对,"△"表示无此条件,"○"表示未试验的项目。

信号联锁关系试验检查表(四线制方向电路)

电务段:__________　站名:__________　闭塞类型:__________　年　月　日　郑信联表 4-6

名称	正常改方					辅助改方									区间方向表示灯显示与区间方向一致,区间占用监督表示灯显示正确	正常改方和辅助改方,在前一次办理后,必须等待 13 s 后,方准再次办理改方	联锁试验类别
	未按"允许改方"按钮,反向发车不能改方	按下"允许改方"按钮,办理反向发车进路自动改方	改方后办理正向发车恢复正方向	对方站有发车进路不能改方	办理非列车进路不能改方	闭塞分区占用不能正常改方	FSJ落下不能进行辅助改方	双接时依靠辅助方式改方	监督电路故障时办理辅助改方	监督电路故障时办理辅助改方:监督电路故障时不能开放	监督电路故障时办理辅助改方:监督电路良好能开放	列车发车后发站辅助灯灭灯	列车运行方向表示	区间占用表示			
1	2	3	4	5	6	7	8	9	10	11	12	13	14	15	16	17	
	●	●	●	●	●	●	●	●	●	●	●	●	●	●	●	●	工程(模拟)
	●	●	●	●	●	/	/	/	/	/	/	/	/	/	●	●	工程(连通)
	●	●	●	●	●	/	/	/	/	/	/	/	/	/	●	/	工程(开通)

试验人:__________　监护人:__________　施工负责人:__________

说明:1. 根据不同联锁试验类别,表中"●"表示需要试验项目,"/"表示不需要试验项目,制作联锁试验表时,"/"对应项目可不列出。

2. 表中试验项目"√"表示正确,"×"表示不对,"△"表示无此条件,"○"表示未试验的项目。

信号联锁关系试验检查表(半自动闭塞电路)

电务段：__________ 站名：__________ 闭塞类型：__________ 年 月 日 郑信联表 4-7

序号	发车口名称	闭塞类型	未办理闭塞不能开放信号	发车站轨道电路故障，闭塞不能办理	正常办理闭塞手续	办理闭塞后调车	取消办理				列车出发通知	列车到达通知	列车未到达,接车站办理到达复原,双方站闭塞机不能复原	到达复原	事故复原		接车站引导接车,接车站办理取消、事故复原	邻站试验人	联锁试验类别
							接发车表示黄灯	接发车表示绿灯	发车站开放列车信号后不能办理	取消发车进路后办理					闭塞电源断电重新恢复	轨道电路故障或其他原因而引起闭塞机不能正常复原			
1	2	3	4	5	6	7	8	9	10	11	12	13	14	15	16	17	18	19	
		●	●	●	●	●	●	●	●	●	●	●	●	●	●	●	●		工程(模拟)
				/	●	/	●	●	/	●	/	/	/	/	/	/	/		工程(连通)
				/	●	/	●	●	/	●	/	/	/	/	/	/	/		工程(开通)

试验人：__________ 监护人：__________ 施工负责人：__________

说明：1. 根据不同联锁试验类别，表中“●”表示需要试验项目，“/”表示不需要试验项目，制作联锁试验表时，“/”对应项目可不列出。

2. 表中试验项目“√”表示正确，“×”表示不对，“△”表示无此条件，“○”表示未试验的项目。

信号联锁关系试验检查表[站(场)联电路继电器状态一致性核对]

电务段:__________　站名:__________　闭塞类型:__________　年　月　日　郑信联表 4-8

站(场)联线路	序号	送电方	本站继电器状态	本站分线盘端子	本站分线盘电压极性核对	邻站继电器状态	邻站分线盘端子	邻站分线盘电压极性核对	一致性核对	邻站核对人	联锁试验类别
1	2	3	4	5	6	7	8	9	10	11	
		●	●	●	●	●	●	●	●	●	工程(模拟)
		●	●	●	●	●	●	●	●	●	工程(连通)
		●	●	/	/	●	/	/	●	●	工程(开通)

试验人:__________　监护人:__________　施工负责人:__________

说明:1. 根据不同联锁试验类别,表中“●”表示需要试验项目,“/”表示不需要试验项目,制作联锁试验表时,“/”对应项目可不列出。
2. 表中试验项目“√”表示正确,“×”表示不对,“△”表示无此条件,“○”表示未试验的项目。
3. 继电器状态按组合位置+继电器名称+继电器状态填写。

信号联锁关系试验检查表（自动闭塞区间继电式逻辑检查设备）

电务段：________　　站（场）名：________　　闭塞类型：________　　行别：________　　年　月　日　　郑信联表 5-1

设备名称	顺序占用并出清	逻辑占用“上一”区段	单独占用本区段	占用丢失检查	占用丢失自动恢复	离去结合	接近结合	GJ状态核对	JQJ状态核对	人工解锁	关闭逻辑检查	反向运行	站联条件核对	人工解锁按钮灯（U）	轨道区段灯（L）	逻辑检查报警灯（H）	关闭按钮灯（H）	逻辑检查报警电铃	联锁试验类别
1	2	3	4	5	6	7	8	9	10	11	12	13	14	15	16	17	18	19	20
	●	●	●	●	●	●	●	●	●	●	●	●	●	●	●	●	●	●	工程（模拟）

试验人：________　　监护人：________

说明：1. 根据不同联锁试验类别，表中“●”表示需要试验项目，“/”表示不需要试验项目，制作联锁试验表时，“/”对应项目可不列出。

2. 表中试验项目“√”表示正确，“×”表示不对，“△”表示无此条件，“○”表示未试验的项目。

3. 换装前对区间逻辑设备进行全面的试验，换装当日施工给点后，关闭区间逻辑设备，不再进行试验，点毕前恢复区间逻辑设备使用。

信号联锁关系试验检查表(区间综合监控系统逻辑检查设备)

电务段:________ 站(场)名:________ 闭塞类型:________ 行别:________ 年 月 日 郑信联表 5-2

序号	逻辑检查区间	闭塞分区名称	上电初始化	正常分路	故障占用	失去分路	解除逻辑检查区段防护状态	反向运行	区间关闭	备注	联锁试验类别
			轨道空闲,则判为空闲;轨道占用,如果该分区前方为空闲,则判为正常占用,否则判为故障占用	顺序占用逻辑检查区间的闭塞分区,闭塞分区正常解锁	故障恢复,相应闭塞分区正常恢复	占用丢失持续 60 s,报警 BJD 红灯报警,逻辑检查区段处于防护状态	人工解锁(按压 ZRJA 和 RJA),自动解锁(SA 内前方区段正常占用)	失去分路后不产生逻辑检查报警	按下 GBA 后,区间不再进行逻辑检查		
1	2	3	4	5	6	7	8	9	10	11	
			●	●	●	●	●	●	●	●	工程(仿真)
			/	●	●	●	●	●	●	●	工程(模拟)

试验人:________ 监护人:________

说明:1. 根据不同联锁试验类别,表中“●”表示需要试验项目,“/”表示不需要试验项目,制作联锁试验表时,“/”对应项目可不列出。
2. 表中试验项目“√”表示正确,“×”表示不对,“△”表示无此条件,“○”表示未试验的项目。
3. 换装前对区间逻辑设备进行全面的试验,换装当日施工给点后,关闭区间逻辑设备,不再进行试验,点毕前恢复区间逻辑设备使用。

信号联锁关系试验检查表[区间综合监控系统逻辑检查设备(人解盘)]

电务段:________ 站(场)名:________ 闭塞类型:________ 行别:________ 年 月 日 郑信联表 5-3

序号	逻辑检查区间	闭塞分区名称	人工解锁按钮盘(QJK 逻辑检查)														备注	联锁试验类别
			正常工作状态					区间反方向时	失去分路状态			占用丢失报警后区段空闲,按压 ZRJA 和 RJA 后			按压对应"区间逻辑检查功能关闭按钮 GBA"后			
			远程人工解锁盘 SQA(授权按钮)试验	区间逻辑检查功能关闭按钮 GBA	逻辑检查区段空闲状态显示(QGJD 绿灯)	逻辑检查区段占用状态显示(QGJD 灭灯)	报警显示(BJD 灭灯)	人解按钮表示灯黄灯	逻辑检查区段失去分路(QGJD 绿灯)	占用丢失持续 60 s,报警表示灯(BJD 红灯)	占用丢失持续 60 s,报警电铃(鸣响),按下 QLA 后,电铃停止鸣响	恢复空闲状态显示(QGJD 绿灯)	报警显示(BJD 灭灯)	报警电铃(停止鸣响)	关闭按钮表示灯红灯	人解按钮表示灯黄灯		
1	2	3	4	5	6	7	8	9	10	11	12	13	14	15	16	17	18	
			●	●	●	●	●	●	●	●	●	●	●	●	●	●		工程(模拟)

试验人:________ 监护人:________

说明:1. 根据不同联锁试验类别,表中"●"表示需要试验项目,"/"表示不需要试验项目,制作联锁试验表时,"/"对应项目可不列出。
2. 表中试验项目"√"表示正确,"×"表示不对,"△"表示无此条件,"○"表示未试验的项目。
3. 换装前对区间逻辑设备进行全面的试验,换装当日施工给点后,关闭区间逻辑设备,不再进行试验,点毕前恢复区间逻辑设备使用。

信号联锁关系试验检查表（ZK4 型电空分路道岔）

电务段：＿＿＿＿＿　　站（场）名：＿＿＿＿＿　　联锁类型：＿＿＿＿＿　　年　　月　　日　　郑信联表 6-1

道岔号码	核对位置		断表示接点		断安全接点（遮断器）		断启动保险		断表示保险		低风压锁闭试验	7 mm试验		DCJ、DBJ、FBJ及道岔位置一致性核对		道岔锁闭试验				道岔转换时间		溜放模式下人工抢扳道岔	挤岔报警	应急盘扳动位置核对		道岔自动恢复		道岔操纵继电器 DCJ 自动恢复		道岔恢复人工确认	备注	联锁试验类别
	定位	反位	定位	反位	定位	反位	定位	反位	定位	反位		定位	反位	定位	反位	单独锁闭	区段锁闭	进路锁闭	溜放锁闭	定位	反位			定位	反位	定位	反位	定位	反位			
1	2	3	4	5	6	7	8	9	10	11	12	13	14	15	16	17	18	19	20	21	22	23	24	25	26	27	28	29	30	31	32	
	●	●	●	●	●	●	/	/	/	/	●	●	●	●	●	/	/	/	/	●	●	/	/	/	/	/	/	/	/	/		施工（更换道岔、转辙机）
	/	/	/	/	/	/	/	/	/	/	/	/	/	/	/	●	●	●	●	/	/	/	●	/	/	●	●	/	/	●		工程（仿真）
	●	●	●	●	●	●	●	●	●	●	●	●	●	●	●	●	●	●	●	●	●	●	/	●	●	/	/	●	●	/		工程（模拟、连通）
	●	●	●	●	/	/	/	/	/	/	/	/	/	●	●	/	/	/	/	●	●	/	/	/	/	/	/	/	/	/		工程（开通）
	●	●	●	●	/	/	/	/	/	/	/	/	/	●	●	/	/	/	/	/	/	/	/	●	●	/	/	/	/	/		年度

试验人：＿＿＿＿＿　　监护人：＿＿＿＿＿　　施工负责人：＿＿＿＿＿

说明：1. 根据不同联锁试验类别，表中“●”表示需要试验项目，“/”表示不需要试验项目，制作联锁试验表时，“/”对应项目可不列出。

2. 表中试验项目“√”表示正确，“×”表示不对，“△”表示无此条件，“○”表示未试验的项目。

信号联锁关系试验检查表(ZD7 型电动分路道岔)

电务段:________ 站(场)名:________ 联锁类型:________ 年 月 日 郑信联表 6-2

道岔号码	核对位置 定位	核对位置 反位	断表示接点 定位 Ⅰ	断表示接点 定位 Ⅱ	断表示接点 定位 Ⅲ	断表示接点 反位 Ⅰ	断表示接点 反位 Ⅱ	断表示接点 反位 Ⅲ	断启动接点 定位	断启动接点 反位	断安全接点(遮断器) 定位	断安全接点(遮断器) 反位	断启动保险 定位	断启动保险 反位	断表示保险 定位	断表示保险 反位	7 mm试验 定位	7 mm试验 反位	2DQJ、DBJ、FBJ及道岔位置一致性核对 定位	2DQJ、DBJ、FBJ及道岔位置一致性核对 反位	道岔锁闭试验 单独锁闭	道岔锁闭试验 区段锁闭	道岔锁闭试验 进路锁闭	道岔锁闭试验 溜放锁闭	道岔转换时间 定位	道岔转换时间 反位	溜放模式下人工抢扳道岔	挤岔报警	应急盘扳动位置核对 定位	应急盘扳动位置核对 反位	道岔自动恢复 定位	道岔自动恢复 反位	道岔2DQJ继电器自动恢复 定位	道岔2DQJ继电器自动恢复 反位	道岔恢复人工确认	备注	联锁试验类别
1	2	3	4	5	6	7	8	9	10	11	12	13	14	15	16	17	18	19	20	21	22	23	24	25	26	27	28	29	30	31	32	33	34	35	36		
	●	●	●	●	●	●	●	●	●	●	●	●	/	/	/	/	●	●	●	●	/	/	/	/	●	●	/	/	/	/	/	/	/	/	/		施工(更换道岔、转辙机)
	/	/	/	/	/	/	/	/	/	/	/	/	/	/	/	/	/	/	/	/	●	●	●	●	/	/	/	●	/	/	●	●	/	/	●		工程(仿真)
	●	●	●	●	●	●	●	●	●	●	●	●	●	●	●	●	●	●	●	●	●	●	●	●	●	●	●	/	●	●	/	/	●	●	/		工程(模拟、连通)
	●	●	●	/	/	●	/	/	/	/	/	/	/	/	/	/	/	/	●	●	/	/	/	/	●	●	/	/	/	/	/	/	/	/	/		工程(开通)
	●	●	●	/	/	●	/	/	/	/	/	/	/	/	/	/	/	/	●	●	/	/	/	/	/	/	/	/	●	●	/	/	/	/	/		年度

试验人:________ 监护人:________ 施工负责人:________

说明:1. 根据不同联锁试验类别,表中“●”表示需要试验项目,“/”表示不需要试验项目,制作联锁试验表时,“/”对应项目可不列出。

2. 表中试验项目“√”表示正确,“×”表示不对,“△”表示无此条件,“○”表示未试验的项目。

信号联锁关系试验检查表(驼峰轨道电路)

电务段:＿＿＿＿　站(场)名:＿＿＿＿　联锁类型:＿＿＿＿　年　月　日　郑信联表 6-3

轨道区段名称	区段短路核对	区段送端开路核对	极性交叉检查	绝缘节侵限检查	轨道继电器串、并联核对	双区段轨道电路特殊试验	应急盘轨道表示灯核对	备注	联锁试验类别
1	2	3	4	5	6	7	8	9	
	●	●	●	/	●	/	/		施工(涉及改动配线的更换室外轨道器材)
	●	●	●	●	●	●	●		工程(模拟、连通)
	●	/	/	/	/	/	/		工程(开通)
	●	/	/	/	/	/	●		年度

试验人:＿＿＿＿　监护人:＿＿＿＿　施工负责人:＿＿＿＿

说明:1. 根据不同联锁试验类别,表中"●"表示需要试验项目,"/"表示不需要试验项目,制作联锁试验表时,"/"对应项目可不列出。

2. 表中试验项目"√"表示正确,"×"表示不对,"△"表示无此条件,"○"表示未试验的项目。

信号联锁关系试验检查表（驼峰车辆减速器）

电务段：________ 站（场）名：________ 联锁类型：________ 年 月 日 郑信联表 6-4

减速器名称	工作站操纵减速器状态与表示一致性核对		减速器断表示试验		检修状态检查	机车上、下峰减速器锁闭在缓解位置检查	应急盘操纵及表示核对		减速器锁闭解锁试验		备注	联锁试验类别
	制动	缓解	制动	缓解			制动	缓解	单锁	单解		
1	2	3	4	5	6	7	8	9	10	11		
	●	●	●	●	/	/	/	/	/	/		施工（更换减速器）
	/	/	/	/	●	●	/	/	●	●		工程（仿真）
	●	●	●	●	●	●	●	●	●	●		工程（模拟、连通）
	●	●	/	/	/	/	/	/	/	/		工程（开通）
	●	●	/	/	/	/	●	●	/	/		年度

试验人：________ 监护人：________ 施工负责人：________

说明：1. 根据不同联锁试验类别，表中“●”表示需要试验项目，“/”表示不需要试验项目，制作联锁试验表时，“/”对应项目可不列出。

2. 表中试验项目“√”表示正确，“×”表示不对，“△”表示无此条件，“○”表示未试验的项目。

信号联锁关系试验检查表(驼峰峰上调车进路)

电务段:__________　站(场)名:__________　联锁类型:__________　年　月　日　郑信联表 6-5

进路号码	进路始端	进路终端	正常开放信号	道岔位置不对不能开放信号	道岔无表示关闭信号	区段占用不能开放信号	调车信号白灯保留	信号开放锁闭道岔	敌对信号	敌对照查	随时关闭信号	防止自动重复开放	接近锁闭	人工延时解锁	取消进路解锁	区段故障解锁	进路故障解锁	调车中途返回解锁	防护道岔检查	侵限绝缘检查	防止迎面解锁	备注	联锁试验类别
1	2	3	4	5	6	7	8	9	10	11	12	13	14	15	16	17	18	19	20	21	22	23	
	●	●	●	●	●	●	●	●	●	●	●	●	●	●	●	●	●	●	●	●	●		工程(仿真)
	●	●	●	●	●	●	●	●	●	●	●	●	●	●	●	●	●	●	●	●	●		工程(模拟)
	●	●	●	●	●	●	●	●	●	●	/	●	●	/	●	/	●	/	●	●	●		年度(继电联锁)

试验人:__________　监护人:__________

说明:1. 根据不同联锁试验类别,表中“●”表示需要试验项目,“/”表示不需要试验项目,制作联锁试验表时,“/”对应项目可不列出。

2. 表中试验项目“√”表示正确,“×”表示不对,“△”表示无此条件,“○”表示未试验的项目。

3. 新线开通、大修(站场无变化)模拟试验必须按进路方式进行基本联锁关系检查试验。

4. 年度联锁试验(继电联锁车站)每 5 年一次。继电联锁模块化网络电路,年度试验以道岔、信号机、轨道电路模块为单位进行相关年度试验,每条进路每项最少试验一个模块,每个模块每项最少试验一个条件,确保每条进路每个模块每项都要试验到,不漏项。

信号联锁关系试验检查表(线束调车进路)

电务段：________　站(场)名：________　联锁类型：________　年　月　日　郑信联表 6-6

进路名称	正常开放信号	道岔位置不对不能开放信号	道岔无表示关闭信号	进路区段红光带不检查试验	侵限绝缘检查	敌对信号	信号开放后锁闭道岔	随时关闭信号	进路正常解锁	取消进路解锁	进路故障解锁	接近锁闭延时解锁	上峰调车信号未开放时,线路表示器不能开放	备注	联锁试验类别
1	2	3	4	5	6	7	8	9	10	11	12	13	14	15	
	●	●	●	●	●	●	●	●	●	●	●	●	●		工程(仿真)
	●	●	●	●	●	●	●	●	●	●	●	●	●		工程(模拟)
	●	●	●	●	●	●	●	/	/	●	●	●	●		年度(继电联锁)

试验人：________　监护人：________

说明：1. 根据不同联锁试验类别,表中“●”表示需要试验项目,“/”表示不需要试验项目,制作联锁试验表时,“/”对应项目可不列出。

2. 表中试验项目“√”表示正确,“×”表示不对,“△”表示无此条件,“○”表示未试验的项目。

3. 新线开通、大修(站场无变化)模拟试验必须按进路方式进行基本联锁关系检查试验。

4. 年度联锁试验(继电联锁车站)每 5 年一次。继电联锁模块化网络电路,年度试验以道岔、信号机、轨道电路模块为单位进行相关年度试验,每条进路每项最少试验一个模块,每个模块每项最少试验一个条件,确保每条进路每个模块每项都要试验到,不漏项。

信号联锁关系试验检查表(驼峰主体信号)

电务段：＿＿＿＿　站(场)名：＿＿＿＿　联锁类型：＿＿＿＿　年　月　日　郑信联表 6-7

信号机名称	信号开放后有关道岔锁闭	信号开放后带动同方向调车信号	道岔位置不对不能开放信号	道岔无表示关闭信号	信号开放后进路顺序占用不关闭信号	红灯断丝不能开放信号	闪光电源故障时信号关闭	侵限绝缘检查	敌对信号	敌对照查	道岔手动状态不能开放信号(应急盘及计算机手动)	使用按钮柱关闭信号	控制台切断按钮关闭信号	开放红闪信号检查到达场照查条件	碰倒限界检查器时允许信号关闭	驼峰主体(辅助、复示)信号机灯位及显示核对								灯丝转换及断丝检查	灯光转移	迂回线(禁溜线)联锁试验			关闭信号峰顶电铃鸣响	备注	联锁试验类别
																黄灯	黄闪	绿灯	绿闪	白灯	白闪	红灯	红闪			自动办理	手动办理	调车信号机带动开放			
1	2	3	4	5	6	7	8	9	10	11	12	13	14	15	16	17	18	19	20	21	22	23	24	25	26	27	28	29	30	31	
	●	●	●	●	●	●	●	●	●	●	●	●	●	●	●	/	/	/	/	/	/	/	/	/	/	●	●	●	●		工程(仿真)
	●	●	●	●	●	●	●	●	●	●	●	●	●	●	●	●	●	●	●	●	●	●	●	●	●	●	●	●	●		工程(模拟、连通)
	/	/	/	/	/	/	/		/	/	/	/	/	/	/	●	●	●	●	●	●	●	●	/	/	/	/	/	/		工程(开通)
	/	/	/	/	/	/	/		/	/	/	/	/	/	/	●	●	●	●	●	●	●	●	/	/	/	/	/	/		年度

试验人：＿＿＿＿　监护人：＿＿＿＿　施工负责人：＿＿＿＿

说明：1. 根据不同联锁试验类别，表中“●”表示需要试验项目，“/”表示不需要试验项目，制作联锁试验表时，“/”对应项目可不列出。

2. 表中试验项目“√”表示正确，“×”表示不对，“△”表示无此条件，“○”表示未试验的项目。

信号联锁关系试验检查表(驼峰信号自动关闭时机)

电务段:________　站(场)名:________　联锁类型:________　年　月　日　郑信联表 6-8

溜放中发生途停	溜放中发生堵门	发生道岔恢复	头岔发生挤岔	灯丝检查未通过	发生轻车跳动	闪光电源故障	熔丝报警	有计划去往封锁股道	发生摘错钩	发生追钩	限界检查报警	轨道停电	风压报警	股道封锁被破坏	联锁试验类别
1	2	3	4	5	6	7	8	9	10	11	12	13	14	15	
●	●	/	●	●	●	/	●	●	●	●	●	●	●	●	仿真
/	/	●	/	/	/	●	/	/	/	/	/	/	/	/	模拟

试验人:________　监护人:________

说明:1. 根据不同联锁试验类别,表中“●”表示需要试验项目,“/”表示不需要试验项目,制作联锁试验表时,“/”对应项目可不列出。

2. 表中试验项目“√”表示正确,“×”表示不对,“△”表示无此条件,“○”表示未试验的项目。

信号联锁关系试验检查表（预推、允许推送）

电务段：__________　　站（场）名：__________　　联锁类型：__________　　年　　月　　日　　郑信联表 6-9

推送线（峰别）名称	正常办理预推作业	预推信号核对	办理推峰进路后锁闭道岔	峰上道岔位置不对不能办理	推送线区段占用不能办理	人工办理预推预先锁闭	预推提前转允许推送	取消预推作业（车列未推出股道，延时30 s进路解锁）	到达场预推停车点占用表示核对	车列到达预推停车点预推信号自动关闭	长、短预推切换	正常办理允推作业	允推信号核对	取消允许推送	车列出股道后推峰进路不能取消和人工解锁	推送进路正常解锁	多条推送线时平行作业办理	推峰股道核对	备注	联锁试验类别
1	2	3	4	5	6	7	8	9	10	11	12	13	14	15	16	17	18	19	20	
	●	●	●	●	●	●	●	●	●	●	●	●	●	●	●	●	●	●		工程（仿真）
	●	●	●	●	●	●	●	●	●	●	●	●	●	●	●	●	●	●		工程（模拟、连通）
	●	●	/	/	/	/	/	/	/	/	/	●	●	/	/	/	/	/		工程（开通）

试验人：__________　　监护人：__________　　施工负责人：__________

说明：1. 根据不同联锁试验类别，表中“●”表示需要试验项目，“/”表示不需要试验项目，制作联锁试验表时，“/”对应项目可不列出。
2. 表中试验项目“√”表示正确，“×”表示不对，“△”表示无此条件，“○”表示未试验的项目。
3. 新线开通、大修（站场无变化）模拟试验必须按进路方式进行基本联锁关系检查试验。

信号联锁关系试验检查表(场间联系)

电务段:________ 站(场)名:________ 联锁类型:________ 年 月 日 郑信联表 6-10

对方场名	峰上联系						编发线联系							备注	联锁试验类别
	场联区段、调车照查	场联轨道复示	场联道岔复示	场联调车复示	授权动岔	授权调车	编发线名称	锁闭道岔的号码及开通位置	发车进路未建立可人工解锁股道	发车进路建立后不能人工解锁股道	发车进路已建立人工强制解除股道封锁	编发线正常解锁	编尾信号开放显示核对		
1	2	3	4	5	6	7	8	9	10	11	12	13	14	15	
	●	●	●	●	●	●		●	●	●	●	●	●		工程(仿真)
	●	●	●	●	●	●		●	●	●	●	●	●		工程(模拟、连通)
	●	●	●	●	●	●		●	●	●	●	●	●		工程(开通)

试验人:________ 监护人:________ 施工负责人:________

说明:1. 根据不同联锁试验类别,表中“●”表示需要试验项目,“/”表示不需要试验项目,制作联锁试验表时,“/”对应项目可不列出。

2. 表中试验项目“√”表示正确,“×”表示不对,“△”表示无此条件,“○”表示未试验的项目。

3. 新线开通、大修(站场无变化)模拟试验必须按进路方式进行基本联锁关系检查试验。

信号联锁关系试验检查表(7024 储存环节)

电务段:________　站(场)名:________　联锁类型:________　年　月　日　郑信联表 6-11

序号	储存单元	正常储存进路命令	防止重复储存命令	储存命令取消	储存命令清零	自动检查命令	自动检查停止	手动检查命令	检查中变更命令	溜放命令取消	溜放命令增加	24 钩以上连续储存	未清零不能储存命令	储存钩序显示	储存进路显示	联锁试验类型
1	2	3	4	5	6	7	8	9	10	11	12	13	14	15	16	
		●	●	●	●	●	●	●	●	●	●	●	●	●	●	模拟

试验人:________　监护人:________

注:"√"表示正确,"×"表示错误,"△"表示无此条件,"○"表示未试验。

信号联锁关系试验检查表(溜放命令传递)

电务段:________　站名:________　联锁类型:________　年　月　日　郑信联表 6-12

序号	传递环节	正常传递命令	正常接受命令	道岔位置不对不能传递命令	手动状态不能传递命令	手动状态不能接受命令	道岔按命令自动转换	提前接受命令	道岔转换过程中命令保持	下一环节不空闲时命令保持	命令自动取消	道岔故障不能执行命令	命令不符不能接受命令	跟钩强行取消	向减速器传递命令	溜放钩序显示	溜放进路显示	备注	联锁试验类别
1	2	3	4	5	6	7	8	9	10	11	12	13	14	15	16	17	18		
	●	●	●	●	●	●	●	●	●	●	●	●	●	●	●	●	●		工程(仿真)

试验人:________　监护人:________

说明:1. 根据不同联锁试验类别,表中"●"表示需要试验项目,"/"表示不需要试验项目,制作联锁试验表时,"/"对应项目可不列出。

2. 表中试验项目"√"表示正确,"×"表示不对,"△"表示无此条件,"○"表示未试验的项目。

3. 传递环节填写道岔名称。

信号联锁关系试验检查表(驼峰控制台功能及显示)

电务段:＿＿＿＿　站(场)名:＿＿＿＿　联锁类型:＿＿＿＿　年　月　日　郑信联表 6-13

作业单管理			工作站操作					图形窗显示(含报警)											备注	联锁试验类别
自动储存方式	人工储存方式	调车作业单修改	工作站操作权限设置核对	屏幕刷新	股道封锁解封	半自动定速试验	清除残留命令	道岔	信号机	区段	减速器	雷达	测重	测长	踏板	熔丝报警	主副电源	风压报警		
1	2	3	4	5	6	7	8	9	10	11	12	13	14	15	16	17	18	19	20	
/	●	●	/	●	●	●	●	●	●	●	●	/	/	/	/	●	●	●		工程(仿真)
●	●	●	●	●	●	●	●	●	●	●	●	●	●	●	●	●	●	●		工程(模拟、连通)
●	/	/	●	/	/	/	/	/	/	/	/	/	/	/	/	/	/	/		工程(开通)

试验人:＿＿＿＿　监护人:＿＿＿＿　施工负责人:＿＿＿＿

说明:1. 根据不同联锁试验类别,表中“●”表示需要试验项目,“/”表示不需要试验项目,制作联锁试验表时,“/”对应项目可不列出。

2. 表中试验项目“√”表示正确,“×”表示不对,“△”表示无此条件,“○”表示未试验的项目。

3. 新线开通、大修(站场无变化)模拟试验必须按进路方式进行基本联锁关系检查试验。

信号联锁关系试验检查表(自动化设备)

电务段:＿＿＿＿＿　站(场)名:＿＿＿＿＿　联锁类型:＿＿＿＿＿　年　月　日　郑信联表 6-14

日期	雷达名称	雷达测速试验	配合人	日期	踏板名称	踏板计轴试验	配合人	日期	测长股道名称	测长精度校核	配合人	日期	测重名称	测重校核	配合人	上位机正常倒机试验	上位机故障倒机试验	联锁试验类别
1	2	3	4	5	6	7	8	9	10	11	12	13	14	15	16	17	18	
		●				●				●				●		●	●	工程(模拟、连通)

试验人:＿＿＿＿＿　监护人:＿＿＿＿＿　施工负责人:＿＿＿＿＿

说明:1. 根据不同联锁试验类别,表中“●”表示需要试验项目,“/”表示不需要试验项目,制作联锁试验表时,“/”对应项目可不列出。

2. 表中试验项目“√”表示正确,“×”表示不对,“△”表示无此条件,“○”表示未试验的项目。

3. 开通时动配线涉及的项目均进行试验。

信号联锁关系试验检查表(报警验证)

电务段:__________ 站(场)名:__________ 联锁类型:__________ 年 月 日 郑信联表 6-15

摘错钩报警(关闭驼峰信号)	溜错方向报警	溜错股道报警	峰下摘钩报警	钓鱼报警	轨道停电	追钩报警	途停报警(关闭驼峰信号)	驼峰主体信号灯丝报警	道岔恢复报警(关闭驼峰信号)	道岔挤岔报警(第一分路道岔挤岔关闭驼峰信号)	低风压报警	切断报警	轻车跳动报警(关闭驼峰信号)	满线	堵门报警(关闭驼峰信号)	熔丝报警	道岔转换时间超限	测重故障	雷达故障	踏板故障报警(丢轴超过计划1/4)	测长故障	股道封锁被破坏(关闭驼峰信号)	机柜状态报警	联锁试验类别
1	2	3	4	5	6	7	8	9	10	11	12	13	14	15	16	17	18	19	20	21	22	23	24	
/	●	●	●	●	●	●	/	●	●	●	●	●	/	●	●	●	/	/	/	/	/	●	/	仿真
●	/	/	/	/	/	/	●	/	/	/	/	●	●	/	/	/	●	●	●	●	●	/	●	模拟

试验人:__________

说明:1. 根据不同联锁试验类别,表中“●”表示需要试验项目,“/”表示不需要试验项目,制作联锁试验表时,“/”对应项目可不列出。

2. 表中试验项目“√”表示正确,“×”表示不对,“△”表示无此条件,“○”表示未试验的项目。

信号联锁关系试验检查表(驼峰实车溜放)

电务段:＿＿＿＿　站(场)名:＿＿＿＿　踏板类型:＿＿＿＿　年　月　日　郑信联表 6-16

溜放进路	减速器控制速度精度	钓鱼处理	峰下摘钩	“D模式”	满线处理(打靶距离不够)	测长故障处理	测重故障处理	雷达故障处理	踏板故障减速器控车处理	长钩车减速器放头拦尾处理	摘错钩处理	错道跟踪	报告、实时信息查询	溜放过程回放功能	联锁试验类别
1	2	3	4	5	6	7	8	9	10	11	12	13	14	15	
●	●	●	●	●	●	●	●	●	●	●	●	●	●	●	工程(开通)

试验人:＿＿＿＿　监护人:＿＿＿＿　施工负责人:＿＿＿＿

说明:1. 根据不同联锁试验类别,表中“●”表示需要试验项目,“/”表示不需要试验项目,制作联锁试验表时,“/”对应项目可不列出。

2. 表中试验项目“√”表示正确,“×”表示不对,“△”表示无此条件,“○”表示未试验的项目。

附件二　联锁管理各环节工作流程、工作标准

一、联锁试验工作流程、工作标准

项目	类别	阶段	工作流程	工作标准	质量记录	责任单位（部门）	责任人
工程施工联锁试验	集中联锁设备	1. 仿真试验	1. 检查仿真试验应具备的条件	1. 具有审批后并加盖设计单位专用章的施工图和完整的设计变更资料	施工图纸齐全，封面有设计单位专用章；设计变更单、联系单齐全，设计签名齐全并加盖设计单位专用章	段信号技术科（电务中心）	主管工程师
				2. 施工单位和设备接管单位已完成施工图纸审核，发现问题经设计同意并修改完成，并做好记录。执行施工图审核工作流程、工作标准	—	—	—
				3. 设计单位已提供特殊联锁电路说明，供应商已提供特殊电路驱动逻辑关系说明	特殊联锁电路说明、特殊电路驱动逻辑关系说明	段联锁数据室	联锁工程师
				4. 联锁供应商已提供与站场相关的软件编制技术说明	软件编制技术说明	段联锁数据室	联锁工程师
				5. 仿真试验所涉及的试验平台搭建完毕，联锁供应商已完成软件发布（软件发布单或报告需经电务部批准）	仿真试验邀请函、经电务部审批的软件发布报告	段联锁数据室	联锁工程师

续上表

项目	类别	阶　段	工作流程	工作标准	质量记录	责任单位（部门）	责任人
工程施工联锁试验	集中联锁设备	1. 仿真试验	2. 仿真试验方案制定、审批	执行联锁试验方案审批工作流程、工作标准	—	—	—
			3. 进行仿真试验	1. 按照仿真试验方案、参照“联锁试验作业指导书”相关试验方法及注意事项进行仿真试验。 2. 仿真试验过程中应即时填写仿真试验记录。联锁试验记录表格内检查项目用设备名称或代号填写，试验记录中“√”表示正确，“×”表示不对，“△”表示无此条件，“○”表示未试验的项目，并在另行试验时补齐试验项目。 3. 软硬件升级时应进行软硬件兼容试验，无法验证时，应在换装开通联锁试验前进行验证。 4. 试验结束后，有关试验人员（试验人、监护人）应确认试验项目齐全后在试验记录上签字，联锁试验记录表格内不得有空项，不得出现空格不填的试验项目。对于试验中修改的试验项目，联锁试验负责人应在修改处所签字。 5. 发现问题及时与软件供应商沟通，尽早解决软件存在问题。对于存在问题填写“仿真试验问题库”，详细记录试验时间、存在问题，软件供应商应进行书面答复。由联锁工程师检查确认整改情况，作为“仿真试验报告”附件留存。（注意：仿真试验未通过时，供应商应按程序重新进行软件修改、验证确认和发布流程，并在完成后再次提交软件变更申请文件、材料，电务部重新组织进行申请材料形式审核、仿真试验等相关后续事项。） 6. 存在问题克服试验完毕，形成“仿真试验报告”，供应商、电务段双方签字确认留存。同时报电务部核备	仿真联锁试验记录、仿真联锁试验问题库、仿真试验报告	段联锁数据室	联锁工程师

续上表

项目	类别	阶段	工作流程	工作标准	质量记录	责任单位（部门）	责任人
工程施工联锁试验	集中联锁设备	2. 模拟试验	1. 检查模拟试验应具备的条件	1. 室内配线工作量（以分线盘为分界）全部完成。施工单位应对联锁电路进行导通试验，施工单位负责导通，电务单位监护，并填写导通记录表，并盯控问题整改。施工单位提供室内临时竣工图、导通试验记录，室内临时竣工图达到设备与图纸相符。导通试验记录由施工单位和电务单位联合签字留存	室内临时竣工图、导通试验记录	段信号技术科（电务中心）	主管工程师
				2. 室内设备安装全部到位，器材安装齐全。各类组合架验收资料，包括配线规格、型号、工艺、器材类型和安装位置图实相符核对，断路器容量和逐级防护符合要求。需建立验收表，段技术科主管工程师、质检员联合签字留存。室内各类单项设备（计算机联锁、电源屏、TDCS/CTC等）验收资料，包括计算机联锁、电源屏、TDCS/CTC、集中监测等设备对位资料，配线规格型号工艺、器材类型和安装位置图实相符核对资料，断路器容量和逐级防护核对资料。需建立室内各单项设备验收表，段技术科主管工程师、质检员联合签字留存	室内各单项设备验收表	段信号技术科（电务中心）	主管工程师
				3. 各类电源正常，电源不串电、不混电、不接地，断路器容量和逐级防护符合要求。室内设备电气特性测试资料，包括电源屏电源对地绝缘测试、互混测试。零层电源（包括各种条件电源）互混测试、电压值和电源性质测试。各接线端子、插座板对地绝缘测试。需建立电气特性测试记录表，段试验室主管工程师、质检员联合签字留存	电气特性测试记录	段信号试验室（电务中心）	电测工程师

续上表

项目	类别	阶段	工作流程	工作标准	质量记录	责任单位（部门）	责任人
工程施工联锁试验	集中联锁设备	2. 模拟试验	1. 检查模拟试验应具备的条件	4. 模拟盘安装完成，条件正确，各联系电路全部达到试验要求。在室内工程完工后，不接入室外设备，人为设定区间条件，做好模拟信号点灯电路和模拟道岔电路，并设置能模拟列车运行的轨道电路模拟盘，在此基础上进行全面的室内电路联锁试验。 模拟试验条件线进行明显标识区分	模拟盘实物图片	段信号技术科（电务中心）段联锁数据室	主管工程师 联锁工程师
				5. 模拟试验软件版本须采用仿真试验合格的软件版本	检查确认签字记录	段联锁数据室	联锁工程师
				6. 联锁设备与其他系统接口具备测试条件	其他系统接口厂家提供的具备测试条件签字证明	段信息技术科（电务中心）	主管工程师
				7. 施工单位已完成室内外设备及配线的图实一致性核对	施工单位室内外图实核对记录及问题库	段信号技术科（电务中心）	主管工程师
				8. 施工单位已提供完整的临时竣工图、联锁试验记录、施工图纸审核记录、图实核对记录等资料	施工单位提供完整的临时竣工图封面、联锁试验记录、施工图纸审核问题库、室内外图实核对记录及问题库等资料	段信号技术科（电务中心）	主管工程师

续上表

项目	类别	阶　段	工作流程	工作标准	质量记录	责任单位（部门）	责任人
工程施工联锁试验	集中联锁设备	2. 模拟试验	2. 模拟试验方案制定、审批	执行联锁试验方案审批工作流程、工作标准	—	—	—
			3. 进行模拟试验	1. 模拟室外条件试验：确定模拟条件与控制台、组合架、分线盘一致性试验。 (1)在控制台逐组将道岔操纵到定位和反位，逐台核对相应道岔组合 2DQJ、DBJ、FBJ 状态与控制台表示灯、光带显示一致。逐个断开组合架侧面表示保险，相应道岔表示继电器落下、控制台相应的表示灯(光带)应熄灭。 (2)逐个断开组合架侧面信号点灯保险，则该信号机的复示器闪光。逐架信号机核对控制台各种显示与室内相应继电器状态一致。 (3)在轨道电路模拟盘上，逐个断开区段占用开关，对应区段的轨道继电器应落下，控制台相应区段亮红光带。一送多受区段应分别占用。 2. 按照模拟试验方案、参照“联锁试验作业指导书”相关试验方法及注意事项进行模拟试验。 (1)新线开通、大修(站场无变化)模拟试验时必须按进路方式进行基本联锁关系检查试验。 (2)输入输出对位试验：对双机热备、二乘二取二结构的计算机联锁系统应在双套设备同步的情况下对两套的输入、输出进行对位检查核对。输入可在同步时进行，有同时发送驱动的须关闭一套、试验一套。	模拟联锁试验记录、模拟联锁试验问题库	段联锁数据室	联锁工程师

续上表

项目	类别	阶段	工作流程	工作标准	质量记录	责任单位（部门）	责任人
工程施工联锁试验	集中联锁设备	2. 模拟试验	3. 进行模拟试验	驱动信息核对采用单系试验方式，采取关闭一系、开启一系的方式进行核对。对采用双线圈分别驱动的联锁系统，双系开启再次进行核对。采集信息的核对，应Ⅰ、Ⅱ系同时开启进行检查核对。（卡斯柯联锁Ⅰ、Ⅱ系采集电源分束供电，采用单系分别试验，防止电源混用。） （3）电码化载频、低频信息核对试验。 3. 联锁试验过程中应即时填写模拟试验记录。联锁试验记录表格内检查项目用设备名称或代号填写，试验记录中“√”表示正确，“×”表示不对，“△”表示无此条件，“○”表示未试验的项目，并在另行试验时补齐试验项目。 4. 试验结束后，有关试验人员（试验人、监护人）应确认试验项目齐全后在试验记录上签字，联锁试验记录表格内不得有空项，不得出现空格不填的试验项目。对于试验中修改的试验项目，联锁试验负责人应在修改处所签字。 5. 模拟试验过程中发现的问题应做好记录并及时解决，无权处理的问题应及时与设计单位沟通解决。并由联锁工程师检查确认整改情况留存	模拟联锁试验记录、模拟联锁试验问题库	段联锁数据室	联锁工程师
		3. 连通试验	1. 检查连通试验应具备的条件	1. 施工单位提供竣工数量详表、室外临时竣工图、工程检查记录（包括隐蔽工程）、信号设备建筑接近限界资料。需施工单位签字留存	竣工数量详表、室外临时竣工图、工程检查记录（包括隐蔽工程）、信号设备建筑接近限界资料	段信号技术科（电务中心）	主管工程师

续上表

项目	类别	阶段	工作流程	工作标准	质量记录	责任单位（部门）	责任人
工程施工联锁试验	集中联锁设备	3. 连通试验	1. 检查连通试验应具备的条件	2. 各类设备配线规格型号工艺、设备器材类型和安装位置图实相符核对。需建立室外各单项设备验收记录，段技术科主管工程师、质检员联合签字留存	室外各单项设备验收记录	段信号技术科（电务中心）	主管工程师
				3. 电缆径路图实相符核对验收记录，段技术科主管工程师、质检员联合签字留存	电缆径路图实相符核对验收记录	段信号技术科（电务中心）	主管工程师
				4. 限界、警冲标及绝缘安装位置验收记录，段技术科主管工程师、质检员联合签字留存	信号设备建筑接近限界表、警冲标及绝缘安装位置核对表	段信号技术科（电务中心）	主管工程师
				5. 模拟联锁试验条件线拆除完毕	模拟联锁试验条件线拆除双人确认记录	段联锁数据室	联锁工程师
				6. 室外设备检查验收过程中发现的问题应做好记录，并由技术科主管工程师、质检员检查确认整改情况留存	室外设备检查验收问题记录	段信号技术科（电务中心）	主管工程师
			2. 连通试验方案制定、审批	执行联锁试验方案审批工作流程、工作标准	—	—	—

续上表

项目	类别	阶　段	工作流程	工作标准	质量记录	责任单位（部门）	责任人
工程施工联锁试验	集中联锁设备	3. 连通试验	3. 进行连通试验	1. 点前室内、外施工人员应熟悉设备位置、工作内容及联锁试验范围，控制台联锁试验人员备齐各种联锁试验表格。 2. 按照连通试验方案、参照“联锁试验作业指导书”相关试验方法及注意事项进行室外单项设备连通试验。 3. 联锁试验过程中应即时填写连通试验记录。联锁试验记录表格内检查项目用设备名称或代号填写，试验记录中“√”表示正确，“×”表示不对，“△”表示无此条件，“○”表示未试验的项目，并在另行试验时补齐试验项目。 4. 试验结束后，有关试验人员（试验人、监护人）应确认试验项目齐全后在试验记录上签字，联锁试验记录表格内不得有空项，不得出现空格不填的试验项目。对于试验中修改的试验项目，联锁试验负责人应在修改处所签字	连通联锁试验记录	段联锁数据室	联锁工程师
				5. 与其他系统（CTC、TDCS、TCC、RBC、STP、CIPS 等）接口的功能验证（试验）记录，段主管工程师、质检员联合签字留存	接口的功能验证（试验）记录	段信息技术科（电务中心）	主管工程师
				6. 连通试验阶段电气特性Ⅰ、Ⅱ级测试资料，段试验室主管工程师、质检员联合签字留存	电气特性测试记录	段信号试验室（电务中心）	电测工程师
				7. 连通试验过程中发现的问题应做好记录，并由联锁工程师检查确认整改情况留存	连通联锁试验问题库	段联锁数据室	联锁工程师

续上表

项目	类别	阶段	工作流程	工作标准	质量记录	责任单位（部门）	责任人
工程施工联锁试验	集中联锁设备	4. 开通试验	1. 开通试验方案制定、审批	1. 执行联锁试验方案审批工作流程、工作标准。 2. 开通联锁试验方案应制定开通联锁试验时序表（见附表），根据施工给点时段及影响范围，确定各种试验项目时间节点	—	—	—
			2. 设备换装封锁点前联锁试验	1. 点前室内、外施工人员应熟悉设备位置、工作内容及联锁试验范围，控制台联锁试验人员备齐各种联锁试验表格。 2. 进行登记要点。 3. 给点后，室内控制台联锁试验人员把所有道岔操到规定位置，室内专人负责断开列车运行进路所有道岔启动电源并挂牌警示、控制台道岔单锁、室外断开列车运行进路所有道岔安全接点。 4. 室外在接到给点通知后，开始换装施工。 5. 按照开通试验方案、参照“联锁试验作业指导书”相关试验方法及注意事项进行开通联锁试验。 (1)对于无法提前进行模拟试验的项目，点内应进行彻底试验。 (2)对于连通试验未进行的项目，点内应进行彻底试验。 (3)室外设备具备试验条件后，开始进行单项联锁试验及电气特性测试。 (4)各种特殊零散电路，应按设计的技术条件和有关规程，逐项逐个条件进行试验。	开通联锁试验记录	段联锁数据室	联锁主任、联锁工程师

续上表

项目	类别	阶段	工作流程	工作标准	质量记录	责任单位（部门）	责任人
工程施工联锁试验	集中联锁设备	4. 开通试验	2. 设备换装封锁点前联锁试验	6. 联锁试验过程中严格执行专人指挥、专人操作、专人监护的试验制度，并即时填写联锁试验记录。联锁试验记录表格内检查项目用设备名称或代号填写，试验记录中"√"表示正确，"×"表示不对，"△"表示无此条件，"○"表示未试验的项目，并在另行试验时补齐试验项目。 7. 试验结束后，有关试验人员（试验人、监护人、施工负责人）应确认试验项目齐全后在试验记录上签字，联锁试验记录表格内不得有空项，不得出现空格不填的试验项目。对于试验中修改的试验项目，联锁试验负责人应在修改处所签字	开通联锁试验记录	段联锁数据室	联锁主任、联锁工程师
			3. 设备换装封锁点内联锁试验	1. 按照开通试验方案、参照"联锁试验作业指导书"相关试验方法及注意事项进行开通联锁试验。 （1）换装封锁点前未完成的试验项目。 （2）轨道电路线束熔断器核对试验。 （3）联锁机倒机试验。 （4）电源屏主副电源切换试验。 2. 联锁试验过程中严格执行专人指挥、专人操作、专人监护的试验制度，并即时填写联锁试验记录。联锁试验记录表格内检查项目用设备名称或代号填写，试验记录中"√"表示正确，"×"表示不对，"△"表示无此条件，"○"表示未试验的项目，并在另行试验时补齐试验项目。	开通联锁试验记录、电气特性记录、开通试验问题库	段联锁数据室、段信号试验室（电务中心）	联锁主任、联锁工程师、电测工程师

续上表

项目	类别	阶段	工作流程	工作标准	质量记录	责任单位（部门）	责任人
工程施工联锁试验	集中联锁设备	4. 开通试验	3. 设备换装封锁点内联锁试验	3. 试验结束后，有关试验人员（试验人、监护人、施工负责人）应确认试验项目齐全后在试验记录上签字，联锁试验记录表格内不得有空项，不得出现空格不填的试验项目。对于试验中修改的试验项目，联锁试验负责人应在修改处所签字。 4. 开通试验阶段电气特性Ⅰ、Ⅱ级测试资料。段试验室主管工程师、质检员联合签字留存。 5. 开通试验过程中发现的问题应做好记录，并由联锁主任检查确认整改情况留存。 6. 销记，设备开通使用。 7. 按规定对系统未使用的外部接口加装封条	开通联锁试验记录、电气特性记录、开通试验问题库	段联锁数据室、段信号试验室（电务中心）	联锁主任、联锁工程师、电测工程师
		5. 软件插入试验（适用于站场局部改造）	1. 软件插入试验方案制定、审批	执行联锁试验方案审批工作流程、工作标准	—	—	—
			2. 进行软件插入试验	1. 更换新软件，核对新软件版本号。 2. 利用新软件进行联锁试验。 （1）双系切换试验。 （2）驱动、采集核对：按照驱动、采集点对点检查试验项目、内容及方法进行试验。 （3）新设备试验：按各单项设备模拟、连通试验项目进行试验。 （4）老设备试验： ①道岔：核对道岔表示继电器 DBJ、FBJ 与 2DQJ 位置、控制台显示一致。 ②轨道电路：核对占用表示，室内做条件占用核对与控制台显示一致。	软件版本号核对记录、联锁试验记录及问题库	段信息技术科、段联锁数据室（电务中心）	主管工程师、联锁工程师

续上表

项目	类别	阶　段	工作流程	工作标准	质量记录	责任单位（部门）	责任人
工程施工联锁试验	集中联锁设备	5. 软件插入试验(适用于站场局部改造)	2. 进行软件插入试验	③信号机：室内核对信号继电器状态与控制台一致。 ④结合电路试验：自动闭塞、改方、站（场）联、半自动、机务段同意等结合电路功能试验正常。 ⑤控制台显示及功能核对：核对控制台显示及功能正常。 ⑥报警信息核对：核对各种报警信息（含控显机、维修机）正常。 （因施工天窗给点时间限制需多次要点进行插入试验，当日暂未试验项目在试验表格中填写“○”。） 3. 回退至老软件进行联锁试验。 (1)新软件点毕前回退（回退时间根据车站规模大小及试验工作量确定），核对老软件版本号。 (2)退回老软件试验 ①上、下行咽喉各排列一条列车和调车进路：进路能正常排出、信号正常开放、信号显示正确，进路正常取消解锁。 ②上、下行咽喉各扳动一组道岔：动作、表示正常。 ③上、下行咽喉各占用一个区段：控显界面显示正确。 ④控制台显示及功能核对：核对控制台显示及功能正常。 ⑤报警信息核对：核对各种报警信息（含控显机、维修机）正常。 （多次回退时每次均须对退回老软件试验项目进行试验）	软件版本号核对记录、联锁试验记录及问题库	段信息技术科、段联锁数据室（电务中心）	主管工程师、联锁工程师

续上表

项目	类别	阶段	工作流程	工作标准	质量记录	责任单位（部门）	责任人
工程施工联锁试验	集中联锁设备	5. 软件插入试验(适用于站场局部改造)	3. 开通试验	新设备按照整站换装开通试验项目进行联锁试验，老设备按照软件回退试验项目进行联锁试验	软件版本号核对记录、联锁试验记录及问题库	段信息技术科、段联锁数据室（电务中心）	主管工程师、联锁工程师
		6. 软件更换(适用于单独软件更换)	1. 软件更换方案制定、审批	执行联锁试验方案审批工作流程、工作标准	—	—	—
			2. 进行软件更换联锁试验	1. 更换新软件，核对新软件版本号。 2. 进行联锁试验。 (1)双系切换试验。 (2)驱动、采集核对：按照驱动、采集点对点检查试验项目、内容及方法进行试验。 (3)联锁机软件更换试验。 ①道岔：核对道岔表示继电器 DBJ、FBJ 与 2DQJ、控制台显示一致。 ②轨道电路：核对占用表示，室内做条件占用核对与控制台显示一致。 ③信号机：室内核对信号继电器状态与控制台一致。 ④结合电路试验：自动闭塞、改方、站（场）联、半自动、机务段同意等结合电路功能试验正常。 ⑤控制台显示及功能核对：核对控制台显示及功能正常。 ⑥报警信息核对：核对各种报警信息（含控显机、维修机）正常。	软件版本号核对记录、联锁试验记录及问题库	段信息技术科、段联锁数据室（电务中心）	主管工程师、联锁工程师

续上表

项目	类别	阶段	工作流程	工作标准	质量记录	责任单位（部门）	责任人
工程施工联锁试验	集中联锁设备	6. 软件更换（适用于单独软件更换）	2. 进行软件更换联锁试验	⑦根据联锁供应商提供软件变更申请试验建议内容进行试验及功能验证。 (4)控显机软件更换试验。 ①上、下行咽喉各排列一条列车和调车进路：进路能正常排出、信号正常开放、信号显示正确，进路正常取消解锁。 ②上、下行咽喉各扳动一组道岔：动作、表示正常。 ③上、下行咽喉各占用一个区段：控显界面显示正确。 ④根据联锁供应商提供软件变更申请试验建议内容进行试验及功能验证。 (5)维修机软件更换试验。 根据联锁供应商提供软件变更申请试验建议内容进行试验及功能验证	软件版本号核对记录、联锁试验记录及问题库	段信息技术科、段联锁数据室（电务中心）	主管工程师、联锁工程师
	驼峰控制设备	1. 仿真试验（自动化驼峰）	同集中联锁设备	自动（机械）化驼峰还要进行模拟命令储存、传递等特殊电路试验	—	—	—
		2. 模拟试验	同集中联锁设备	还要对驼峰特殊电路进行试验	—	—	—
		3. 开通试验	同集中联锁设备	还要对驼峰特殊电路进行试验	—	—	—

续上表

项目	类别	阶段	工作流程	工作标准	质量记录	责任单位（部门）	责任人
工程施工联锁试验	驼峰控制设备	4. 实车溜放功能验证试验	—	1. 由于驼峰控制系统溜放方面的功能在模拟试验中无法验证，因此，在换装施工完毕后还必须进行实车溜放功能验证试验。 2. 按照试验方案、参照“联锁试验作业指导书”相关试验方法及注意事项进行试验	实车溜放功能验证试验记录	段联锁数据室	联锁主任、联锁工程师
	区间自动闭塞设备	—	—	各单位参照集中联锁设备分别制定开通前模拟联锁试验、设备换装开通联锁试验程序，按照试验方案、参照“联锁试验作业指导书”相关试验方法及注意事项进行试验	—	—	—

说明：

施工（工程）联锁试验包括仿真、模拟、连通、开通四个联锁试验阶段。联锁试验场景对应阶段如下。

1. 新线开通时：按仿真、模拟、连通三个阶段进行试验。其中模拟试验时必须按进路方式进行基本联锁关系检查试验。
2. 大修（站场无变化）时：按仿真、模拟、连通、开通四个阶段进行试验。其中模拟试验时必须按进路方式进行基本联锁关系检查试验。
3. 更新改造（站场有变化）时：按仿真、新软件插入及设备调试（调试完毕新软件退出）、开通三个阶段进行试验。
4. 联锁机软件变更及升级时：按仿真、开通两个阶段进行试验。（其中模拟试验、连通试验可结合进行。）

续上表

项目	类别	阶段	工作流程	工作标准	质量记录	责任单位（部门）	责任人
日常施工联锁试验	电务段组织的施工	—	1. 施工方案制定、审批	按施工方案审批要求执行。其中： (1)制定信号机械室内涉及拆、改、配线作业的施工方案作业方案时，应同时附经各段审核批准的拆、改、配线表扫描件，审批内容包括段主管工程师、段联锁主任（工程师）、段技术科长（副科长）、主管副段长签字及审批意见。 (2)制定涉及软硬件变更的施工方案时，原则上应附经电务部审批同意的软、硬件变更申请表	拆、改、配线表，软件变更申请表，硬件变更申请表	段联锁数据室、信息技术科（电务中心）	联锁工程师、信息工程师
			2. 联锁试验方案制定、审批	执行联锁试验方案审批工作流程、工作标准	—	—	—
			3. 进行施工联锁试验	1. 按照施工联锁试验方案、参照“联锁试验作业指导书”相关试验方法及注意事项进行试验。 2. 联锁试验过程中严格执行专人指挥、专人操作、专人监护的试验制度，并即时填写联锁试验记录。联锁试验记录表格内检查项目用设备名称或代号填写，试验记录中“√”表示正确，“×”表示不对，“△”表示无此条件，“○”表示未试验的项目，并在另行试验时补齐试验项目。 3. 试验结束后，有关试验人员（试验人、监护人、施工负责人）应确认试验项目齐全后在试验记录上签字，联锁试验记录表格内不得有空项，不得出现空格不填的试验项目。对于试验中修改的试验项目，联锁试验负责人应在修改处所签字	施工联锁试验记录	段联锁数据室	联锁工程师

续上表

项目	类别	阶段	工作流程	工作标准	质量记录	责任单位（部门）	责任人
日常施工联锁试验	车间组织的施工	—	1. 施工方案制定、审批	按施工方案审批要求执行	—	—	—
			2. 联锁试验方案制定、审批	执行联锁试验方案审批工作流程、工作标准	—	—	—
			3. 进行施工联锁试验	1. 按照施工联锁试验方案、参照“联锁试验作业指导书”相关试验方法及注意事项进行试验。 2. 联锁试验过程中严格执行专人指挥、专人操作、专人监护的试验制度，并即时填写联锁试验记录。联锁试验记录表格内检查项目用设备名称或代号填写，试验记录中“√”表示正确，“×”表示不对，“△”表示无此条件，“○”表示未试验的项目，并在另行试验时补齐试验项目。 3. 试验结束后，有关试验人员（试验人、监护人、施工负责人）应确认试验项目齐全后在试验记录上签字，联锁试验记录表格内不得有空项，不得出现空格不填的试验项目。对于试验中修改的试验项目，联锁试验负责人应在修改处所签字	施工联锁试验记录	车间	车间联锁工程师

续上表

项目	类　别	工作流程	工作标准	质量记录	责任单位（部门）	责任人
年度联锁试验	电务段组织的首次年度联锁试验	1. 制定年度联锁试验计划	段联锁工程师按站制定年度联锁试验计划纳入年表	年度联锁试验计划	段联锁数据室	联锁工程师
		2. 制定年度联锁试验方案	1. 执行联锁试验方案审批工作流程、工作标准。 2. 年度联锁试验方案中应分别明确结合列车运行观察、利用维修天窗、施工天窗进行的试验项目、内容。 3. 站内、区间信号机、轨道电路可结合实车进行试验，并按要求做好集中监测调看记录存盘。 4. 允许结合列车运行、利用维修天窗观察记录的年度联锁试验项目见“信号联锁关系试验检查表”说明，观察记录需录制视频或集中监测回放存盘。 5. 对于信号机年度联锁试验，首次年度联锁试验时，需进行现场灯位核对，不允许结合列车运行观察记录试验	年度联锁试验方案、年度联锁试验表	段联锁数据室	联锁工程师
		3. 纳入天窗修计划或施工要点计划（结合列车运行、检修观察的除外）	1. 按规定要求和时间将年度联锁试验项目纳入天窗修计划或施工要点计划。涉及信号机反方向开放信号试验时，应结合含区间垂直天窗（自然重合区段除外）进行，垂直天窗不能满足的（如枢纽车站）提前排定计划纳入月度施工。纳入施工的联锁试验，同时应符合施工管理相关要求。	天窗修计划或施工要点计划	段联锁数据室	联锁工程师

续上表

项目	类别	工作流程	工作标准	质量记录	责任单位（部门）	责任人
年度联锁试验	电务段组织的首次年度联锁试验	3. 纳入天窗修计划或施工要点计划（结合列车运行、检修观察的除外）	2. 除允许结合列车运行、利用维修天窗观察记录的项目（参见“信号联锁关系试验检查表”）外，结合Ⅰ级维修或按Ⅰ级维修单独组织，段联锁工程师（段联锁主任）应有重点地参加	天窗修计划或施工要点计划	段联锁数据室	联锁工程师
		4. 进行联锁试验	1. 天窗（或停轮）点前，施工或维修负责人组织召开联锁试验方案布置会，详细布置联锁试验人员分工、联锁试验项目（信号联锁关系试验检查表）、联锁试验内容及方法、联锁试验程序、联锁试验注意事项等。联锁试验相关人员依据批准的联锁试验内容、项目提前熟悉设备位置、工作内容及联锁试验范围。控制台联锁试验人员备齐各种联锁试验表格。 2. 经联系登记、给点后，参照“联锁试验作业指导书”相关试验方法及注意事项进行试验。 3. 联锁试验过程中即时填写联锁试验记录。联锁试验记录表格内检查项目用设备名称或代号填写，试验记录中“√”表示正确，“×”表示不对，“△”表示无此条件，“○”表示未试验的项目。	联锁试验记录	段联锁数据室	联锁工程师

续上表

项目	类　别	工作流程	工作标准	质量记录	责任单位（部门）	责任人
年度联锁试验	电务段组织的首次年度联锁试验	4. 进行联锁试验	4. 对于长期钉固道岔使用一个位置时，仅对使用位置相关试验项目进行年度联锁试验；对于长期封锁轨道、长期保留车占用股道，属结合列车运行、利用维修天窗观察记录项目，封锁或保留解除后及时做好试验记录；对于已停用设备可以不进行年度联锁试验，但在设备恢复正常使用前，必须进行联锁试验良好后方可开通使用。未试验的项目需在试验记录中用“○”标注。 5. 试验结束后，有关试验人员（试验人、段联锁工程师）应确认试验项目齐全后在试验记录上签字（联锁试验记录表格内不得有空项，不得出现空格不填的试验项目）。 6. 试验中发现的问题应及时解决，无权处理的问题应及时上报，危及安全的应及时采取措施。 7. 销记，设备恢复使用	联锁试验记录	段联锁数据室	联锁工程师
		5. 资料归档	1. 全部试验完后，应将汇总的联锁试验资料及“信号联锁试验汇总表”（电信维表4）上报电务段，电务段联锁工程师、联锁主任应认真审核并签名。 2. 每年10月份，车间、电务段应结合年度设备质量鉴定，依据年度联锁试验检查结果，逐级填报“信号联锁关系试验报告表”（电信统表2或高信统表2）。 3. 年度联锁试验资料一式二份，由电务段、车间统一保管。年度联锁试验资料应保存2年（其中继电联锁车站进路表5年）	联锁试验资料及“信号联锁试验汇总表”（电信维表4）、“信号联锁关系试验报告表”（电信统表2或高信统表2）	段联锁数据室、车间	联锁主任、联锁工程师、车间联锁工程师

续上表

项目	类别	工作流程	工作标准	质量记录	责任单位（部门）	责任人
年度联锁试验	车间组织的年度联锁试验	同首次年度联锁试验	同首次年度联锁试验（联锁试验方案审批有区别），其中除结合列车运行观察记录的年度联锁试验项目，原则上由车间联锁工程师参加并担任联锁试验负责人，特殊情况不能参加时，可由车间联锁试验人员（需取得段级联锁试验资格证）参加并担任联锁试验负责人	同首次年度联锁试验	车间	车间联锁工程师
说明：对于已进行全面工程验交联锁试验的站（场），本年度不再单独进行年度联锁试验						
日常维修联锁试验	涉及联锁电路和联锁关系的日常维修、应急处置、故障处理、关键数据分析处置、设备损坏修复、设备冗余补强、新技术设备器材上道使用、单项设备整治、更换配线	执行电务系统一次维修作业标准化流程、应急处置、故障处理程序等	1. 日常维修、应急处置、故障处理、关键数据分析处置、设备损坏修复、设备冗余补强、新技术设备器材上道使用、单项设备整治、更换配线后（更换继电器除外，但需进行功能验证），涉及联锁电路和联锁关系的应进行联锁试验。 2. 各单位应将防止联锁失效的电气特性测试项目（如信号电缆绝缘对地不良、互混；电源对地漏流、串混电；轨道电路标调等）、防止联锁失效的设备质量验收项目（如警冲标、侵限绝缘、防护道岔、信号机设置的测量和核对；图实相符核对；轨道电路分路不良管理等）纳入上述维修作业方案、应急处置措施，防止联锁关系失效	联锁试验记录	车间	车间干部

续上表

项目	类　别	工作流程	工作标准	质量记录	责任单位（部门）	责任人
日常维修联锁试验	日常维修、隐患处置、故障应急处置、电气特性调整等动配线作业	执行电务系统一次维修作业标准化流程、应急处置、故障处理程序等	1. 日常维修、隐患处置涉及动配线的作业，涉及联锁电路和联锁关系的，车间需制定联锁试验方案及联锁试验表，并纳入维修作业方案，Ⅰ级维修作业报段审批、Ⅱ级维修作业经车间审批后，由车间组织联锁试验并负责盯控。联锁试验内容应在维修作业方案中明确（并附联锁试验表），不再单独制定联锁试验方案，并随维修作业方案一并审批。 2. 故障应急处置涉及动配线的作业，车间制定联锁试验表，经段值班技术干部审核后，由车间组织联锁试验，段调度指挥中心负责盯控	联锁试验记录	车间	车间干部
			3. 室内区间主轨电压、小轨电压调整、电缆模拟网络盘调整、室内轨道电路相位调整、高脉波头波尾电压调整、发送器电平等级调整、闭环电码化调整器电压调整、室内电码化入口电流发送通道电阻调整、室内灯丝电流调整，室外轨道电压调整、信号机变压器电压调整等动配线作业，不涉及联锁电路和联锁关系的，不需进行联锁关系试验，但需进行电气特性测试验证，测试验证内容应在维修作业方案中明确（附电气特性测试表），并随维修作业方案一并审批	电气特性测试表	车间	车间干部

说明：电缆故障应急处置联锁试验按照《集团公司电务部关于发布〈信号电缆故障应急处置作业指导书（通用）〉的通知》（郑电安函〔2023〕27 号）执行

附表：

××站(区间)换装开通联锁试验时序表

联锁试验负责人：____________　　开通日期：____年____月____日

时间段	试验区域	试验设备	数量	试验项目	试验人	监护人	室内配合人	室外配合人	关键点卡控
	站内上行(可按咽喉细分，下同)	道岔(组)		单项设备试验、电码化试验等，下同					
		轨道区段(个)							
		信号机(架)							
	站内下行	道岔(组)							
		轨道区段(个)							
		信号机(架)							
	站内上下行	道岔(组)							
		轨道区段(个)							
		信号机(架)							
	区间上行	轨道区段(个)							
		信号机(架)							
	区间下行	轨道区段(个)							
		信号机(架)							
		其他							

二、 施工图审核工作流程、工作标准

项目	类　别	工作流程	工作标准	质量记录	责任单位（部门）	责任人
施工图审核	1. 集中审核	1. 建设单位组织施工图审核前，段主管工程师组织联锁工程师、设计人员，对平面图、联锁表、信号显示关系、侵限绝缘、道岔直曲股、电码化、特殊联锁电路等进行集中审核，填写“施工图审核记录表”。 2. 审核完毕，与施工单位“背靠背”审核结果进行比对，将比对后全部问题纳入施工单位审核问题进行整改	1. 主管工程师负责平面图与现场一致性核对： ①道岔号码、开通位置核对。其中对于定位开通侧向弯股的道岔确认站内电码化是否按要求设计。 ②轨道电路名称、超限绝缘核对。其中“超限绝缘位置核对”，除按照联锁表中轨道区段栏内标注的侵限绝缘进行核对外，还应对站场所有绝缘节到警冲标距离进行核对。 ③信号机名称、设置位置、高柱、矮型、朝向、禁止灯光核对。尤其是专用线调车是否按设计灯位编制。 ④各种标示核对：专用线、尽头线、机待线、联络线名称；上下行方面、方向电路名称、报警信息显示、文字提示是否正确。站场图形设置是否合理。按钮名称、车次号、钮封、单锁、单封标志是否正确。 2. 联锁工程师负责进路联锁表核对：按照进路表栏目逐项核对有无漏项、错误。	施工图审核记录表、经施工单位审签的施工图修改图纸或技术联系单	段信号技术科（电务中心）、联锁数据室	工程主管工程师、联锁工程师

续上表

项目	类　别	工作流程	工作标准	质量记录	责任单位（部门）	责任人
施工图审核	1. 集中审核	1. 建设单位组织施工图审核前，段主管工程师组织联锁工程师、设计、车务部门成员，对平面图、联锁表、信号显示关系、侵限绝缘、道岔直曲股、电码化、特殊联锁电路等进行集中审核，填写“施工图审核记录表”。 2. 审核完毕，与施工单位“背靠背”审核结果进行比对，将比对后全部问题纳入施工单位审核问题进行整改	3. 信号显示关系、侵限绝缘、道岔直曲股、电码化、特殊联锁电路等符合设计规范。 4. 主管工程师组织参照“施工图审核重点注意事项”检查有关内容是否符合要求。 5. 检查以下内容是否符合要求。 (1)因站场改造涉及道岔、信号机变化时，应重新按顺序编号。 (2)整站信号联锁大修、改造时，区间设备按允许灯光不转移设计。相邻站区间设备按允许灯光转移设计的，需同步修改电路，确保站间区间灯光转移一致。 (3)调车进路的接近锁闭，按车列占用接近区段后构成接近锁闭设计，不采用调车信号开放后立即构成接近锁闭设计(无接近区段的尽头型调车信号机除外)。 (4)正线股道电码化采用两种载频双端发码设计(使用改频继电器)。 (5)站场改造过渡工程，插入或移动的过渡道岔，过渡条件应纳入相关道岔表示电路，不得纳入相关轨道电路。 (6)新建信号机械室区间逻辑电路采用区间组合融合设计。	施工图审核记录表、经施工单位审签的施工图修改图纸或技术联系单	段信号技术科(电务中心)、联锁数据室	工程主管工程师、联锁工程师

续上表

项目	类　别	工作流程	工作标准	质量记录	责任单位（部门）	责任人
施工图审核	1. 集中审核	1. 建设单位组织施工图审核前，段主管工程师组织联锁工程师、设计、车务部门成员，对平面图、联锁表、信号显示关系、侵限绝缘、道岔直曲股、电码化、特殊联锁电路等进行集中审核，填写“施工图审核记录表”。 2. 审核完毕，与施工单位“背靠背”审核结果进行比对，将比对后全部问题纳入施工单位审核问题进行整改	(7)新建信号联锁工程取消运转室提速道岔表示盘。 (8)普速铁路运行动力集中动车组车站，接发动车组列车股道两端轨道电路钢轨绝缘安装位置与警冲标距离不得小于 5 m。 (9)联锁进路表中列车变通进路需提前征求车务部门意见，小于 50 m 的“小八字”列车变通进路不应排出。 (10)无岔区段轨道电路长度是否满足同时对向调车，需提前征求车务部门意见。 6. 发现问题盯控整改	施工图审核记录表、经施工单位审签的施工图修改图纸或技术联系单	段信号技术科（电务中心）、联锁数据室	工程主管工程师、联锁工程师
施工图审核	2. 分散审核	1. 模拟试验前，段联锁工程师组织对室内联锁、闭塞原理图、配线图进行分散审核，填写“施工图审核记录表”。审核完毕，与施工单位“背靠背”审核结果进行比对，将比对后全部问题纳入施工单位审核问题进行整改	1. 检查室内联锁、闭塞原理图、配线图是否正确、一致。 2. 参照“施工图审核重点注意事项”检查有关内容是否符合要求。 3. 发现问题盯控整改	施工图审核记录表、经施工单位审签的施工图修改图纸或设计签字并盖章的技术联系单	段联锁数据室	联锁工程师

续上表

项目	类　别	工作流程	工作标准	质量记录	责任单位（部门）	责任人
施工图审核	2. 分散审核	2. 模拟试验前，段技术科（电务中心）主管工程师组织对联锁、闭塞室外原理图、配线图，以及室内集中监测、CTC/TDCS 等原理图、配线图进行分散审核，填写“施工图审核记录表”。审核完毕，与施工单位“背靠背”审核结果进行比对，将比对后全部问题纳入施工单位审核问题进行整改	1. 检查联锁、闭塞室外原理图、配线图是否正确、一致。 2. 室内集中监测、CTC/TDCS 等原理图、配线图是否正确、一致。 3. 主管工程师组织参照“施工图审核重点注意事项”检查有关内容是否符合要求。 4. 发现问题盯控整改	施工图审核记录表	段信号技术科（电务中心）、信息技术科、试验室	主管工程师

三、 竣工图审核工作流程、工作标准

项目	类别	工作流程	工作标准	质量记录	责任单位（部门）	责任人
竣工图审核	—	工程施工开通后，段技术科（电务中心）主管工程师组织联锁、信息、电测主管工程师按分工对施工图（临时竣工图）、竣工图的电路图、配线图进行一次审核，保证竣工图与施工图（临时竣工图）相符。竣工图审核填写“竣工图审核记录表”，并盯控问题整改	1. 检查施工图（临时竣工图）、竣工图的电路图、配线图是否正确、一致。 2. 设计单位在竣工图第二页签字、盖章。 3. 发现问题盯控整改	竣工图审核记录表	段信号技术科（电务中心）、信息技术科、试验室、联锁数据室	主管工程师

四、 图实核对工作流程、工作标准

项目	类别	工作流程	工作标准	质量记录	责任单位（部门）	责任人
图实核对	1. 工程(改造)模拟试验开始前核对	1. 施工单位联锁试验完成并提供联锁试验及图实核对记录	1. 施工单位完成模拟联锁试验并提供联锁试验记录。 2. 施工单位按照《国铁集团关于印发〈关于加强铁路电务工程验收管理的若干补充措施〉的通知》(铁工电〔2023〕11 号)完成图实核对并提供图实核对记录。 3. 施工单位发现问题已完成整改	施工单位联锁试验记录、施工单位图实核对记录及问题库	段信号技术科（电务中心）	主管工程师
		2. 段技术科（电务中心）主管工程师组织车间进行室内、外设备和配线图实核对，段联锁数据室、信息科、试验室等相关人员按分工提供技术支持	1. 对照临时竣工图进行室内、外设备和配线的“背靠背”图实核对，一人核图纸、一人核实物（核图、核物两人分别进行）。 2. 机柜(架)和箱盒配线采用“数线头”方式逐一确认，按照《联锁设备图实一致性排查指南》(工电通号函〔2023〕127 号)填写相关记录。 3. 与施工单位图实核对记录进行比对，将比对后全部问题纳入施工单位进行整改	电务各单位图实核对记录及问题库	段信号技术科（电务中心）	主管工程师
		3. 与施工单位同步进行导通试验	施工单位负责导通，电务单位监护，并填写导通记录表，并盯控问题整改	双方签认的导通记录表	段信号技术科（电务中心）	主管工程师
		4. 图实核对资料纳入工程验收资料保存	纳入工程验收资料保存	以上记录	段信号技术科（电务中心）	主管工程师

续上表

项目	类　别	工作流程	工作标准	质量记录	责任单位（部门）	责任人
图实核对	2. 首次年度联锁试验核对	新建、整站信号联锁改造首次年度联锁试验前，由段联锁工程师组织现场车间对室内组合外部配线进行一次图实一致性全面核对	由段联锁工程师组织现场车间，参照《联锁设备图实一致性排查指南》（工电通号函〔2023〕127号）对室内组合外部配线进行一次图实一致性全面核对	排查指南样表1-1组合架配线核查对照表（组合侧面外部部分）及问题库	段联锁数据室	联锁工程师

五、 图纸修改工作流程、工作标准

项目	类　别	工作流程	工作标准	质量记录	责任单位（部门）	责任人
图纸修改	1. 工程开通前图纸修改	1. 工程开通前发现需图纸修改时，由电务各单位联系施工单位，由施工单位联系设计单位书面答复，并按照设计答复修改临时竣工图	临时竣工图中，原理图、配线图、实物配线保持一致	修改后的临时竣工图，技术联系单	段信号技术科（电务中心）	主管工程师

续上表

项目	类　别	工作流程	工作标准	质量记录	责任单位（部门）	责任人
图纸修改	2. 工程开通后图纸修改	1. 对于原理图正确、实物配线正确，经核实后需修改配线图的，由段（车间）联锁工程师对配线图进行修改	1. 原理图、配线图、实物配线保持一致。 2. 在修改处加盖图纸修改专用章，专用章应有“修改文号（原因）、修改人、修改日期”等内容，并准确填写和签署。 3. 车间联锁工程师修改车间和工区图纸，段联锁工程师修改段图纸	修改处加盖图纸修改专用章	车间、段联锁数据室	段、车间联锁工程师
		2. 对于原理图错误、实物配线正确，经核实后需修改原理图的，由段联锁（主任）工程师联系设计单位出具技术联系单，经段联锁（主任）工程师审核确认后，组织车间联锁工程师对原理图进行修改	1. 原理图、配线图、实物配线保持一致。 2. 在修改处加盖图纸修改专用章，专用章应有“修改文号（原因）、修改人、修改日期”等内容，并准确填写和签署。 3. 技术联系单复印件需张贴于修改原理图当页。 4. 车间联锁工程师修改车间和工区图纸，段联锁工程师修改段图纸	技术联系单、修改处加盖图纸修改专用章	车间、段联锁数据室	段、车间联锁工程师

六、 拆、改、配线工作流程及标准

项目	类别	工作流程	工作标准	质量记录	责任单位（部门）	责任人
拆、改、配线	工程开通前拆、改、配线作业	工程开通前发现需进行拆、改、配线作业时，由电务各单位联系施工单位进行	按照安装工艺标准要求，临时过渡配线采用黄色	施工单位图实核对及拆、改、配线记录	段信号技术科（电务中心）	主管工程师
	工程开通施工拆、改、配线作业	配合施工：段主管工程师提前联系施工单位制作“拆、改、配线表”，明确作业人（施工单位）、监控（复核）人（电务段），盯控实施。 主体施工：段主管工程师组织编制“拆、改、配线表”，明确作业人、监控（复核）人，经段主管工程师、段联锁主任（工程师）、段技术科长（副科长）、主管副段长审核签字后组织实施	1. 按照安装工艺标准要求，临时过渡配线采用黄色。 2. 严格执行信号机械室内拆、改、配线作业有关规定	“拆、改、配线表”	段信号技术科（电务中心）	主管工程师
	工程开通后拆、改、配线作业	工程开通后需进行拆、改、配线作业时，主管工程师按照审核批准的施工图或设计单位出具的技术联系单编制“拆、改、配线表”，明确作业人、监控（复核）人，经段主管工程师、段联锁主任（工程师）、段技术科长（副科长）、主管副段长审核签字后组织实施	严格执行信号机械室内拆、改、配线作业有关规定	审核批准的施工图、技术联系单、“拆、改、配线作业审批表”（含“拆、改、配线表”）	段联锁数据室	联锁工程师

七、联锁试验方案审批工作流程、工作标准

项目	类　别	工作流程	工作标准	质量记录	责任单位（部门）	责任人
联锁试验方案审批	电务段负责的联锁试验（含工程施工、日常施工及新开通运用后的首次年度联锁试验。其中工程施工联锁试验含仿真试验、模拟试验、连通试验、开通试验。）	1. 联锁试验方案制定	1. 联锁试验方案应包括：施工（年度）项目、联锁试验人员分工、联锁试验项目（“信号联锁关系试验检查表”）、联锁试验内容及方法、联锁试验程序、联锁试验注意事项等。联锁试验方案中还需要明确联锁试验指挥人、试验人、监护人（仿真试验、模拟试验及工区负责的联锁试验项目，不需要指挥人；年度联锁试验需要明确试验人、室外配合人）。 2. 施工联锁试验应明确联锁试验负责人，其中电务段组织的联锁试验负责人由段联锁主任（联锁工程师）担任。 3. “信号联锁关系试验检查表”必须进行页码编号，应标注“第××页，共××页”，防止联锁试验表格的缺页及试验项目的漏项。 4. 各种“信号联锁关系试验检查表”应提前制定或整理，并对其中的“无此条件”项（用Δ表示）提前进行标注。 5. 联锁试验项目、试验内容及方法、注意事项及标准用语等，参照“联锁试验作业指导书”执行。	联锁试验方案	段联锁数据室	联锁工程师

续上表

项目	类别	工作流程	工作标准	质量记录	责任单位（部门）	责任人
联锁试验方案审批	电务段负责的联锁试验（含工程施工、日常施工及新开通运用后的首次年度联锁试验。其中工程施工联锁试验含仿真试验、模拟试验、连通试验、开通试验）	1. 联锁试验方案制定	6. 对于中岔电路、坡道延续进路、“小八字”进路、站（场）联电路、侵限绝缘、非进路调车、大号码道岔、带动道岔、防护道岔、安全线道岔等特殊联锁关系、特殊进路、特殊电路等联锁试验，各单位应结合管内设备运用实际，按照设计单位提供的设计说明、设计单位或软件供应商提供联锁试验方案，制定严密的联锁试验方案及专项试验措施，安排具备联锁试验资质的人员进行全面彻底的联锁试验。 7.“信号联锁关系试验检查表”按联锁试验类别列出联锁试验项目，表中“●”表示该联锁试验类别需要试验项目，“/”表示该联锁试验类别不需要试验项目，同时对年度联锁试验允许结合列车运行观察记录的试验项目予以说明	联锁试验方案	段联锁数据室	联锁工程师
		2. 联锁试验方案审核	同上	联锁试验方案	段联锁数据室	联锁主任
		3. 联锁试验方案批准	同上	联锁试验方案	电务段	主管副段长

续上表

项目	类别	工作流程	工作标准	质量记录	责任单位（部门）	责任人
联锁试验方案审批	电务段负责的联锁试验（含工程施工、日常施工及新开通运用后的首次年度联锁试验。其中工程施工联锁试验含仿真试验、模拟试验、连通试验、开通试验）	其中重点工程（施工）联锁试验方案集体研究制定、审核	1. 重点工程（施工）是指信号改造（配合）、大修工程以及涉及联锁关系变化的施工。 2. 重点工程（施工）的仿真试验、模拟试验、连通试验、开通试验等联锁试验方案，以及配套的试验记录表格按要求编制后，由段联锁数据室主任组织联锁数据室全体和工程涉及的技术人员进行集体研究审核。 3. 审核联锁试验方案时，重点审核试验项目是否漏项、试验方法是否正确、试验流程是否可以优化；试验表格是否存在漏项、错误等。其中局部改造施工，要将设备变化点和可能影响范围全部纳入联锁试验范围，防止联锁试验漏项。 4. 审核须留有翔实记录，集体审核记录包含审核人员名单、签名及相关意见、建议，详见"重点工程（施工）联锁试验方案集体审核表"。 5. 集体审核后，由段联锁数据室主任组织形成最终联锁试验方案及表格，并按流程进行审批。 6. 涉及施工方案审批的，各单位需将经工电检测所联锁数据室审核后的联锁试验方案作为附件按规定流程报电务部审批。	联锁试验方案、重点工程（施工）联锁试验方案集体审核表	段联锁数据室	联锁主任

续上表

项目	类　别	工作流程	工作标准	质量记录	责任单位（部门）	责任人
联锁试验方案审批	电务段负责的联锁试验（含工程施工、日常施工及新开通运用后的首次年度联锁试验。其中工程施工联锁试验含仿真试验、模拟试验、连通试验、开通试验）	其中重点工程（施工）联锁试验方案集体研究制定、审核	7. 各单位重点项目联锁试验方案完成编制工作后，应于2日内将“重点工程（施工）联锁试验方案集体审核表”、组织形成的最终联锁试验方案及表格、相关联锁图表和平面图等资料报集团公司工电检测所联锁数据室审核、备案	重点工程（施工）联锁试验方案集体审核表	工电检测所联锁数据室	联锁工程师
		其中Ⅰ、Ⅱ级施工联锁试验方案集体会审	涉及联锁关系变化的Ⅰ、Ⅱ级施工联锁试验方案，由电务部组织工电检测所联锁工程师及各段联锁主任或联锁专职进行集体会审，确保试验方案的严谨性、正确性、完整性。 1. 参加审核人员：电务部副主任、联锁主任、主管工程师，工电检测所联锁数据室联锁工程师，各段联锁主任或联锁工程师。 2. 审核内容：开通施工联锁试验方案（含试验表格）、开通前各阶段联锁试验方案（含试验表格）。重点审核联锁试验人员分工是否合理、试验表格是否符合要求、各阶段联锁试验项目有无漏项、信号显示关系是否符合标准、电码化低频信息与信号显示是否一致、方向电路及站联电路试验项目是否齐全、特殊设计联锁关系试验项目有无遗漏等。	联锁试验方案、集体会审记录	电务部	副主任

续上表

项目	类　别	工作流程	工作标准	质量记录	责任单位（部门）	责任人
联锁试验方案审批	电务段负责的联锁试验（含工程施工、日常施工及新开通运用后的首次年度联锁试验。其中工程施工联锁试验含仿真试验、模拟试验、连通试验、开通试验）	其中Ⅰ、Ⅱ级施工联锁试验方案集体会审	3. 审核分工：工电检测所联锁数据室提前按要求对各阶段联锁试验方案（含试验表格）进行审核，并在“重点工程（施工）联锁试验方案集体审核表”填写审核意见；电务单位对工程概况、各阶段联锁试验情况及问题整改情况进行介绍；参与审核人员按审核内容进行逐项审核，并对相关内容提出意见	联锁试验方案、集体会审记录	电务部	副主任
	车间负责的联锁试验	1. 联锁试验方案制定	1. 联锁试验方案应包括：施工（年度）项目、联锁试验人员分工、联锁试验项目（“信号联锁关系试验检查表”）、联锁试验内容及方法、联锁试验程序、联锁试验注意事项等。联锁试验方案中还需要明确联锁试验指挥人、试验人、监护人（仿真试验、模拟试验及工区负责的联锁试验项目，不需要指挥人；年度联锁试验需要明确操作人、室外配合人）。 2. 施工联锁试验应明确联锁试验负责人，其中车间组织的联锁试验负责人由车间联锁工程师、车间联锁试验人员担任。	联锁试验方案	车间	车间联锁工程师

续上表

项目	类　别	工作流程	工作标准	质量记录	责任单位（部门）	责任人
联锁试验方案审批	车间负责的联锁试验	1. 联锁试验方案制定	3.“信号联锁关系试验检查表”必须进行页码编号，应标注“第××页，共××页”，防止联锁试验表格的缺页及试验项目的漏项。 4. 各种“信号联锁关系试验检查表”应提前制定或整理，并对其中的“无此条件”项（用 Δ 表示）提前进行标注。 5. 联锁试验项目、试验内容及方法、注意事项及标准用语等，参照“联锁试验作业指导书”执行。 6.“信号联锁关系试验检查表”按联锁试验类别列出联锁试验项目，表中“●”表示该联锁试验类别需要试验项目，“/”表示该联锁试验类别不需要试验项目，同时对年度联锁试验允许结合列车运行观察记录的试验项目予以说明	联锁试验方案	车间	车间联锁工程师
		2. 联锁试验方案审核、批准	同上	联锁试验方案	段联锁数据室	联锁主任（工程师）

八、软件变更工作流程、工作标准

项目	场景	工作流程	工作标准	质量记录	责任单位（部门）	责任人
软件变更	适用于在用车站计算机联锁设备	1. 软件变更形式审核	1. 供应商的软件变更申请须以文件形式书面提报设备管理单位，并附加盖公章的“铁路信号产品软件变更申请表”。段联锁工程师按编号规则进行编号	铁路信号产品软件变更申请表	段联锁数据室	联锁工程师
			2. 设备管理单位收到软件变更申请文件和“铁路信号产品软件变更申请表”后，依据“铁路信号产品软件变更形式审核表”内确定的形式审核项目逐条审核并签认。段联锁工程师按编号规则进行编号	铁路信号产品软件变更形式审核表	段联锁数据室	联锁工程师
			3. 建设管理单位组织的，形式审核表还须经建设管理单位签认	铁路信号产品软件变更形式审核表	段联锁数据室	联锁工程师
			4. 工电检测所联锁数据室收到相关资料后，组织进行形式审核，依据形式审核结果在“铁路信号产品软件变更形式审核表”上签发形式审核意见	铁路信号产品软件变更形式审核表	工电检测所联锁数据室	联锁工程师

续上表

项目	场　景	工作流程	工作标准	质量记录	责任单位（部门）	责任人
软件变更	适用于在用车站计算机联锁设备	1. 软件变更形式审核	5. 电务部收到相关资料后，组织进行形式审核，依据形式审核结果在“铁路信号产品软件变更形式审核表”上签发形式审核意见，设备管理单位依据电务部意见安排仿真试验等后续工作。形式审查方式如下： （1）一类软件变更须电务部召开软件变更形式审核专题会议，并形成审核意见。 （2）二类、三类、四类软件变更由电务部对设备管理单位审核签认的“铁路信号产品软件变更形式审核表”确定的形式审核项目逐条审核并签认	铁路信号产品软件变更形式审核表	电务部	联锁主任（工程师）
		2. 仿真试验	供应商应提供试验大纲、试验平台，设备管理单位对试验大纲认可后进行软件仿真试验，完成仿真试验后，设备管理单位需对仿真试验结果进行签认，段联锁工程师按编号规则进行编号，并将“铁路信号产品软件变更仿真试验报告表”交电务部；设备管理单位仿真试验未通过时，供应商应按程序重新进行软件修改、验证确认和发布流程，并在完成后再次提交软件变更申请文件、材料，电务部重新组织进行申请材料形式审核、仿真试验等相关后续事项	铁路信号产品软件变更仿真试验报告表	段联锁数据室	联锁工程师

续上表

项目	场　　景	工作流程	工作标准	质量记录	责任单位（部门）	责任人
软件变更	适用于在用车站计算机联锁设备	3. 软件变更申请审批	电务部收到设备管理单位的“铁路信号产品软件变更仿真试验报告表”，根据试验结果对“铁路信号产品软件变更申请表”进行审批（不需仿真试验的，电务部根据“铁路信号产品软件变更形式审核表”各单位意见，对“铁路信号产品软件变更申请表”进行审批），审批同意的“铁路信号产品软件变更申请表”作为现场信号软件换装实施依据交设备管理单位。设备管理单位不得擅自同意未经批准的供应商软件变更要求	铁路信号产品软件变更申请表	电务部	联锁主任（工程师）
		4. 软件现场换装	供应商负责信号软件变更现场换装工作，并应确保现场换装软件与发布软件的一致性，设备管理单位也应对换装的信号软件版本信息进行确认	软件版本信息核对确认单	段联锁数据室	联锁工程师

九、 硬件变更工作流程、工作标准

项目	场　景	工作流程	工作标准	质量记录	责任单位（部门）	责任人
硬件变更	适用于在用车站计算机联锁设备	1. 硬件变更形式审核	1. 供应商按照铁路信号产品运用管理办法规定完成硬件变更厂内流程后，应以文件形式报设备管理单位提出硬件变更申请，并填写加盖公章的“铁路信号产品硬件变更申请表”，段主管工程师按编号规则进行编号	铁路信号产品硬件变更申请表	供应商	主管工程师
			2. 设备管理单位收到硬件变更申请文件和“铁路信号产品硬件变更申请表”后，依据“铁路信号产品硬件变更形式审核表”内确定的形式审核项目逐条审核并签认。段主管工程师按编号规则进行编号	铁路信号产品硬件变更形式审核表	段信息技术科（电务中心）	主管工程师
			3. 建设管理单位组织的，形式审核表还须经建设管理单位签认	铁路信号产品硬件变更形式审核表	段信息技术科（电务中心）	主管工程师
			4. 工电检测所联锁数据室收到相关资料后，组织进行形式审核，依据形式审核结果在“铁路信号产品硬件变更形式审核表”上签发形式审核意见	铁路信号产品硬件变更形式审核表	工电检测所联锁数据室	联锁工程师

续上表

项目	场　景	工作流程	工作标准	质量记录	责任单位（部门）	责任人
硬件变更	适用于在用车站计算机联锁设备	2. 硬件变更申请审批	5. 电务部收到相关资料后，组织进行形式审核，依据形式审核结果在“铁路信号产品硬件变更形式审核表”上签发形式审核意见。 （1）硬件重大变更须召开硬件变更形式审核专题会议，并形成审核意见。 （2）硬件一般变更由相关单位依据“铁路信号产品硬件变更形式审核表”内确定的形式审核项目逐条审核并签认。 6. 电务部根据形式审核意见对“铁路信号产品硬件变更申请表”进行审批，审批同意的“铁路信号产品硬件变更申请表”作为现场信号硬件换装实施依据交设备管理单位。设备管理单位不得擅自同意未经批准的供应商硬件变更要求	铁路信号产品硬件变更申请表	电务部	联锁主任（工程师）
		3. 硬件现场换装	现场硬件的换装由设备管理单位组织，供应商负责实施或技术支持	硬件版本信息核对确认单	段信息技术科（电务中心）	主管工程师

附件三　联锁试验标准用语(举例)

1. 道岔联锁试验标准用语(以 ZD6-D 型 1-3 闭合定位单动道岔为例)

试验人呼唤室外:××道岔。

室外应答:××道岔(报姓名)。

试验人呼唤室外:确认××道岔位置、闭合接点。

室外应答:××道岔定位、直向(侧向)、开通××道岔或××信号机或××股道,1-3 闭合。

试验人复诵:××道岔定位、直向(侧向)、开通××道岔或××信号机或××股道,1-3 闭合。

试验人呼唤室内:确认××道岔表示继电器及二启动继电器位置。

室内应答:××道岔定表继电器吸起,二启动继电器吸起。

试验人呼唤室外:断开××道岔 11-12 接点。

室外应答:××道岔 11-12 接点已经断开。

试验人扳动道岔扳不动。

试验人呼唤室外:××道岔恢复 11-12 接点,断开 13-14 接点。

室外应答:××道岔 11-12 接点已恢复,13-14 接点已断开。

试验人呼唤室外:××道岔恢复 13-14 接点,断开 31-32 接点。

室外应答:××道岔 13-14 接点已恢复,31-32 接点已断开。

试验人呼唤室外:××道岔恢复 31-32 接点,断开 33-34 接点。

室外应答:××道岔 31-32 接点已恢复,33-34 接点已断开。

试验人呼唤室外:××道岔恢复 33-34 接点,断开移位接触器。

室外应答:××道岔 33-34 接点已恢复,移位接触器已断开。

试验人呼唤室外:××道岔接通移位接触器,断开安全接点。

室外应答:××道岔移位接触器已恢复,安全接点已断开。

试验人扳动道岔扳不动。

试验人呼唤室外:××道岔合上安全接点,注意扳动道岔。

室外应答:××道岔安全接点已合上,请扳动道岔(室内扳动道岔试验)。

2. 信号机联锁试验标准用语(以进站信号机为例)

试验人呼唤室外:××信号机。

室外应答:××信号机(报姓名)。

试验人呼唤室外:(开放正线停车信号)××信号机确认灯光及灯位。

室外应答:××信号机显示一个黄灯、第一灯位。

试验人呼唤室外:(开放正线通过信号)××信号机确认灯光及灯位。

室外应答:××信号机显示一个绿灯、第二灯位。

试验人呼唤室外:(开放侧线停车信号)××信号机确认灯光及灯位。

室外应答:××信号机显示二个黄灯,第一、第四灯位。

试验人呼唤室外:(开放引导信号)××信号机确认灯光及灯位。

室外应答:××信号机显示一个红灯一个白灯,第三、第五灯位。

试验人呼唤室外:(关闭信号)××信号机确认灯光及灯位。

室外应答:××信号机显示一个红灯,第三灯位。

试验人呼唤室外:××信号机红灯灭灯。

室外应答:××信号机红灯已灭灯(试验红灯断丝不能开放信号)。

试验人呼唤室外:恢复××信号机红灯。

室外应答:××信号机红灯已恢复。

试验人呼唤室外:断开××信号机××灯主丝。

室外应答:××灯主丝已断开。

试验人确认报警正确,呼唤室外:恢复××信号机××灯主丝。

3. 轨道电路联锁试验标准用语(以一送两受轨道区段分路试验为例)

试验人呼唤室外:××轨道区段。

室外应答:××轨道区段(报姓名)。

试验人呼唤室外:××轨道区段分路 DG1 受电端轨面。

室外应答:××轨道区段 DG1 受电端轨面已分路。

试验人核对××轨道区段红光带,扳动该区段为有关道岔试验,扳不动。

试验人呼唤室外:××轨道区段 DG1 受电端取消分路,分路 DG 受电端轨面。

室外应答:××轨道区段 DG1 受电端分路已取消,DG 受电端轨面已分路。

试验人核对××轨道区段红光带。

试验人呼唤室外：××轨道区段DG受电端取消分路。

室外应答：××轨道区段DG受电端分路已取消。

试验人：确认××轨道区段红光带消失。

试验人呼唤室外：××轨道区段分路送电端轨面。

室外应答：××轨道区段送电端轨面已分路。

试验人核对××轨道区段红光带。

试验人呼唤室外：××轨道区段送电端取消分路。

室外应答：××轨道区段送电端分路已取消。

试验人：确认××轨道区段红光带消失。